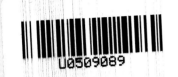

閩臺歷代方志集成・福建省志輯・第50册

福建省地方志編纂委員會 整理

［乾隆］福建續志

（六）

（清）楊廷璋、定長 等修；（清）沈廷芳、吴嗣富纂；（清）王傑補修

乾隆三十三年（一七六八年）刻本

社會科學文獻出版社

福建續志卷六十八

列女十

汀州府

國朝

名媛

李氏。廩生雷鳴高妻。鳴高家故貧。授徒於外。氏事祖姑。奉尊章。相夫子。咸得其懽心。生男女五人。皆自乳哺。供爨飪浣滌之勞。久歷艱辛。無幾微見於色。及子鋐。官左副都御史。亦無矜容。居恒衣布。鋐敬奉

賜帛。製衣珍藏之。非慶賀節不服。嗣蒙

賜御書寵榮綏祉扁額氏益感戴訓鋐以勤慎居官

仰報　恩德凡鋐所樹立皆母教也累封太夫人

年八十二卒

鄒氏馬龍興妻龍興貧乞於道氏父欲另擇婿將納

采氏恚曰彼雖貧吾夫也死不可奪乃歸龍興服

勤力作遂成厥家

節孝

林氏胡春芳妻年十八而寡苦志撫孤守節數十年

子光裕諸生

熊氏監生鍾復妻事姑孝姑病刲股肉以進病尋愈

孫氏謝永泰妻年二十四寡家貧立志撫孤次子日
俊以諸生從戎功署廣西武宣縣令
吳氏涂壽衢妻年二十而寡勵節六十餘年
王氏監生馬維旻妻二十八而寡苦節自持事翁姑
以孝課孤力學子魁爲諸生
范氏鄒廷焜妻夫歿家貧織紡奉姑以孝聞
黃氏康夔妻夫歿家貧苦節四十餘年
胡氏諸生王之相妻夫死勵節撫孤守節數十年
吳氏鄭時敷妻年二十二而寡事耄姑育孤女辛勤
備至八服其苦節

周氏陳汝章妻夫亡勵節七十年

謝氏朱永祥妻夫歿茹苦飲氷年七十八卒

葉氏殷茂弓妻夫歿撫子毓素成立年七十七卒

黃氏廩生曾道宏妻道宏以苦學夭氏年二十一絕粒不死乃守志撫孤六十六卒

王氏胡士錦妻年十八夫歿無子矢志全貞爲夫立後嗣子衍爲諸生

江氏馬大蕃妻夫外出氏服勤養姑夫死事姑愈篤人稱純孝

鄒氏馬伯逢妻年十七夫病革憐其無子囑令改適

氏截髮自誓以節終

郭氏諸生許麟母夫死勵節數十年

范氏張振揚妻年二十四而寡七十而終克完大節

唐穩娘諸生王天昌妻事姑育子以節終

賴氏范勝宇妻守節撫孤以節壽終

劉氏胡九如妻夫死守節矢志靡他年六十卒

胡氏曾其恒妻遺腹生子以貞自守卒年六十二

廖氏諸生馬暹妻二十五歲而寡苦節四十年

胡氏范應泰妻夫亡守志茹蘗飲冰人稱苦節三孤

皆爲諸生

黄氏羅鴻祚妻夫死撫孤以節終

胡氏諸生吳光斗妻家貧或諷其改適氏毀容自守克完其節

謝氏羅孔琦妻年二十一夫死宗族憐其節爲立嗣挈子外出不返氏守節如初

賴氏鍾日元妻青年守節紡績以養翁姑撫孤子成人年七十餘卒

嚴氏鄒兆績妻年十七夫死嗣孤復殤氏勵節益堅年六十卒

李氏馬于驥妻夫亡無嗣以節終

鍾氏戴楫人妻夫死無嗣苦守至九十歲歿

李氏不詳其夫以節終

婁氏廖士俊妻年二十五夫亡守節撫孤子謙孫宣
翰皆庠生

吳氏李常春妻夫死翁繼亡人有陵之者氏吞聲勵
節數十年人服其操

胡氏黃文揚妻夫卒家貧苦志育孤守節數十年

劉氏黃金龍妻夫歿撫孤孤夭撫孫以壽終

周氏庠生姜兆鴻妻夫死守節年八十餘卒

劉氏周文新妻年二十二夫亡立節撫孤孤亡無嗣

復爲立後

馬氏李恒秀妻年二十一而寡事孀姑撫幼子甲寅之變益勵清操

蕭氏庠生曾其愼妻夫亡子幼立志訓孤完節以終

張氏庠生項朝傑妻年二十四而寡甲寅耿逆之變氏侍姑疾不忍逃乃穿墻爲竇日隱墻隙中夜出奉湯藥以節孝聞

段氏許士逵妻年二十二而寡苦節四十餘年

胡氏郝綿慶妻夫死家貧親耄子幼苦守數十年卒完其節

范氏馬夢熊妻家貧立節事姑育子冰霜自凜

羅氏張嵩妻夫殁家貧忍饑養姑人稱苦節

蕭氏陳元英妻夫死事祖姑以孝聞

俞氏康爾明妻夫死守節以壽終

張氏監生謝尚聘妻夫殁養姑育子並撫夫弟成立

賴氏陳從旭妻年二十二而寡苦守數十年克全其節

羅氏劉忠漢妻夫殁事孀姑撫孤子貞操凜然

巫氏段茂泰妻夫亡撫孤孤亡撫孫以壽終

賴氏鄭維栻妻年二十二夫亡孝事舅姑子祖訓爲

郡諸生

彭氏胡士唐妻夫死守節

張氏鄭士鑑妻年二十五夫亡無子事姑立後以節終

廖氏鍾邦光母夫死撫孤人稱苦節

胡氏賴洵妻夫亡奉姑育子守節終老

鍾氏夏功豫妻年二十四夫死家貧卒完其節

項氏龔日光妻夫亡育孤苦節數十年

吳氏官兆俊妻年二十一夫死繼姑欲奪其志氏矢志靡他人稱勁節

藍氏監生陳于笏妻年二十四夫死事姑克盡孝道

張氏江文聚妻夫歿養姑無子冰操凜然

陳氏李雋人妻夫外出道歿撫孤立節四十餘年如一日

王氏李希源妻夫歿翁與子相繼而死遭家多難不改貞操

邱氏李自涵妻歸一載夫外出不返或傳其道死家貧無以爲生舅姑令改適氏不可傭績舂以奉甘旨數十年如一日

王氏李調涵妻年十九而寡屢欲身殉姑泣諭以立

後乃止卒年六十六子嵩雲孫鋑源登乾隆壬申進士人以爲節孝之報

藍氏貝文璣妻夫亡四子俱幼氏苦志育孤教之成立年六十四卒雍正間旌

張氏諸生陳禹範妻年二十二夫卒勵節四十載

賴氏諸生吳炳妻年二十五而寡治姑喪盡禮撫孤成立歷數十年

李氏賴學鑑妻年二十六而寡嗣孤謙復夭與孀媳相依爲命

傅氏巫如錕妻年十七于歸二載而夫病篤謂氏曰

吾死如親老子幼何氏斷指自誓及夫殯殮畢屢
自縊俱以救免勵節五十餘年孫上廓諸生。
胡氏羅承祺妻年二十夫客死氏勵志育孤以紡績
所入命其子負夫骸歸葬年七十二卒。
李氏諸生范鎮吳妻年十七于歸四年而寡苦節五
十年雍正間　旌
郭氏藍士熙妻夫死苦守四十餘年雍正間　旌
蔣氏劉翰錫妻年二十三夫死守節乾隆間　旌
周氏李玏傑妻年二十三而寡孀居四十八載子應
發孫淳漪俱諸生

黎氏羅惟賢未婚妻惟賢卒氏聞訃即求奔喪父母不許遂絶粒數日父母不得已乃歸羅孝事舅姑年二十五以不勝哀而死

許氏黃友聲妻年十九夫死守節卒年六十三

羅氏黃能貽妻年十九而寡勵志育遺孤苦節六十三載

熊氏儒童王化熙妻年二十守節事姑以孝聞撫諸姪如己子年五十三以節終

龔氏諸生許世琳妻琳死氏年二十二繼夫姪爲恭爲嗣克底於成食餼於庠

黄氏胡淹妻年十七歸胡二載而寡家貧夫弟二人俱幼氏並日而食紡績供糜四十八年中隣里未見其面

劉氏羅封臣妻年二十四夫亡冰霜自矢事祖姑舅姑克盡婦道教子有成以節終

賴氏王廷材妻青年矢節紡績課子卓然成名奉旨祀節孝祠

官氏熊文淵妻年二十四而寡守節四十八載

段氏蕭尚仁妻年二十八夫卒事祖姑育孤子五十二載白髮全貞

陳氏許光輝妻年十八夫病篤託以奉親氏含淚允諾及夫卒剪髮以殉事舅姑孝敬讓已奩於小姑守節四十餘載

劉氏李靑毋年十九而寡苦節四十餘年

涂秀鳳戴家垣妻年二十一夫亡子甫八月氏念孀姑衰耄孤子伶仃茹蘗飲氷四十年如一日

康氏諸生陳銘妻年二十五夫死守節歷三十六載足不踰閾

巫氏黃映熙妻映熙死氏年二十二恐死撫孤卒年六十十六

顧氏鍾純祿妻年二十而寡事公姑撫孤兒孝有兼
至守節三十四年
劉氏張次謨妻年十八夫亡青年苦志撫孤完操
郝氏李玉荆妻年二十八夫卒撫孤食貧茹苦兩月
失明守節四十一載
周氏黃安仁妻夫亡守節立嗣承祧
王氏夏之韶妻年二十五歲夫亡撫二孤成立
藍氏王元璧妻年十八夫卒撫前妻子如巳出守節
三十一載
王氏董其瑞妻年二十五夫亡貧而撫孤守貞四十載

七載
江氏馬健土妻年二十八夫亡撫姪為嗣守節六十九載
鄒氏馬權亨妻年二十八夫死家貧事孀姑撫幼叔孝敬肫摯守節三十一年
鍾氏劉上達妻年二十八夫亡忍死立祧辛勤守節卒年六十九
江氏馬翰臣妻年二十七夫歿撫孤孀居四十四載
康氏黄倬如妻年二十而寡矢志撫孤孤歿撫孫守節五十二年

賴氏庠生范士熊妻年十八士熊歿撫遺腹孤苦節
四十一載

李氏鄉尚蕃妻年二十四孀居事翁姑撫孤子慈孝
克全卒年七十八

范氏增生賴進階妻年三十五夫亡撫孤成名守節
四十八載

李氏段茂恩妻年二十七而寡事耄姑育孤子守節
五十四年

石氏伍憲文妻年二十八夫亡茹苦撫孤爲未亡人
者三十年

曾氏熊鳳山妻年三十八夫亡翁目瞽事之惟謹四十五載足不踰閾
賴氏劉新祈妻二十七夫死苦守三十二年以節終
黃氏張志琦妻年三十九夫卒矢志撫孤礪節四十載
周氏胡潔妻年二十五夫卒欲以身殉從姑命撫孤守節五十二年克全冰操
唐氏康學倫妻年二十而寡事姑撫子守節四十四載
曾氏羅應楨妻年二十八夫亡終身苦節卒年九十

四
陳氏羅應琨妻年二十七夫亡稱未亡人者六十一載人欽其節
李氏胡光璉妻年二十二而寡矢志撫孤四十四載
蔡氏李希泌妻年二十夫亡立志守節歷三十三載
鄒氏馬登泰妻年二十五而寡事姑訓子守節三十二載
江氏馬隆勳妻年二十四夫死喪目毀形苦節終身
江氏馬權豐妻年二十五夫亡撫孤有成艱辛四十七年

江氏馬子盛妻年二十四夫死子殤奉事翁姑以婦代子苦節五十二載

鄒氏馬順騰妻年二十四夫亡事翁姑撫幼子守貞四十九載

葉氏廩生脩廷謹妻年二十二廷謹卒事姑訓子各盡其道卒年五十三

羅氏貢生曾日景妻年十九夫亡青年苦守歷不易方者四十二載

朱氏監應森妻年二十七而寡慈孝兼盡守節四十四年

劉氏蕭應文妻年二十八夫亡撫孤孫亡撫孫屢遭
家難厲志益堅歷四十三載
黃氏羅承昕妻年二十四守節遺孤甫三月荼苦備
至撫兼以教年七十卒
華氏蕭廷球妻年二十四夫亡上事翁姑下撫幼子
厲節四十一載
童氏黃永清妻二十六歲夫亡家貧紡績苦志四十
九年
林氏李孝緒妻年二十一而寡爲夫立嗣撫育有成
黃氏庠生劉宗寬妻二十四夫亡孝事翁姑恩撫嗣

子卒年五十五

雒氏王任卿妻年二十八夫亡撫遺腹孤苦守至八十二

張氏王以幹妻年二十六夫亡氷操不二

官氏陳元霖妻夫死家貧紡績育孤卒年七十六

胡氏張齊裔妻年二十夫死苦志撫孤守節三十二年

温氏吳廷齡妻年二十五而寡勞瘁育孤卒年六十六

伍氏曾溥妻年二十九夫死苦志撫孤三十一年堅

貞白矢
鄒氏馬守亨妻年二十八夫亡撫孤孤歿撫孫終身
苦節八十一卒
巫氏吳位宗妻年二十二喪夫事姑孝訓子有方以
節著
黎氏范祖質妻年二十二夫亡投繯救免誓死靡他
守節三十五載
陳氏邱殿元妻年二十八而寡孀居五十一載終完
其節
康氏曾錦妻年二十七夫亡事翁姑育孤子守節三

十年

李氏閔天臨妻年二十六夫死事育不虧

康氏林禹人妻二十五夫亡終身節操人皆敬服八

十四歿

王氏林韻士妻年二十二夫亡孤夭事姑撫媳苦節

四十五載六十七歿

黄氏林世龍妻年十九夫卒立祧守節三十載

袁氏彭敬脩妻夫死奉姑曲盡婦職守節二十九載

熊氏庠生鄧允恭妻年二十五夫亡矢志守節歷四

十載

吳氏袁會奇妻年二十三夫卒育孤孤亡育孫守節四十七載
黃氏賴大經妻年二十四夫卒貞靜自持以節終
鄧氏黃夢祥妻年二十八夫卒守節三十六載
馬氏王仲美妻年二十八夫卒矢志撫孤愛不弛嚴卒底於成
章氏賴良章妻年二十六夫卒矢志撫孤守節三十五載
張氏羅又新妻年二十三而寡事翁姑撫孤子白首完貞

張氏范璘妻年二十夫死立嗣復夭零丁孤苦以節終

謝氏胡文烜妻年二十夫卒姑繼歿撫夫弟育孤子孀居二十八載饑寒困苦云

陳氏羅承新妻年二十五守節孤子遴任方五齡訓以義方以諸生貢成均人多賢之

藍氏吳日章妻年二十七歲夫卒家貧子幼仰給於兄苦節五十三載

何氏廩生李愈妻年二十八而寡厲志守節白首完操

胡氏庠生黎祁遠妻年十八祁遠卒爲夫立嗣嗣復
天與媳共守以節終
黎珍刑部侍郎致遠女許字年家子武進須朝懋贅
汀未二稔朝懋遘羸疾以死氏仰藥投繯誓以死
殉家人護之密得不死且責以撫孤女報地下未
幾女亦夭侍郎旋淸廉歿後家益困氏茹荼苦以
不舉火爲常歷十餘載潛居斗室每朝夕臨風溯
泣以不得歸侍尊章爲憾人以節孝並稱焉乾隆
間旌
胡氏羅起潛妻羅生故有才疣瘵以夭氏故漢陽太

守學成女兒也讀書知大義夫死無子七日不食誓從地下時太姑年老勉以繼嗣且不忍老人哭孫復哭媳也乃供孝養滫瀡必敬立嗣爲巳子督課滕下足不踰閾年八十餘卒

史氏臺灣千總許廷焜妻夫死臺灣氏慟絶復甦絶粒六日家屬勸以植孤爲重時家徒壁立盡質衣珥延師課子督責日嚴子國器弱冠補弟子員旋食餼其妯陳氏蚤寡與氏以鍼黹佐饘粥人稱一門雙節

陳氏廖增妻增死力撫雙孤刻苦教讀期以有成以

針紉誅鄉少每雪夜霜晨十指凍裂不少息一燈熒熒課孤膝下人稱賢母云

王氏李際亨妻少年苦節家日貧苦三旬九食以撫其孤

戴氏監生賴璐妻璐以弱冠遘疾氏典脫簪珥調治葠苓不愈日夕禱天祈以身代及死入室自縊救復甦矢志上奉翁姑下撫孤兒不出戶限者四十年內治稱嚴肅焉

魏氏范進妻年二十四而寡事舅姑孝撫幼子復撫孤孫歷四十五載趾不易方

熊氏胡德忻妻十九歲于歸未三月夫歿誓志不移守節五十年乾隆間旌

傅氏董廷試妻年二十而寡養親教子勤苦備嘗苦節五十二年乾隆間旌

王氏鄭宏道妻十八歲娶居親老子稚力任孝養以代子職守節三十七年乾隆間旌

黄氏劉炫所妻炫所生子日曜而卒氏年二十六忍死育孤長爲娶婦未幾日曜復夭媳陳氏與姑冰霜競潔各年七十餘卒

陳氏曾時萬妻年二十八夫死矢志育孤守貞三十

七載以上長汀

雷氏諸生陰繼善妻夫死值變亂氏幽苦撫孤年八十卒二孤皆籍諸生

邱氏巫大忠妻年二十二大忠卒撫孤士選爲娶婦羅氏士選復夭遺孤近斗姑媳相依爲命後近斗爲諸生

黃氏伍雲路妻夫亡子幼貧難自立或勸改適氏誓死鞠孤年六十五卒

陳氏周國烈妻國烈以冤死於贛氏罄産歸夫櫬時有負夫貨約值三百金或令其鳴官氏曰吾以命

少薪寡與聑儈誶是非卽得金身不值一錢矣貧苦日甚兩姓互謀奪其志且刦制之氏痛哭自縊旋救免究以憂損而卒

伍氏縣丞巫如衡繼室如衡署蒼梧纂城陷死之氏矢志育孤以節聞

謝氏年十七適賴欽化欽化病革以老毋家貧爲托氏堅任不辭或有諷其改志者氏輙唾罵之年六十六卒

羅氏徐壽隆妻夫亡有謀奪其志而毒其孤者氏以死自誓乃得免次子明登頓天長子又靖補諸生

復亡。育孫。世楨、瓊、皆有聲庠序。年八十二而卒。

王氏黃家議妻。家議卒。孤方襁抱。惡黃通利其貲。襲城。首至其家。氏與孤遠避得免。而家亦落。食貧茹苦。不以楷菀晚廢。

伍氏黃家瓊妻。年二十八。夫與子繼亡。氏毀容茹血者三十餘年。時三世墳久缺羨黍。因收骸葬祖塋之次。告於族。請邑令祝文郁。題祖墓碑。過者賢而哀之。

伍氏謝憲璞妻。夫死遺孤維翰。氏厲志苦守。教子成立

伍氏王三楚妻夫死守節至老

陰氏王璉妻璉死氏苦守數十年

王氏張萬啓妻夫歿養舅姑鞠幼子以節孝聞

楊氏諸生伍建中妻夫死守節子日昌籍諸生

曾氏黃維嶠妻維嶠客死屏當奩資迎柩歸家貧紡績奉舅姑以糠粃育子女已則屢枵然也以壽終

太史王步青爲之傳

吳氏伊鏐未婚妻伊病篤氏奉父命視遂矢志不嫁居小樓趾不下梯苦守三十二年卒

葉氏葉表女適同里雷用春用春卒氏矢志撫孤孤

夭撫孫苦守六十餘載

李氏諸生黃欽桂繼室嫁十年而欽桂死氏紡績育孤五十載冰操自矢

曾氏吳①止恒妻夫死家貧奉姑育子以節終

劉氏巫士良妻年二十二夫卒翁相繼殁外侮日至氏隱忍存孤子近賜爲諸生

謝氏張善馨妻張死氏年二十二時多勸其改適者氏矢志育孤竟以節著

雷氏薛允吉妻年二十七而寡有欲奪其志者氏聞大慟以死自誓絕不見人年八十餘卒

校注：①正

官氏吳榮柏妻年二十七夫卒奉姑育子紡績終身

黎氏伊舜遜妻舜遜應試卒於省氏痛不欲生苦志
育孤以節終

陰氏巫永煥妻永煥死撫孤有成冰操不二

吳氏張運其妻年二十六寡女紅度活課子善謙籍
諸生

張氏雷萬憲妻萬憲死氏年二十一奉老姑哺幼子
守貞四十餘年

巫氏庠生雷秉義妻夫卒守貞不嫁秉義弟秉剛秉
章相繼夭妻謝氏陰氏俱以不勝哀死秉義父旋

殷氏與其姑伍氏煢煢相依人皆哀之

伍氏王汝霖妻年二十六夫死爲夫立祧卒年八十九

宫氏諸生吳恩振妾夫死苦節三十七年

黄氏陳有印妻年十八而寡守節四十餘載

俞氏巫國憲妻年十六歸巫二十一而寡足不踰閾者四十餘載乾隆間　旌

雷氏謝朝鼎妻青年矢節事姑至孝撫孤馨方五歲訓課成立祀節孝祠

黄氏雷寧泰妻夫死守貞五十六載乾隆間　旌

陰氏黄時麟妻氏年二十三而夫卒事老翁育孤子
以節聞乾隆間　旌
王氏陰養善妻夫死孀居四十九年乾隆間　旌
邱氏官大墉妻年二十一夭①墉殁遺孤日度在孕氏
忍死哺孤日度又夭與媳邱氏相依人稱雙節
乾隆間　旌
宫氏諸生雷常緒妻十八歲歸雷二十四歲而寡矢
志撫孤卒年八十四
張氏伊王臣妻王臣死氏年二十五荼苦四十五載
陰氏諸生雷羽威妻年二十三夫死勵節四十一載

校注：①大

黃氏諸生羅文成妻文成死氏年十八遺孤在抱繼姑欲奪其志氏曰從一之義聞之稔矣如必相强存死而已卒以節終

雷氏諸生吳淑昌母年二十八而寡育三子有成長淑昌復不祿妻雷氏年二十四撫遺孕與姑冰雪齊清

伊氏羅登相妻登相客外道死氏年二十二期以身殉念姑瞽無依子幼誰哺乃忍死守貞荼苦數十載

劉氏諸生伊志行妻年二十五夫死勵節育孤卒年

九十二

陰氏張良仲繼妻嫁甫一載而寡矢志育前妻子足不履庭者三十餘年

吳氏伊爲城妻年二十六而寡勵節撫孤孤卒撫孫哀痛撫孤長成

施氏黃成務妻夫死年二十四紡績育孤以底於成

吳氏諸生薛榮妾夫死吳年二十二或勸改適吳持刀欲自殺守節終身

李氏吳日暄妻年二十一夫卒事舅姑育幼稺冰操凛然

陰氏訓導陰永康女年十九適同邑伍嗣寬嫁六載
而夫死守節終老

張氏楊向日繼妻向日卒氏年二十七紡績度生至
六十乃泣告夫族乞立嗣族人嫌其貧無應者乃
立養子爲後年七十餘髮黃齒落罕至外庭

聶氏黄允富妻年十八于歸二十四而寡持家政育
幼孤卒完其節

雷氏謝崇妻崇沾惡疾不可治家極貧令其改適氏
痛哭不從及夫終紡績育子年六十八卒

巫門四節巫昱景雲妻陳氏年二十七夫卒撫孤孤夭

撫孫景雲弟壽利壽永鍾秀相繼歿弟婦羅氏年二十五陳氏年二十三朱氏年二十一俱堅貞守志白首完操

劉氏雷名揚妻年二十六夫歿矢志靡他守節數十年乾隆間　旌

朱氏邱恩選妻于歸八載而夫歿親操井臼以奉尊嫜辛勤兼至守節二十一年卒乾隆間　旌

張氏丁乾綱妻二十四歲夫歿哀痛投繯至再姑解救得止事翁姑盡孝教子成立守節三十五年乾隆間　旌　以上寧化

福建續志卷六十九

列女十一

汀州府

國朝

節孝

楊氏鄉欽榮妻幼聰慧承順父母年十八適欽榮事翁姑孝年二十四夫歿水漿不入口者六日矢志守貞足不踰閾教子有方守節四十年年六十四卒孫國啓妻陰氏事祖姑以孝相夫以義年二十而寡孤子甫數月仰事俯育曲盡孝慈守節二十

五年卒人稱一門雙節

伍氏生員洪基女秉性貞淑年十五歸曾春琳奉翁姑無間言嗣春琥病氏日夕侍湯藥夫故氏甫二十五痛哭絶粒者數日遂矢志孀守勤紡績以代養撫子士①對補諸生乾隆間　旌

朱氏邱②恩選妻年二十于歸以孝謹聞恩選病氏勤女紅以助藥資二十八夫歿家赤貧氏父母欲令改適氏即痛哭毁容依伯氏奉翁姑伯氏又卒繼嗣復絶影隻形單終始不踰節者二十一年乾隆間　旌

校注：①茂　②邱

劉氏雷名揚妻十九歸名揚翁姑已故氏克盡婦職生子殤二十六夫故氏念祖父母尚存恐無以養矢志孀守迨夫弟侄繼殁夫嗣乏人氏煢煢一身恐饑勤績留有餘以爲祖父母養生送死之費孀守三十三年乾隆間旌以上寧化

伍氏劉欽向妻永康令可願女年十六于歸二載夫亡舅姑已老夫弟尚稚孤兒在抱氏惟紡績以孝養守節四十年雍正間祀節孝祠

鄧氏余焆妻年十六于歸二載而夫喪事育兼至苦節四十三年

伍氏庠生裴方恒繼室方恒卒欲從死旣而曰吾初歸夫已宿疾護之十年早知此身當老死孀幃矣前婦子幼育孤吾責也黽勉治喪哀而衷於禮子起蛟孫敏生徽生皆諸生

李鑑金伍翰生妻年十六適翰生二載而寡遺孕五月或憐其幼以微言嘗之氏以死自誓食貧茹苦撫孤有成孫文運成進士

雷氏伍如松妻夫死家貧織紡育孤以苦節著子利仁諸生

徐氏雷崑候妻年二十四夫死奉姑育子守節五十

年

雷氏鄧曦妻年二十六夫死欲身殉舅姑勸以立嗣存祧乃毀容勵節育孤有成

黃氏鄧昉妻年二十四而寡與姒雷氏冰霜競潔人稱雙節

孫氏李聯章妻年二十九夫卒惢饑撫孤事舅姑以孝聞乾隆間旌

王氏莢應昌妻年二十九夫歿奉姑育子足不出戶者六十年以上清流

曾妙珠楊勤繼室歸一載而夫歿前妻遺二子氏紡

織以育之卒至成立孫喬曾孫有齡元孫岳皆舉於鄉人稱母德云

梁氏羅文耀妻年二十一而寡以節自矢及病革出髮一綹曰此汝父所與我永訣者死則置我棺中子開先諸生

官氏李希仁妻年二十八而寡長子君平爲寇所掠氏罄產以贖食貧茹苦處之晏如卒年八十五

邱氏監生謝良鵬妻年二十四夫亡孝事三姑教育諸子俾克有成年六十九卒

謝氏李如岐妻如岐歿氏年二十六勵節育孤以至

於成

梁氏庠生葉常釗妻年二十二而寡夫弟殁與其娣共守後兩姪及孫相繼夭三婦皆青年守志人稱一門五節

余氏曾伯起妻年二十五夫卒遺腹生一子舅姑憐其幼微諷之氏以死自誓守節四十三年卒

賴氏諸生余自達妻年二十六夫死事舅姑育孤子守節三十餘年

余舒娘揭長生妻年二十六而寡欲以身殉因親老子幼忍死支持家事勸①紡績以易米薪孝於姑篤

校注：①勤

於族和於鄉里教子有成守節四十餘載乾隆間旌以上歸化

錢氏周廷瑚妻年二十七夫客死氏聞而觸柱以殉姑泣慰以撫孤爲孝遂以節終

羅氏周天銘妻年二十二守節績紡上奉三世訓孤子以義方里稱賢孝

蕭氏賴昌貴妻年二十二夫死建寧舅姑陰許黃姓謀以母病使歸至彭坊橋始覺乃出輿大哭割髮爲誓饑寒困苦至死無怨言

陳閏玉李家禎妻年二十四而寡欲以身殉姑苦勸

乃止勵節六十年

楊金秀傅良种妻年十九夫死紡績養姑以節孝聞

楊寶金李席珍妻事姑孝姑病禱於神有異贖人皆異之

錢氏江九廸妻年二十三而寡矢志守貞撫夫兄遺孤如已子長爲娶婦年九十卒

魏氏許聘吳人岁及人岁及家貧不能娶不知所之氏聞姑病無依遂奔姑命來歸後姑卒殯葬如禮年五十餘未嘗見夫面絶跡母家食貧以老

王氏陳懋諴妻年二十五夫死自投池中以救免姑

染瘋疾背負出入無怨言卒年六十七子鷲海諸生

張淑貞項朴寶妻年十七歸項一月而寡茹苦育嗣孤以節終

鍾德金項兆珠妻年二十夫死紡績鞠孤苦節數十年

梁氏謝應橋妻年十九夫死孤承奕方三歲次僅彌月家貧灌園自給承奕娶婦揭氏生四子而亡姑媳相依俱年八十餘卒

李潤董祖榮妻年十七歸董二載而寡艱貞五十二

年
沈氏童尚鴻妻夫貧早逝氏弁日而食延息三十餘年子業商家漸饒裕氏勖之以多行善事遂於三望坪虎忙嶺建亭砌路以利行人
謝氏童亨盛妻年十六歸亨盛甫一載而夫死足不出戶恐死養姑
謝氏張瑞河妻年二十而寡矢志育孤年七十二卒乾隆間　旌
羅氏謝恩拱妻夫死誓不欲生勉承姑命以撫藐孤守節六十餘年乾隆間　旌

沈氏謝恩振妻年二十一而寡立姪承祧守節三十一年乾隆間　旌

錢氏羅其超妻夫死家貧績紡奉舅姑子獻朝爲諸生乾隆間　旌

陳氏羅立兆妻年二十二夫歿食貧作苦奉姑以孝苦守四十餘載乾隆間　旌

黃茂香項璡妻年十八而寡有欲奪其志者氏貞操自勵育孤有成孫文鳳人龍俱諸生

余順羅魁元妻魁元未婚客死氏年十六誓以身殉兄公尚志許以撥田立嗣乃矢志撫孤卒年七十

三
董氏黃孫震妻歸二載而夫卒家貧子幼或諷以它適氏泣曰黃氏僅一綫之孤或有二心三世之鬼餒矣恐死鞠孤人欽苦節
陳氏羅應元妻年二十四夫卒事嗣姑以孝門雍正丙午歲祲氏令其子麟光出所有以賑饑年七十郡守曾曰瑛旌以節孝
傅氏湯朝鰲妻年二十五夫死飲氷茹苦六十餘年
華氏蔣心洽妻年十七于歸一載而寡勵志苦守
項氏湯仙五妻年二十一夫死孝事耄姑足不出戶

吳氏蔣心浹妻年十六未嫁而夫病父母遣歸蔣侍湯藥未幾夫亡恐傷舅姑心吞聲忍泣以教嗣子補弟子員

張素清李兆驤妻嫁甫三月夫客死矢志育嗣六十餘年

羅氏黃孫芹妻年十九夫死育遺孕松度松度復夭婦童氏年二十一奉姑以終時稱雙節

黃瑛謝霞龍妻年二十四夫死家貧紡績度日孀居五十餘年

黃氏陳兆璿妻年二十一而寡奉姑育子守志以終

伍梅魁江學洙妻年十九適江盡婦道夫歿自縊以救甦姑泣勸乃强存餘喘苦節數十年

黄婦莫陳兆洙妻年十五歸兆洙十八而寡奉姑育子以完節稱

李氏謝占熊母年二十一夫卒矢志守節數十載不出戶庭

李氏黄學成妻夫早夭氏奉姑育子守節四十九年

李氏童佩誠妻二十四歲而寡食貧守貞育孤成立事翁姑孝敬無違乾隆間旌

羅氏謝售妻歸謝數年而夫卒悲憤嘔血孝事舅姑

撫遺腹子慈而能誨以至有成乾隆間　旌

劉氏黃孫琳妻年二十而寡矢志撫孤子蓮諸生

楊氏邱龍全妻夫死年十八守節六十三載

李氏謝聖恩妻年二十一夫歿矢志守節以古節婦

自範數十載足不踰閫乾隆間　旌以上連城

傅氏袁某未婚妻某死奔哭極哀誓以死殉翁姑曲

慰之氏執禮孝養終完其節

吳氏羅誥甫妻年二十而寡子天祺爲諸生吳乃見

齒一笑五十年未嘗有也

葉氏邱龍德妻龍德贅於武平葉姓甫九旬而逝氏

兄利富室貲廹令改適氏誑以夫骸得歸塟惟所
命兄與之歸謁邱氏祠旋廹寧家氏操刃自矢曰
今日乃得爲邱家鬼如若相强有死而已居小樓
以紡績所入塟夫先塋側厲節四十年卒
黃氏監生邱椅妻夫死守節有夫族孀婦貧無依衆
勸其改志氏給粟布二十餘年俾以節終雍正丙
午乾隆丁卯歲饑賑粥捐百金於宗祠供子姓嘗
火孫德孚爲諸生
邱氏李瓚妻年十五歸李二十一而寡爲夫立嗣事
耄姑盡孝乾隆間　旌

游氏鄒學聖妻年二十一夫亡事舅姑育遺孤以節
孝聞乾隆間　旌
陳氏丁粹詰妻年二十六夫亡事舅姑盡孝姑病爲
之舐目守節四十六年乾隆間　旌
邱氏羅廷棉妻十七歲于歸善事祖姑越五載夫歿
苦節自矢乾隆間　旌
賴氏江懋堅妻夫夭遺孕生男撫育有成孀居三十
五載乾隆間　旌
邱氏莫賢祖妻年十八歸莫二十七月而寡屏絶膏
沐言不出閫歷三十餘載乾隆間　旌

邱氏吳玉如妻年十八歸吳二十一而寡撫孤孤夭
撫孫守節歷六十五載卒

孫氏張瑜妻事姑以孝夫卒無子氏矢志不二雖饔
飧不繼没齒無怨言

胡氏郭連叔妻年十七歸郭十九夫亡姑耄遺孤四
月紡績以供事育後孤復殤爲夫立後兼哺幼姪
歷五十年足不出閾

賴氏諸生詹大謀妻大謀赴鄉試道卒家貧無子氏
痛不欲生既而曰吾不苟延視息老姑何依且吾
死誰爲夫立嗣者杜門紡績女子四人俱擇士人

嫁之聞夫有姪客於粤偕弟往招之還姪不可氏
痛哭而歸賫志以歿

林氏郭日恒妻年二十六夫歿氏勺飲不入口數日
强延一息奉姑教子卒年八十一乾隆間　旌

張氏劉常信妻早歲夫歿矢志撫孤苦節四十二年
卒乾隆間　旌

石氏陳尚仁妻年二十一夫亡翁姑白首稚子呱啼
仰事俯育氏以身支拄守貞完節卒年六十二
乾隆間　旌

劉氏貢生葛建春子裔商未婚妻裔商病歿氏誓志

奔喪撫嗣子入成均父母晚年喪子無依氏生養
死葬立祭田俾族人歲祀年五十二卒乾隆間
旌
林氏劉能光妻十八孀守奉姑必備甘旨訓督嗣子
有成守節三十五年
羅氏郭英度妻十八歲而寡遵英度遺言以奉親撫
嗣爲任孝慈兼盡乾隆間旌
羅氏陳同姚妻十八孀守事翁及繼姑盡禮教子義
方乾隆間旌
陳氏郭萬都妻二十三夫歿守節四十四年萬都弟

廷品妻嚴氏十八于歸未數月夫歿守節四十四年妯娌雙節乾隆間　旌

嚴氏黃兆甲妻夫歿矢志勿貳歷四十九年子楊妻葛氏十五歲歸楊二十三而寡守節三十年姑媳兩世勵節乾隆間　旌

丁氏林雲光妻二十四而夫歿事翁姑克盡婦道教子有成守節四十年乾隆間　旌

何氏諸生羅廷萊妻廷萊夭矢守者三十餘年舅姑塚爲豪家掘佔氏訟之官得復塋焉以上上杭

王雪姑周大千妻年十七于歸越二載夫亡守節不

二六十一卒乾隆間　旌

徐氏危其樑妻年十九歸危越數載夫亡紡績撫孤苦節不渝卒年八十乾隆間　旌

張蓮玉練在湄妻未婚而夫病氏泣告父母趨侍湯藥嚐指禱天願以身代未匝旬夫亡矢節乾隆間　旌

程氏監生周協韶妻年二十而寡矢志撫孤卒完其節乾隆間　旌

劉氏王錫琨妻年二十二而寡矢節撫孤有成卒年六十三

李氏林維綸妻年十九而寡孤生僅數月忍死撫育歷節數十年子楙敏河州州判

丁氏監生石紫城妻年二十七而寡遺腹生子矢志撫孤苦節三十餘年乾隆間旌

梁氏庠生練懷釗妻年二十二而寡紡績撫孤苦節四十餘年

李鶴齡林景雲妻年二十六夫亡無子矢志撫嗣年六十卒

李氏王國壽妻年二十八而寡家貧子幼紡績以事舅姑

李德滿鍾超妻二十七歲而夫亡敬事祖姑及姑以
孝節聞
脩蓮秀監生李渙妻年二十八歲而孀居勤儉撫孤
守節三十年
陳氏熊瀕妻年二十二夫歿事姑盡孝及歿喪葬以
誠教子以義方乾隆間　旌
林氏鄭寧來妻年十九而寡婦代子職奉舅姑必誠
必敬守節六十年
劉氏熊瀾妻早歲夫歿守節四十四年乾隆間　旌
謝氏邱廷宴妻二十一歲孀守承歡耄翁滫髓必潔

課藐孤成人守節六十八載乾隆間　旌

朱氏李奉賓妻年二十一夫殁食貧勵操苦節三十九年乾隆間　旌以上武平

賴氏鄭仲敏妻年十九夫死事舅姑育孤子茹苦數十年乙卯城陷孤被難悲痛而卒祀節孝祠

蕭氏賴希禹未婚妻希禹卒氏奔喪爲夫立後乾隆間　旌

吳氏江朗辰未婚妻年十七氏聞訃奔哭舅憐其幼且家貧不忍留氏曰餓死事小失節事大志已決矣舍此何之遂紡績育嗣孤四十餘年苦節乾隆

間　旌

吳氏鄭閩妻年十六歸鄭二十而寡白首完操乾隆

間　旌

湯氏廖敏求妻年十六于歸甫一載而夫卒艱貞自

矢者數十年

張氏鄭乃和妻年十九夫卒立嗣嗣復夭與媳共守

足不踰閾乾隆間　旌

嚴氏盧崇任繼妻年十八歸崇任三載而寡上奉孀

姑下鞠嗣子歷五十九年備嘗荼苦子效平爲諸

生乾隆間　旌

廖氏盧子岡妻年十五嫁子岡七載而寡守節四十餘年

張氏温攀桂妻年十八夫死氷操數十年

王氏盧朝策妾夫亡爲立嗣以節終

羅氏吳山進妻年十九夫卒苦節四十餘年

吳氏江三楨妻年二十四而寡事姑盡孝乾隆間旌

盧氏熊邦彥妻年二十三而寡茹荼守節孝義兼盡乾隆間　旌

李氏貢生熊錫應妻年二十孀居撫子成立

孔氏熊光烈妻年二十一孀居兩世氷霜並以節著

童氏生員蕭化龍之媳毋年二十四孀居撫孤成立

上事翁姑菽水無缺中處妯娌和敬有加以上永定俱載縣志

巳經　旌表節孝

丁氏曹潤妻　鄭氏儒童李天元妻　黃氏儒童戴鏘妻　涂氏儒童曹望祚妻俱乾隆間旌以上長汀　邱氏官曰度妻　陰氏劉豹文妻　鍾氏熊嘉謨妻　伍氏曾春琬妻　伍氏伊肇晉妻　謝氏巫近瞻妻　伍氏儒童曾宗琬妻俱乾隆間旌以上寧化　伍氏雷仲祥妻乾隆間旌清流

林氏郭日恒妻　張氏劉常信妻　石氏鄭尚仁妻
貞女劉氏　黃氏陳興宗妻　邱氏鄭圖南妻
張氏陳科元妻　王氏陳鴻生妻　羅氏關學洙妻
俱乾隆間旌以上上杭　藍氏潘露龍妻　石氏蕭苞九妻　鍾
氏王廷英妻　鍾氏周容妻　王氏林沐妻　鍾氏
熊嘉謨妻　鍾氏何士元未婚妻　王氏儒童鍾衍
含妻　謝氏儒童鍾翰鳳妻俱乾隆間旌以上武平

貞烈

梁氏舉人胡祖熹妻崇正甲申避亂爲賊所逼墜城
而死其屍中流矢瘞之日鏃猶沒於項

陳冢婦未詳其氏順治丙戌城陷匿空舍中爲游騎所掠擁馬上行次女墻躍墮城下死

陳淑完劉任國妻順治初避兵外家臨行與冢人訣日脫有不測當以死殉及城陷被執抱女投河不獲復投深濠中騎抽刃剸之而死

胡氏郝爾顯妻順治丙戌避兵聽松樓爲騎所獲墜城下溺厠死

鄒氏生員馬大任妻翁姑早背夫死無子盖棺後自經以殉同日發引聞者爲泣下

張氏李殿鳴妻年十八海寇陷城被執欲汚之氏不

屈身中三刃而死

張氏諸生王際盛妻順治間際盛欲挈氏避山中氏曰四郊荆莽觮角驚人出不免辱吾寧守此際盛强之行氏遂投厠中死張有嫂不知其姓亦不辱而死

汪氏劉純錫妻年二十四夫死絶粒家人苦勸以育孤防護甚密氏恐不得殉乃佯作自寛狀至六十日服毒死

梁氏鄭驍妻年十九夫亡無子絶粒而死以上長汀

謝氏邱澍妻順治丙戌田仰潰卒道經泉上里遇氏

欲擁之去氏據地罵罵騎取佩刀刺之未殊遂遂援
林柯自縊死
傅氏張春雨妻事祖姑及姑以孝春雨疾革與氏訣
曰吾無子不忍累汝氏誓相從地下及卒吞金投
繯求死屢不獲伺家人防稍疎遂自縊
夏氏陰寧曉妻年二十一夫卒家貧無子遂自縊死
伍榮亞士龍妻士龍疾亟許以身殉後鄰家失火逼
所居兄弟挽之去氏曰夫柩焚與俱焚耳去將安
之火亦隨滅及喪至四十九日即沐浴更衣自縊
死

施氏黃鼎世妻黃病卒氏年二十四無子俟夫葬畢
郎飲藥家人多方救解卒不聽而死
陰湘燮理女適里人伍立翽夫亡閉戶自經翁泣諭
以立後乃止孤復不育遂悲鬱而死時年二十五
王氏監生伊葵妾年十四侍葵十五載主君亡投繯
死乾隆間　旌
張氏年十四適陰元吉時元吉已病蠱篤甚值鄰失
火延所居氏扶夫不起遂與夫同燼
吳氏陰永琰妻永琰卒無子氏仰藥死以上寧化
余氏雷酉生妻年二十三夫卒治喪殯營窀穸及葬

遂自縊死
趙氏伍敦倫妻年十八夫卒投繯繩斷不死遂服毒
家人苦救氏咬齒噴藥卒以身殉
易州知州李文耀繼妻民覺羅氏有陳三觀者强行
拉姦氏堅不從將陳三觀登時戳死忿激自縊守
正不汚捐軀明志乾隆間建坊　旌表以上清流
楊貝娘謝兆基妻氏父卒繼母楊氏遺腹兩月有利
其產而逼之者楊以死誓卒生子氏左右其間順
治四年賊胡盖洋兆基遇害貝娘抱夫屍大哭罵
不絕口賊併殺之

江氏舉人曾唯道妻順治初山寇竊發攻黃牛砦氏被執罵賊而死

梁氏吳可章妻順治初廣寇攻城氏即以死誓及聞砲聲震地疑城破遂自縊

魏敬娘羅茂端妻順治五年爲流寇所擄大聲罵賊同繫者或勸之氏聲益厲遂被害

黃三嫣賴章墢妻歸五載而夫殁遺一女欲以身殉舅姑苦勸乃止越四載外戚脅令再嫁氏聞其已受聘訂期遂自縊死時年二十六以上歸化

林仙月諸生江熼妻順治丁亥土寇陷城氏義不受

辱遂縊死及賊平已一月方就歛顏色不改

桑連姊傅汝壁妻順治丁亥山寇陷城氏攜女三姑投蓮塘死

李氏周廷詔母順治丁亥山寇陷城李曰命可舍身不可辱偕媳林氏抱幼子投學池死

李官娥林德妻順治丁亥寇陷城官娥不屈自縊死

楊辛秀年十五許字張玿玿未婚而卒氏聞之投水死

吳桂英李兆壅妻夫卒舅姑欲令改適遂飲藥死

李蘭金張鄭保妻年二十二夫死於水舅姑奪其志

氏佯諾拜夫墓歸飲藥死

李細娥張友泉妻事舅姑盡婦道夫卒自縊死

賴氏張于裕妻年二十二夫卒自縊死葬後三年墓
產靈芝

鄭氏張傀蘇妻年十八夫卒氏哀而不哭夫殯殮畢
自縊死

李佛吉童佛元妻童未娶而卒氏麻衣踊哭求歸童
毋弗許遂絕粒十日死

曾寶蘭羅周士妻年十八夫亡無子葬夫畢遂自縊
族人義而葬之明年塚上遍生蘭花

楊周達羅宗萬妻年十九于歸二十四夫死有遺孕舅姑欲奪其志氏截髮自誓生子復不育遂自縊死以上連城

劉氏鄧挺生妻康熙初賊刼中都氏被掠據地大罵賊縛而舁之行數武縛解復罵益厲遂遇害

何氏未詳其夫康熙乙卯爲流寇所執以手抱柵欄賊曳之不動乃斷其指引去罵不絕口比臨溪推墮水中其黨大怒交刃裂之

張氏傅逑妻夫病羸氏備織以供夫及沒自縊兩柩並瘞越歲而墓合

李氏王永龍妻永龍出耕遇强隣藎佛妹逼汚之不
從脅以刃氏拒益力被創數刃死乾隆間　旌
張氏葉青山妻張歸寧鄉人曹應長鬮於塗欲汚之
氏力拒奔田夫家羞忿自盡乾隆間　旌
吳金姑黃起鳳未婚妻年十九夫死訃至乞奔喪父
母不許且密防之越二十五日乘間自縊死以上上杭
鍾氏聘李生禾父母欲改字女矢貞不二夫發引日
投繯以死
曾氏庠生練斯騰妻年二十三夫亡氏念夫柩未厝
忍死營葬延至三旬卒不勝哀以仰藥死

鍾洋娥李慶龍未婚妻慶龍亡氏年甫十八訃聞哀痛告辭父母自往婿家哭奠如禮遂吞金死乾隆間　旌

鍾七姑羅聖龍妻年二十夫亡無子凡喪葬之事悉以身任及卒哭絶粒而死（以上武平）

吳氏武舉鄭道紹妻嫁四載而夫亡越卒哭絶粒死

吳氏廖佩星妻歸廖未二載而夫歿哀泣營殯事畢自縊以殉乾隆間　旌（以上永定）

福建續志卷七十

列女十二

福寧府

國朝

名媛

林蓮生諸生陳世纓妻通內則女誡諸書曉大義孝養令儀有古淑女風康熙三十八年秋大水漂沒廬舍氏知不可救携夫及先代遺書以溺人咸哀之福安

節孝

童舉娘貢生澹齋女許配盛天宜未婚而夫亡聞訃奔喪願以身殉舅姑勸諭至再并為立嗣矢志貞守卒年五十七學使沈涵表曰貞操懿範乾隆間入節孝祠

袁巧宋生員陳士啓妻年二十四而寡食荼飲蘗苦節六十餘年董刺史表曰金閨樹範卒年八十七

游保娣儒童陳昌祿妻年二十而夫亡守節四十六歲

徐嫩娘生員林沂妻年二十九夫故無子孀守立姪為繼卒年七十三

陳晚娘張天錠妻二十八夫亡三孤皆幼家無餘積
紡績撫養營葬舅姑卒年六十一
鄭英娘葉陽朝妻年十九夫歿子幼女工自給守節
至年八十二　恩賜粟帛
周氏生員張士爽繼毋年十九夫亡守節奉庶姑而
育前妻孤子有畫荻之風
施氏陳同寅妻年二十五夫亡子幼苦志孀守孝事
舅姑年四十一無疾而逝
馮貴娘生員王紹儼妻年二十四夫故舅老病焚香
祈禱減壽以代割股和藥李州牧表曰貞節可風

李贈姊儒士鄭承裕妻年二十九夫亡家貧孀守奉姑撫子各盡其道年六十七卒李州牧表之

彭耿娘庠生宋天柱妻年二十四夫亡僅生一女貞守奉姑以孝聞卒年七十八

黄氏吳士奇妻年二十夫亡守節六十載事舅姑以孝

謝綾娘庠生嚴正朝妻生員兆飈母年二十九夫亡事姑訓子盡節而終年五十六

劉氏張曾沂妻年二十一而寡孀居三十五載卒年六十五

劉氏生員楊白燦母年二十三夫亡痛不欲生因遺腹忍死矢志孀守訓子有方

石氏張淩選妻年三十夫亡子三俱幼家貧孀守女工自給卒年八十六

鄭氏危彬妻舉人佑啓母年二十于歸三閱月而夫故悲痛欲絶因娠忍死及生男訓誨有方登雍正乙卯賢書事舅姑以孝聞乾隆間旌

陳貴娘許士彥妻年十九而寡姑老子幼家貧緝績以供朝夕孀居三十餘年而卒

游美娘年十八歸戴其漣甫二歲夫故撫幼子事舅

姑孀居至六十九卒

吳順娣鄉賢吳廷琪女年十九適方乃霦未有子而夫故矢志堅守篤孝事姑卒年七十四

陳五娘周士𡩋妻年二十七而夫亡家貧勤女紅以養姑育子守節三十年卒

彭寧使吳永礽妻年二十六夫亡遺一男一女節操不二事舅姑克盡甘旨爲夫營窀穸卒年七十六

陳新娘廩生陳樫女許王藎未婚而亡氏奔喪矢志守貞七年卒乾隆間入節孝祠

吳賢姐儒童魏文斌妻年十九而寡遺腹一子舅姑

及王父母猶存氏奉寢侍疾不怠及歿喪葬盡禮鄉里稱之苦節六十五載卒年八十四
張氏吳萬鋍妻年二十六夫故家貧子幼矢志守節卒年八十三
張救娘林勤妻年二十四而寡歲大疫舅姑與夫相繼而歿家貧無依或勸其他適氏曰苟圖目前之飽煖他日何以見吾夫於地下乎矢志撫孤女紅自給卒年六十七
謝氏吳永愉妻年二十一夫故無子紡績養姑苦節終身

黄氏董生妻年二十四夫亡一姑一子伶仃相依織紉以養喪葬皆無失禮卒年七十八

蕭氏吳以男妻年三十而寡家貧子瞽貞志撫養邑令旌曰勁節引年年七十二卒

王氏劉長妻年二十七夫亡家貧姑老子幼親鄰歛錢爲殯姑歿氏女紅以度苦節三十餘載

薛氏張文獻妻二十五而寡無子孀守卒年六十一

林氏年十八歸周其昌六閱月夫歿遺腹生子事姑撫孤子又歿氏保幼孫成立卒年五十四

姚米娘生員王豫妻年二十四而寡氏欲以死殉家

人防之乃釋後立姪爲繼卒年五十一

林氏王麟臣妻年二十夫故苦節二十九年卒廣文朱藕穿贈以詩有貞松餐雪老慈竹耐霜凋之句

彭氏林綱妻年三十夫亡子幼孀守終身

莫氏張元起毋年二十二而寡遺腹生元起家貧孀守三十餘年而卒

吳州娘從儀子年十四父病刲股以療郡守表其閭

周氏儒士丁長妻年二十而夫亡家貧撤①斂以養舅姑立後以延宗祐②守節六十餘年

盧氏年二十適林立椿未逾年而夫故孀守奉姑績

校注：①撤　②祜

紝三十餘年姑歿竭力營葬守節六十年
阮氏游育廣妻年二十一而寡僅生一男家貧紡績
以養姑育子守節六十年
葉就姐廪生陳樫妻樫故遺㓜孤二教養成人勤緋
紝爲夫營葬
馮敬娘劉瑞鳳妻二十二歲夫故無子立後娶媳生
孫嗣子又歿與孫相依家貧苦節四十餘年
柳氏生員董元基妻未數歲而寡一孤在抱遺腹又
生子自誓守節先是氏姑黃氏亦孀居撫子氏復
矢姑之志訓子有成鄉里稱爲雙節卒年六十四

張招姐儒士劉兆鑣妻未婚夫故氏年二十一聞訃往哭夫大殯執婦道尤謹舅繼亡與姑吳氏苦志堅守綈維營葬

林鸞使儒士張士晃妻于歸踰年夫故遺娠苦志孀守訓子步捷入泮乾隆間　旌

朱成娣方日進妻年二十六夫亡孤幼舅姑俱老奉養不怠

楊氏艾懷卿妻年二十三于歸二年而寡家貧子幼子歿哺孫茹荼飲血始終不二

林氏陳杏觀妻年二十五夫亡家貧勤女紅以養姑

育子守節三十餘年

盧氏儒士馮有京妻年二十三夫故無子立後守節

勤儉持家葬祭公姑無失禮

劉雅娣馬師凱妻年十七未婚夫疾篤入侍夫故守

貞立夫弟子爲繼苦節三十餘年

卓氏王芝叢妻年二十六夫亡家貧子幼勤學績給

薪水以奉舅姑貞操四十餘年

周氏陳楷觀妻年二十六未有子夫臨歿囑勿再醮

周泣誓曰禽獸之行吾斷不爲孀居四十餘年

張午使陳傳滌妻年二十一于歸八載夫亡撫孤守

義事舅姑以孝聞喪祭如禮子女婚嫁克全婦道

俞氏李甫妻年十六于歸二載而夫故二代高堂孝養不倦及舅姑卒喪葬盡禮

俞氏生員歐向乾妻于歸六月夫亡敬事舅姑操守三十二載

盛氏庠生鄭掞妻于歸八年夫卒奉事舅姑克盡婦道以上霞浦

林月使鄭世麟妻夫死家貧艱貞守節撫三孤成立歷年七十五

陳玉使王紫卿繼妻夫亡撫前室子與所生二子無

異州遭兵變節操彌堅雍正間祀節孝祠

王純使黃天弟妻夫亡遺二孤氏年二十五紡績奉姑撫孤有成雍正間　旌表

劉夘使吳瑞彪妻年少而寡紡績事姑初氏毋疾割股以療姑病亦如之撫三子成立雍正間　旌

連珠使劉學宰妻學宰赴試溺死一女無子氏泣血矢貞紡績奉姑立姪爲嗣歷四十餘年

劉珠使鄭如金妻夫早世矢志守節孝翁姑誨嗣子乾隆間　旌

繆鳳使躍麟女許字陳元炳將結褵元炳卒鳳使素

服臨其喪撫養嗣子守節六十餘年
林細妹年十七適王兆平育一女夫卒舅姑憐其少令改適氏不從奉侍益謹撫姪爲嗣孀守五十餘載
劉杏使藕洋女年二十一適鄭尚儲期年而亡氏欲身殉舅姑慰之忍死服勞姑死痛哭絕飲食廢湯藥亦卒年四十立姪承祧乾隆間 旌
繆秋使文饒女歸諸生陳桂五載桂病篤與訣噣①以二親秋使嗚咽受命桂卒紡績孝養三十餘載撫姪爲嗣長娶於鄭二年復夭繆慼以大義姑媳相

校注：①囑

依撫孫貞守乾隆間旌

郭奶使黃有達妻年二十六夫卒家貧撫二孤成立雍正間旌

陳超娘吳兆穆妻年三十夫卒守志撫孤營建先塋雍正間祀節孝祠

林燕使李學琇妻年二十一夫歿守義孝事舅姑爲夫立嗣雍正間旌

潘冬使李舒祐妻年二十七夫卒家貧兩姑俱老織紝以供甘旨撫子有成有夫弟痿痺給衣食十餘載孀守四十六年年七十三入節孝祠

吳愛使蕭毓祥妻年二十四夫亡孝事舅姑矢志撫
孤卒年八十七

林賢使蕭璧芳妻年二十夫卒事姑撫子歷六十餘
載八十七卒

陳櫂使林啓祥妻年二十一夫死無子爲夫立嗣紡
績以事舅姑營夫墳撫嗣子茹荼四十餘年人無
間言乾隆間　旌

俞舉使庠生林日煥妻年二十歸日煥育三男夫卒
堅貞守志養姑撫子苦節終身

黃遜使林崇寶妻年二十夫卒貧困勤紡績以育遺

孤守節五十餘載七十五卒

林玉使劉文貢妻夫故遺二子時海氛方熾氏攜二孤避居僻地茹荼誓節教子成人復故居卒年七十二

蔡儁使陳止孝妻年二十六而寡撫孤成立清操自矢至老不易卒年九十一

黃桂使陳喬榮妻年十九夫死哀毀欲絕無子撫姪上儲爲嗣時人咸稱其節

郭珠使庠生吳襄妻年二十六夫故孀守事姑鞠女撫姪大鵬爲嗣卒年七十二

繆珠娘張文詮妻生一子二女夫故年二十九家貧
孀守紡績撫孤合葬舅姑與其夫年五十六卒
郭清使裕昌女許字鄭元棨未婚而卒氏即奔喪撫
姪繼嗣姑病刲股以療年六十六卒
李勿使許字馬文端未婚文端卒哀臨其喪矢志守
節撫育嗣子年四十七卒
蘓招使高瑞仁妻年二十五茹荼孀守事姑撫嗣①水
清玉潔年六十卒
劉昭使吳瑞良妻年二十六夫卒欲以身殉舅姑止
之氏黽勉奉侍撫育孤子未幾疾革託孤娣姐嗚

校注：①冰

咽而逝子方華入泮

陳衙使諸生周兆成妻夫卒年二十九奉哀姑撫二子家相家禮遊泮入辟雍歷節六十四載卒

張灼使適劉允如之子四年夫亡家貧舅老紡績以供饔餐三十年無異志舅殁氏爲之殯後亡無嗣鄉里哀之

陳雁使阮允升妻年三十夫故孀守撫二孤家貧依母家紡績養育至於成立年五十餘卒

郭標使陳思伸妻年二十五夫亡孀守勤女紅奉姑嫜嘗先塋撫孤子瀚入泮年五十九卒

阮辰使廩生陳學紘妻子迵歲夫故年二十三撫孤
成人營葬姑嫜卒年八十八
黃雅使年十六歸孫伯昌四載夫故家貧子幼氏蠶
績撫孤終成厥志卒年五十七
陳藚使剑若素妻年二十二夫死無子守節多年及
亡族人爲之立嗣
潘鳳使陳帝錦妻年二十四夫死家貧織紝撫孤修
葺先墳年六十二卒
商賜娘薛應唐妻年二十三育男二週而夫歿氏守
節撫孤塋葬舅姑備歷險阻卒能成志年七十五

卒

繆紫使年十九歸黃乾生二子夫歿矢志撫孤事曾
王姑奉養喪葬無失禮卒年五十八

余靜正郭隶鉞妻結褵七日而寡時年十九自誓守
節孝事翁姑撫姪爲嗣守貞三十五年教嗣子成
立乾隆間旌

彭氏庠生薛大亨妻撫孤守節邑令表其門曰勁節
凌霜

羅氏馬承書妾年二十二夫歿矢志守孤貞操不二
年七十三卒

陳氏庠生馬嗣玆妻舅病割股以救夫歿力貧撫孤

值耿逆之變攜姑抱子奔竄艱難年九十全節而

終

林氏馬思光妻年十九生子九月而寡矢志堅貞事

寡姑以孝謹聞邑令表其閭曰三世貞節

詹瑞瓊趙堯卿妻年二十四而寡遺腹生男矢志孀

守年八十卒

林錦姑韓喬源妻年二十而寡家貧無子立姪爲後

堅貞不二鄉里欽之

宋章姑彭燈妻年二十四而寡孤幼家貧守義不嫁

壽八十卒
劉秀姑林向妻年二十四生子三月而向歿家貧孀
守紡績奉姑
陳清姐彭澐繼室年二十一而寡家貧無子苦節自
守年七十三卒
陳氏馬文練妻年二十八而寡三男一女家貧無資
寒燈苦雨閉門紡績孝事舅姑撫子成人七十三
卒
彭潤姐陳翔妻年二十四夫亡家貧無子立志守義
女紅自給祖父欲奪其志誓不再適貞操凜然八

十歲卒

薛氏左熤妻年十九而寡家貧無子立姪承祧事姑撫子備極艱辛年七十二卒

陳氏彭維斗妻事姑以孝艱於嗣勸夫納妾謝氏未幾陳生男方晬而維斗歿氏與謝撫孤成立人稱雙節

馬厚觀陳文技妻年二十四而寡無子撫姪爲嗣勁節貞操內外無間言

陳鸞姐宋受道妻年二十二生子彌月而寡矢志堅貞撫孤完節

阮朱姐李監生妻年十八于歸二十五夫歿遺娠生男家徒壁立艱難萬狀子又無祿氏復立孫苦節彌厲年七十五卒

陳一都彭守紳妻年二十無子而寡父母欲嫁之氏泣曰吾有遺腹天必成吾志後果生男堅貞自守

金氏周師發妻年二十而寡家貧無子苦志孀居爲夫立嗣力作奉姑咸稱全節

林會姐陳濱妻年二十五夫死時値鼎革家業消耗氏善持家政孝事舅姑卒年七十

陳氏湯在遠妻年二十一而寡矢志孀守孝事舅姑

卒年七十
韓氏黃殿侯妻年二十五而寡女紅度日白首完貞
彭盛使黃家謙妻年三十而家謙歿遺娠六月撫孤
子孝舅姑始終全節
林氏湯田稅妻年二十六而田稅卽世二子一女皆
幼家貧姑老矢志貞守勤女紅以供朝夕時值鼎
革挈姑携子備極艱辛人欽其節
薛氏彭振綱妻年二十二而寡家貧無子自誓守節
女工奉姑立姪爲後鄉閭重之
蕭氏葉天祥妻年二十四稱未亡人遺孤二家徒四

壁教養有成卒年五十

龔氏黃敦位妻年二十二生男而寡矢志孀守以全其節

姚氏余丕菴妻年二十六而寡三男俱幼家無擔石矢志清貞

陳氏宋國桂妻年二十四生子週歲而夫死舅姑七旬養老撫幼白首完貞

陳居觀崔煜妻年二十無子而寡撫侄爲嗣矢志栢舟

龔氏林鯤廷妻年二十五而寡孝敬舅姑和睦妯娌

撫孤成立
林氏黃應良妻年二十孀居姑歿舅老氏善事之
陳氏生員左燦妻年二十八而寡家貧撫孤養葬舅
姑無失禮年六十四卒
張氏黃元謐妻家貧夫婦克孝元謐歿子幼氏撫子
事姑甘旨無缺殯葬如禮
彭陳姐游蕃如妻年二十四有娠而寡生男守義紡
績以度年七十一終
黃良觀薛靜儀妻初靜儀有疾不能成禮氏無怨悔
及歿氏年二十八謹事舅姑女紅度日立猶子為

後終身完節

余氏周淸士妻年二十七而寡遺男女各一矢志守貞孝事舅姑葬祭如禮年四十五卒

林英使生員陳堯佐妻年二十九而寡家貧無子矢志爲夫立後勤女紅以自給

楊氏左歲士妻値夫病篤割股以療夫歿守志全節而終

陳端姑彭維蔚妻年十八而寡家貧無子堅貞自守女紅供食處之泰然

蕭氏劉國樓妻年二十四夫亡一子襁褓氏泣血誓

心撫子成立
陳氏黃寶琯妻年二十五生子而寡撫育成人
蕉氏陳毓銖妻年二十三而寡力貧撫孤孝養舅姑葬祭盡禮邑令表其門曰全節卒年七十六
周在姑黃敦仕妻年二十二敦仕卒立志守貞撫子成立
彭重姑馬光典妻年二十八而寡撫孤堅守卒年七十三
葉氏鄉賢林仲麟裔孫林聰妻少年孀守清節著聞
劉寅姑鄭藩妻年二十五而寡孫四歲又夭家貧結

綱爲生

陳氏顔朝端妻年二十五朝端歿家貧子幼所親慮其不終氏截髮自誓紡績養姑久而益勵以全其節

黃淸姐陳章妻年二十六而寡撫孤成立順事舅姑後子列膠庠六旬餘卒

黃愼姑林景文妻年二十八夫亡矢志守節養老撫孤始終如一

陳氏謝景坦妻年二十一而寡恪守閫教終身不二孫曾皆爲諸生

王月姑陳定國妻年二十一夫亡家貧織紝度日年
五十七卒
宋氏姚名范妻年二十一夫死奉姑撫子曲盡懸懃
備極苦楚年三十卒
陳氏監生顔天保妻年二十守寡矢志堅貞三十九
歲卒
陳氏章廷和妻年三十而寡姑殁舅老氏善事之全
節以終
彭氏左茂才妻姑病劇茂才入城延醫姑忽不能語
氏度無生理乃登樓禱祀願割肝以療姑挈刀直

重見
姓同而名異　前已入選
刲其胸刀鈍不能進乃併力橫刲之見肝割一臠
肯[illegible]血卬葡肘膝閒亟呼女來女驚扶下樓赤血
女爲烹肝進姑姑愈事聞當事
匾曰奇孝　以上寧德

按前志左爾良妻割肝事與此正同疑其爲
一人矣然府志既載爾良妻又載茂才妻則
似非一人是非疑似錄以俟考

范莊女李行佐妻年二十六未育而夫死撫義子毓
姬爲邑諸生年九十九乃卒

劉氏葉鴻猷妻夫故遺三男孀守撫育成立卒年八

十四

葉氏諸生柳人龍妻育子週歲夫亡有勸其改適者泣曰柳氏一脉何忍棄之撫育成立守節終身

齊氏李如湧妻年二十八如湧死家貧子幼氏貞守紡績甘心窮約以終其節

繆氏諸生葉長青妻年二十八長青殁舅姑俱老子幼氏孀守仰事俯育以完其節乾隆間　旌

徐氏葉師和妻年二十二生子之桂而夫殁氏苦志孀守敬事老姑嚴以訓子補邑庠生乾隆間　旌

許氏葉仲光妻仲光戍臺溺死姑沈氏患疾氏孀守

事姑躬服勞瘁撫孤尙圭補邑庠生乾隆間旌

楊氏葉思恒妻年二十六生三子而思恒歿母氏欲奪其志楊泣曰吾夫有遺孤妾以死守義也奉姑撫嗣終完其節卒年八十四

楊氏葉維燦妻夫卒繼母已老子幼家貧苦節矢志以終其身

王氏葉尚橿妻尚橿歿氏年二十四孀守撫二孤教督以成長茲補弟子員

林氏柳秉龍妻年二十五而寡女紅自給撫二孤早夜課督次子廷駿補弟子員完節終身

徐氏張宜珩妻年二十四守義撫孤卒年七十四
韋氏吳漢隆妻家貧夫死氏年二十八哀毀骨立苦
節以育二孤次子琰補弟子員
張氏童正泰妻夫歿氏年十九守貞不嫁撫二子以
終其節
葉氏廩生柳播妻生一子而播歿氏年二十六矢志
孀守
吳氏葉春先妻二十六歲夫死矢志勿貳撫子堅貞
守節三十六年乾隆間旌
劉氏夏垂珩妻生一子而寡苦守貞操年終八十四

乾隆間　旌

劉氏夏垂瑀妻未育而垂瑀死舅姑年老氏年二十一敬事不懈撫姪照承祧補弟子員守節五十九年乾隆間　旌

繆氏諸生朱嘉琦妻年二十六孀守勤紡績訓二子俱補弟子員

葛氏葉封妻年二十二而夫故紡績以撫三男矢志孀守

繆氏龔一士妻于歸七日而夫故有議婚者繆矢曰願爲家婢死不再適遂蓬頭垢面力紡績以自存

至親罕有見者人高其節
高氏范光影妻于歸數年光影死無子家貧氏茹荼孀守偶還母家諸姑諷以他適拂然涉河誓不歸寧以上壽寧
蔡鳳娘高瑞臨妻年二十四夫故姑年八旬孝養備至撫遺孤以承祧守節三十七載乾隆間旌
夏氏陳滎芹妻年二十四夫亡姑老供奉無缺守節三十一載乾隆間建坊
游氏應龍女許配曾國樑未婚而國樑死誓不改適夫家貧窶不能自活歸依母氏守貞終身卒年五

十一

林蟬姐士瓊女許字吳炳年十七未婚炳死父母令再醮女曰既以身許人際此不幸命也安可改適遂奔喪終制立姪爲嗣守貞十四年卒

林秦與高如嶽妻年二十九夫故孤幼氏撫育承祧寇至舉火里婦皆逃氏獨閉門守死屋亦無恙人以爲節義所感年八十三卒

李氏陳鳴岐妻年二十四寡姑耄子幼仰事俯育莫不盡瘁閭里稱之

李氏黃海士妻年二十三而寡孤少無依氏寒燈苦

雨抱泣撫遺節操霜厲足不履門卒年八十
林氏陳國俊妻年十九夫故遺孤七歲又夭氏矢志
節孝立嗣以事舅姑卒年五十餘
嚴氏陳則紹妻年十八歸陳十載夫亡清貞守節卒
年六十三
張氏康元妻年十八而寡孤幼家貧教養成立守節
五十五卒
游氏陳維寧妻年二十六家貧夫歿子夭氏飲泣貞
守完節以終
蔡引娘少時在家親病割臂以療長適曹聰元旋卒

氏年二十七失志守義撫孤成立歷節六十七年

陳氏孫履武妻夫患惡瘡氏柔順共事六年而夫死父母憐其少欲令他適氏泣誓貞守紡績養姑兄弟不得一面卒年六十一

李氏諸生高觀北妻年二十六而寡幼孤和鳴氏養誨成人卒年七十五

曾氏楊祐祥妻年二十九夫故子幼撫育成立氷霜之操至老彌厲年七十九卒

林娟①娘毛朝魁妻年三十而寡堅貞自矢始終如一雍正乾隆間兩受　恩賜粟帛卒年九十七

校注：①媚

陳氏邵正隆妻年二十六而夫歿舅姑在堂孝養不衰卒具葬祭夫弟妹俱少遺孤六歲撫育婚嫁紡績課讀鄉族敬之稱曰魚池陳氏乾隆十七年有范姓者夫妻年老家貧無資鬻子以度氏贈金全其骨肉人尤德之卒年六十六

李氏適鄭邦經年二十而寡遺腹生女欲自盡舅姑泣勸乃止勤女紅供養舅姑歿與夫同窆而虛其壙以待年五十五卒人稱節孝兼全以上福鼎

已經　旌表節孝

黃珍娘葉文鵠妻　李氏林永祿妻　王氏儒士鄭

仁彥妻 俱乾隆間旌 以上福安　夏氏陳榮芹妻 福鼎

未經旌表節孝

鄭心使王兆和妻　吳丙宋劉象日妻　陳玉娘郭維圻妻　郭詔姐柳內苑妻　陳外使鄭士源妻　陳端使吳聖詔妻　蕭鳳使沈秀元妻　陳辰使柳光煜妻　鄭陽使陳其自妻　鄭遜使陳衷純妻　丁聚使阮孔穆妻　蔡蘋使陳麟鎣妻　彭鳳使林萬宗妻　陳賓使余元桂妻　繆盛使李光曙妻　郭玉容陳麟兆妻　黃戍使薛大逢妻　繆機使余振鐸妻　吳元芳郭宗孔妻　陳卯使葉君桂妻

周靜使王日華妻　陳清使蕭亮妻　林丁使李日
隆妻　呂珠使王道成妻　吳秀使郭彥興妻　楊
細使林肇成妻　郭宜娘余日禧妻　林辰使沈鳳
奏妻　郭英使黃天鼎妻　陳福使柳向曉妻　吳
冬使連震源妻　吳紅使王日英妻　王義使陳大
章妻　李菊使劉屢豐妻　汪清使郭淑陽妻　陳
英使劉其元妻　林善使繆樹熾妻　黃珠娘李學
庠妻　鄭玉使張國賢妻　連雪娘池兆均妻　李
招使楊廣璋妻　陳珠娘林大裕妻　陳移使鄭兆
秀妻　林酉使陳淮妻　葉翼使王廸吉妻　王浚

使潘宜誼妻　彭啓使郭顯聲妻　王端使陳之璜妻　陳春使王日都妻　黃鶯使陳大瑛妻　吳英使鄭日珠妻　陳印使楊伯俊未婚妻　蕭辰使陳兆祐妻　王連使吳維周妻　林清使繆光琪妻　陳昭使吳聖納妻　李酉使薛大策妻　陳玉使吳光義妻　鄭初使陳端亥妻　王員英吳瑞美妻　繆昭使施學緣妻　林奴使陳學瀾妻　章靜使鄭可佳妻　陳松使劉萬岸妻　繆雪使陳其熊妻　薛英使陳砥之妻　鄭栅使潘學信妻　劉氏陳錫妻　黃希使郭仕未婚妻　郭藻使黃三冬妻　王

盛使陳良琛妻　陳秀使朱三策妻　劉三使郭祚
長妻　林端使張師書妻　阮雲使王兆祥妻　鄭
照使林五翰妻　丁鼎使葉勝成妻　孫梅使陳學
開妻　繆詩使黃乾喧妻　鄭美使薛學瑄妻　蔡
京使郭潘妻　高五使林萬疇妻　馮容使高鳳可
妻　陳端使吳聖韶妻　繆氏劉中佺妻　汪子使
楊一閨妻　郭埕使黃大科妻　卓英使陳洪泰妻
馬添使楊仲仁妻　鄭遇使劉其廣妻　蘇丑使陳
玄中妻　劉泗使黃朝復未婚妻　楊娘使劉其純
妻　王秀使陳滋妻　陳牙使黃大綝妻　郭珠使

鄭斯軾妻　蔡招使鄭三文妻　陳正使林士顯男
妻　郭寧使連雯舒妻　施金使李文元妻　李妹
使章尚淑妻　陳絹使阮邦璣妻　何氏鄭紹元妻
劉中使謝若敬妻　李珠使陳朝威妻　郭未使
繆日新妻　高氏陳絢妻　吳氏劉其浚妻　郭欣
使高可仙妻　李梅使陳忠綬妻　楊昭使鄭大隨
妻　李興使陳承蘭妻　郭氏陳其亨妻　陳貞娘
郭日啓妻　林金使繆元捷妻　陳柔使王邦俊妻
陳佛使李師秦妻　葉鳳使吳聖詔妻　鄭招使
連稽妻　趙信使劉漢裔妻　張秀鸞林瑞麟妻

劉謹使郭有謨妻以上福安 陳愛婉彭瀾聘妻 陳繼靜
湯日進聘 陳氏彭鏡妻 詹氏劉光熊妻 劉氏
趙佛祐妻 吳氏王煜仁妻 林氏楊收妻 楊氏
胡鍾妻 薛氏崔允約妻 林氏崔文泰妻 黃氏
陳鎰妻 龔氏徐元呂妻 周氏林若山妻 阮氏
林二楊妻 何氏林全妻以上寧德 繆氏葉嘉奇妻 葉
氏李紹膺①妻以上壽寧

貞烈

陳海珠戴廷銓妻年十八于歸數月廷銓亡誓志栢
舟母憐其伶仃無依欲令他適氏遂縊於夫柩之

校注：①膺

前

藍銀娘阿明女年十九遇暴不汚脈奇而死乾隆間
建坊旌表

巽贈妹林廷瑛妻年十八歸廷瑛期年夫死所親議
改醮氏赴夫柩躃踊號泣嘔血數升分其奩與諸
姑訣遂絕粒死郡守李拔旌之

林振娘閩峽田家女年十七許配李子枝貧未娶李
患惡疾未幾以訃聞女以相從自矢或以改配慰
女聞不答偕諸女談笑自如夜深縊死以上霞浦

林長使陳其義妻性孝謹時海氛未靖夫行役姑老

子幼家貧紡績供食不足則鬻剛衣以佐舅姑病求以身代及卒泣血哀毀至於身亡

張蘭使黄蔕洲妻年三十生子元健而夫亡氏孀守撫孤課讀有文名後兒溺死氏哀慟赴水没聞者悲之

王卯使諸生陳端見妻海寇慓掠欲汚之抗節罵賊遂遇害

林氏陳端韶妻耿逆兵亂村人俱逃林不肯踰閾曰去此非吾死所矣賊兵至拒罵不屈而死

陳氏教諭吳鵬子妻夫隨父入闈病卒氏聞訃卽絕

食晝哭扃户投繯死

黄鸞姐潘岐甫妻夫病卒氏斷簪珥殯畢即自櫛沐弊衣密縫下裳自縊死里人以其夫婦合墓天馬山下

陳氏劉廷興妻與夫及姑俱爲海賊所掠私語夫曰妾死不足惜奈夫子與姑何乃紿賊以身爲質脫夫與姑歸金取贖度其行遠遂自刎

郭鳳英許字彭璋年及笄聞夫訃即歸彭門守喪百日投繯死

吳薇便郭又梅妻夫故年二十七哀號百日托孤夫

身自投才①死
艇氏連友二妻友二赤貧欲令他適氏誓曰寧爲連
家鬼不作他姓人日止蹲鴟充腹晏如也友二憐
其苦許聘他人氏聞之號泣自縊以上福安
林玉姐騰炳女年十八許配黃生性靜潔及笄蒞陷
城隱壁中被獲拘之自縊全節
黃銀官林韜未婚妻年十六韜殁父母聞訃往弔氏
殉志已定盥浴更衣投繯而死建坊旌表
崔氏庠生應琥女幼嫻閨訓適左生克執婦道己丑
寇陷城被執取銀簪自刺死

校注：①水

林氏馬繢妻時城陷氏被執不從賊斷其舌剮其乳斮其股至死罵益厲

顏氏黃禹觀妻年十八未歸而禹觀亡欲奔喪父母不許日夜涕淚後有人求婚氏聞之自縊

阮氏庠生彭如星妻己丑城破被擄不汚以衣帶縊死

馬氏舉人薛大志妻海寇陷城氏仝姑匿倉壁中賊搜獲之欲汚不從杖之再三拒益厲賊殺之事見高宸傳以上寧德

繆氏李于洛妻年十九夫卒號哭屍旁自經死是日

與夫同殯壽寧

郭氏孫天佑妻生二子夭夫歿氏具棺槨衣衾畢閉户整衣自縊以殉與夫同日殯

吳氏謝朝聘妻朝聘捕魚爲業遇風舟覆而歿無嗣氏號泣悲傷赴海死

闕氏王宜輝妻年二十二而寡有娠六月嘆曰得男可保吾命後生女遂自縊以上福鼎

福建續志卷七十一

列女十三

臺灣府

國朝

節孝

朱氏明寧王女也幼聰慧知書工針繡適南安儒士鄭哲飛生一男三女哲飛殁扶姑挈女同寄養父家父卒渡臺依寧靖王康熙癸亥大兵克澎湖寧靖王將自盡氏欲從死王以姑存子幼爲諭氏涕泣奉姑攜兒別居勤女紅忍饑養姑撫兒十餘年

姑亡女嫁子繼歿孀居五十餘載冰操無玷年八十餘終

按余氏本明季人因卒於　國朝故郡志載　國朝列女內今仍之

蕭愛娘武舉鳳求女許配洪思齊未娶而思齊歿愛娘年十九矢志守節孝白其父歸洪養族子爲息十二年未嘗歸寧乾隆四年病卒合葬夫墳武定里

銀娘者黃聲集側室好官姆也聲集將終予好官百金令別嫁不從以其金養族人子爲嗣同銀娘撫

之既所養子殁好官悲憤欲絶銀娘勸慰願服事終身遂各削髮持齋念佛四十餘年好官卒銀娘亦卒

林氏年十六歸范文質姑性嚴急氏能得其歡心二十五而文質殁僅遺六歲男學海已而夫之仲弟夫婦繼殁子女皆幼氏撫育如已出課督學海成進士授山東兖州壽張營守備後請假終養七載而氏卒年六十有四

蔡惜娘陳邦楝妾年十九而邦楝卒時男甫週月氏哀慟誓不獨生舅姑若勸諭以撫孤愈於死遂承

命備哀勤紡績養翁姑撫孤子成人閭里稱其節孝

劉尾娘侯孟富妻生二男一女孟富卒氏年二十有八男女俱㓜門無戚屬矢志守孤勤女紅以供衣食子瑞珍成立眼見五代孫年八十有五卒女罔娘適林妙妙早卒亦能完節劉既若操子瑞珍以孝稱罔娘又以節著人以爲侯之門節孝存云

陳氏謝仕家妻年二十九夫殁孀守事姑歷節三十年卒

陳氏李朝珪妻年二十二而寡哭奠七日整衣投繯

姑急救之獲甦乃忍死奉姑撫子守節二十六年

侯氏林杪妻二十歲夫歿誓志不貳守節數十年乾隆間　旌

王氏蔡朝麟妻少嫻內則年二十四朝麟卒遺三男一女仲叔朝熊方九歲若志撫養底於成人侍姑病朝夕罔懈守節四十六年鄉里奉爲女宗

董氏千總郭張文妻張文隨征朱一貴歿於軍中家貧甚氏忍饑寒茹氷蘗課子讀書守節數十年

林氏鄭元妻年十九歸鄭甫二載而夫歿矢志撫孤守節四十餘年

王金娘洪似珍妻年二十六而寡守節三十二年卒

以上臺灣

王寶娘李時燦妻嫁五載而夫歿家無次丁惟老姑弱息氏勤一身以仰事俯育節孝兼盡歷節五十餘載乾隆間　旌

董氏李鳳妻年二十夫卒事姑盡孝撫遺腹子有成守節數十年

成桂娘黃忠妻夫歿家貧勤操作以奉舅姑姑病篤值夫外出氏百計籌醫藥以進姑卒喪葬盡禮咸服其孝

曾好娘盧從妻從歿遺孤三歲氏勤女紅撫養之事
姑以孝聞
李快娘黄奬妻年二十三夫歿孝事舅姑教子入成
均孫游庠守節五十餘年以上鳳山
王氏陳作卿妾年十九嫡早喪遺孤應選甫八歲王
撫嫡子如所生延師課督應選長游於庠
番婦大南蠻諸羅目加溜灣社番大治妻于歸後治
家勤儉事姑相夫克盡和薇年二十夫歿願變番
俗不再適乃引刃誓曰婦髮可封婦臂可斷婦節
不可移也力耕以撫其子守節三十七年如一日

知縣陸鶴鳴請　旌焉以上諸羅

林氏翁昌齡妻二十歲而寡食貧撫孤守節彌厲

乾隆間　旌彰化

已經　旌表節孝

吳氏陳振揚妻乾隆間旌臺灣　高氏吳慶榮妻　江氏劉源由妻俱乾隆間旌以上諸羅

未經　旌表節孝

顏氏林生妻　李氏吳來之妻　黃氏劉爻生未婚妻　吳氏王晉光未婚妻以上臺灣

貞烈

王德娘楊彰妻彰捕魚溺水死氏年二十二家惟老翁幼女將卒哭夜四鼓設祭筵哭奠畢即入房自縊

莊珠娘連女少許配陳景昭年十八未婚而景昭故珠娘聞訃脫簪珥更素服家人慮其殉也防之密乃佯談笑越旬日入室自扃母呼寂然急破扉視已投繯矣因附陳景昭墓先是連有弟宗聘高金娘年十八未婚而宗卒金娘即削髮爲尼又有妹勸娘未嫁以母病篤禱天割股和羹以進母食而愈卽珠娘胞姊也人以爲節孝貞烈萃於莊氏一

門

吕諸娘年十八未字鄰人胡罷欲犯之女羞忿自盡

知縣詳請 旌表

蔡諸娘張金生妻年二十五歸張甫五月夫病日奉

藥願以身代及殁氏泣謂其母曰兒上無姑嫜下

無子嗣義不可獨生視殮畢即自縊死

袁順娘權女年十六適魯定公甫六月而定公殁袁

哀慟悽慘越七日白内外諸親自縊以殉合葬魁

斗山西雍正間 旌以上臺灣

黄明娘年十七歸金仁越三年而仁卒無嗣夫弟尚

幼忍死以養舅姑七載姑亡舅老且病氏奉養備至久而不懈舅亡氏尋病篤母家欲爲延醫氏却之曰吾不卽從夫死而延此十載殘喘者爲舅姑也舅姑往吾何以生爲遂不藥而卒 鳳山

汪門雙節者汪家姑婦也姑劉氏婦佘氏素慈孝雍正九年大甲西番作亂焚殺居民姑急謂婦曰義不可辱當各爲計語畢遂自刎婦方抱姑尸而泣逆番猝至遂觸垣死乾隆間旌 彰化

永春州

名媛

蔡氏林秉鈞妻秉鈞死孝事舅姑數十年足不踐閾

永春

鄭氏黃大章妻姑病籲天以自代事翁姑二十八年

人稱其孝

壽婦甘氏陳孟最妻孝翁姑教子孫年至百有一歲

叠邀　恩錫以上德化

節孝

李氏知州顏堯揆妻姑李氏患眼翳氏日夜以舌舐

姑眼疾旋愈人以爲孝感年未三十卒

黃氏潘維夏妻歸潘門侍舅姑孝姑病篤割臂奉姑

病尋愈

鄭氏顔振業妻年二十一夫卒守節四十年乾隆間

旌子大岳庠生

周氏鄭來兩妻來兩卒氏年二十以節稱子章鑒庠

生

林氏廩生顔錫章妻順治戊子避亂馬玹嶴寇至棄

子女扶姑逃難以孝聞

謝氏顔允坪妻于歸後家甚貧年二十四允坪卒時

有老翁及三孤仰事俯育氏一身任之歷三十年

卒年五十四

黃氏諸生鄭之偉妻年二十七夫卒氷蘖自持常以紡績之餘周隣婦之無告者

劉氏周承璞妻夫卒苦節四十餘年

陳氏顔斂求妻年二十四夫卒割股和藥以瘳舅疾節而能孝

顔氏林瑞爔妻年二十一而寡以節終

汪氏諸生諸葛崑崙妻年二十四夫卒守節終身

郭氏適諸生鄭光祖夫歿守志子尚絅廩生

盛氏鄭啓瑗妻啓瑗早歿撫孤守節四十餘年

郭氏周良鑣妻年二十五夫歿以節著

鄭氏顏孕從妻年二十一而寡苦節終身

潘氏黃萬可妻萬可瘋疾氏事之唯謹年十八而萬可歿撫二歲孤氷霜著節

劉氏鄭敔教妻年二十六敔教卒守志不二

蘇氏李元芳妻年二十四而寡歷節四十餘年

林氏鄭元禮妻年二十七夫歿守節五十餘年弟武舉林彬雅欲請旌氏辭曰全節守孤盡吾志耳何以名爲

施氏林捷熀妻夫死守節

陳氏周奕會妻姑病篤刲臂和藥以進姑賴以瘥

邱氏鄭日璉妻年二十夫死守節六十年
楊氏康翼家妻年二十六寡居與妾方氏同守志撫
三歲孤子開元庠生孫文麟武舉文驥文任俱庠
生
盛氏陳逢晷妻年十九夫歿以姪朱爲嗣朱復夭與
媳王氏兩世守節
陳氏鄭耀祖妻耀祖歿氏年二十三遺腹生尚智尚
智妻王氏生珪璋及尚智繼夭姑婦共守人稱爲
節孝門
顏氏李日昴妻年二十五而寡守節終身

呂氏李宏胎妻年二十四夫歿守節三十三年

林氏王文奎妻生子象求七日而文奎卒象求娶舉人顏李捷女生子際唐七月而卒姑媳相依人稱之雙節象求邑庠生際唐太學生

鄭氏劉維清妻年二十五守節子亨甲邑庠生

李氏副貢生象求女年二十適諸葛慊二年夫歿苦節五十餘載

陳氏鄭繼泳妻年二十七守節

林氏顏哲侯妻哲侯家貧林爲買妾陳氏各舉一男及哲侯卒同志撫孤氷霜並潔

王氏拔貢孫士洙妻士洙歿氏年二十二以節終

尤氏諸生張玉紳妻玉紳歿氏撫妾陳氏所生男人
驥氷霜共矢

洪氏鄭邦純妻夫死守節

李氏鄭之騧妻夫歿嗣子奕謀繼夭氏偕媳張氏撫
孤世顯成立

顏氏鄭才敬妻才敬歿氏撫孤世興娶妻徐氏世興
復喪立姪繼廸爲嗣姑媳兩世以節稱

周氏諸生鄭育熙妻育熙艱於嗣氏爲納妾曾氏生
子章械夫歿雙守氷操凛然乾隆間 旌

鄭氏諸生顏天際妻天際卒弟槐茂亦夭鄭與姒林氏氷霜共勵事舅姑以孝聞

顏氏拔貢鎌女孫適林天才天才卒長孤四歲遺孤三月家亦貧辨色與紡績至丙夜鬻錢以飼二孤已或并日而食間採匏葉以充糧每寒更就姑所織必煮茗奉姑姑憐其寒勸就枕氏曰夜睡則旦兒何哺矣聞者傷之守節三十一年卒

李氏章仕旺妻年二十三夫卒撫遺孤承鍹承鍹復夭撫孫繼浩守節四十餘年

陳氏王維珊妻年二十三而寡撫育嗣孤食貧茹苦

族人憐而周之以節終

李氏王應鄒妻應鄒卒氏年二十四事舅姑撫孤子人稱苦節

盧氏廣西學政易女孫適監生蔡學瀾未三年而夫歿孤生方九日氏奉姑育子備極艱辛夫姪幼失母氏保恤之長爲婚娶以節終子克諧廪生

周氏李載咏妻年二十八夫歿遺二子咏弟載來妻鄭氏年二十六夫歿遺一子妯娌媲節共事舅姑撫子成立

鄭氏貢生暹女適諸生王宗保時宗保父省覲臨漳

道卒宗保奔喪亦歿於官署氏年二十一忍死立

孤始終一節子乾肇庠生

薛氏王維昆妻年二十三夫歿投繯絶粒俱不死乃

矢志撫孤教諭酒宏爲作履霜操子應釗諸生

潘氏顔允翊妻年二十三夫歿紡績苦節五十年

黄氏林國瑚妻國瑚歿氏勤織紝奉甘旨舅耄病目

舐之人稱其孝乾隆間　旌

林氏尤士知妻年十七夫卒家貧父母憐其幼而無

依微諷之氏誓死不移立姪瑞爲嗣瑞復夭又立

從孫天爲瑞後苦節四十三年

姚氏陳文純妻年十九夫歿守節六十餘年子良翰諸生

尤氏顏弼才妻年二十而寡鬻女以葬舅姑守節四十九年乾隆間　旌

潘氏陳彭陞妻彭陞卒氏年二十二無子家貧歷十餘年族人莫肯以子繼者氏以死自誓久之乃得錫琯爲嗣艱難困苦守節六十六年

劉氏顏槐敷妻嫁一載而夫歿勵志守貞歷十年乃得夫姪毓雋爲嗣毓雋補諸生未幾卒三孫俱幼依姪舉人疇爲生守節五十年

李氏林仕慶妻仕慶客死氏年二十五矢志撫孤克
全其節
周氏諸生鄭雲峰妻年二十六雲峰卒遺孤國耀娶
媳蔡氏增勤女國耀繼卒姑媳相依人稱雙節子
鵬庠生
顧氏謝重灼妻守節六十餘年
王氏林寧士妻守節四十餘年
李氏鄭思偉妻守節四十餘年
許氏監生顏宗讓妻守節四十年
鄭氏顏錫瑳妻守節三十年

謝氏方元楷妻二十而寡守節二十八年子大鳴諸
生
陳氏顔泰炳妻守節六十餘年
潘氏顔泰爍妻守節五十餘年
劉庚娘顔日應妻守節五十餘年
顔氏余元彤妻守節四十年
洪氏鄭克巖妻守節二十九年
陳氏縣丞王家騮妻年二十三夫歿撫嗣孤重光底
於成立守節四十年乾隆間 旌
尤氏鄭斯僑妻年二十七斯僑卒守節四十餘年

顏氏蔡賡欽妻守節三十年

吳菊娘馮登讓妻年二十六夫卒無子立姪爲嗣守節四十餘年

王氏舉人顏必爛妻二十四歲而寡六十七歲卒

蔡氏顏天淵妻二十一歲而寡五十三歲卒

李氏邱光業妻守節三十八年子景德太學生

李氏庠生尤雲翔妻二十二而夫亡賢孝爲鄉黨所推年七十卒乾隆間旌

鄭玉娘生員宋宏淳妻二十七歲而寡八十三歲卒子嘉楨國學生

顏五娘周畤謙妻二十一歲稱未亡人五十一歲卒
顏賢娘吳士進妻守節三十五年
蔣氏林秉貞妻二十四歲而寡八十三歲卒孫栖鳳
監生曾孫雲彩庠生
陳氏鄭日鐘妻二十歲夫歿乾隆間旌子熙表監
生
高氏蔡國錫妻二十六歲而寡七十五歲卒孫植鳳
監生
周氏鄭多獻妻夫亡時年二十五七十七歲卒
顏梧娘黃辛甲妻六十九歲卒守節四十一年

鄭氏林應鍔妻二十六歲而寡六十六歲卒
許氏鄭志泳妻守節五十四年
莊謳娘生員孫元定妻十九歲而寡七十八歲卒
顏氏張行挺妻年二十八未婚夫歿於呂宋嗣子復
夭矢志不移卒年五十一歲
陳姮娘劉正疇妻二十四歲寡居六十一歲卒
周氏劉于芳妻二十三歲寡後以懷容爲嗣生子迺
保懷容復歿媳林氏年二十六姑媳共守迺保成
立周氏七十二卒林氏守節數十年
王氏周維侯妻年二十而寡守節至八十九卒

劉氏顏繩驌妻年二十一而寡苦節終身
鄭氏生員孫嘉猷妻二十一歲而寡
顏氏鄭黃甲妻年二十歲而寡
邱氏顏文德妻二十五歲而寡
劉意娘黃必報妻年二十二歲而寡
鄭氏孫元仁妻十八歲而寡
周氏宋應鍍妻年十九夫卒矢志撫孤終身不二子
廷光武舉
秦氏王振榮妻二十三歲而寡
顏緘娘鄭日取妻二十七歲而寡矢志守貞

蔡氏鄭雲妻二十三歲而寡守節不二

鄭佐娘孫元楚妻十九歲夫死甘心守志

陳存娘顏鍾渤妻二十三歲而寡

劉謹娘王臣老妻年二十五而寡自誓守節

鄭氏顏泰賜妻年二十四而寡

黄然娘陳兆佐妻二十七歲而寡撫遺腹子秉季監生

陳氏宋德淵妻十九歲而寡白首全貞

劉氏鄭賢臣妻年二十寡居以節者

黄氏鄭嘉選妻年二十夫亡遺腹生男錫娶婦生孫

守節三十六年

鄭氏陳華端妻二十歲而寡

顏氏康登鵬妻年二十三而寡

鄭寶娘監生劉元修妻二十三歲而寡姑終一節

方謹娘鄭會妻二十六歲而寡

鄭氏許字林倜倜卒女聞訃奔喪忍死守節以上永春

蘇氏陳存若妻年二十四夫歿忍死奉姑茹荼鞠①二十辛年六十五雍正間旌

賴兇娘涂天經妻年二十七孀居以節著七十六卒

林氏葉殿履妻年三十六夫亡家貧負薪以養舅姑

校注：①鞠

八十五卒孫至仁亦娶於林林年二十八至仁歿

矢志撫孤姑終不渝

鄭氏陳應璸妻夫歿守節值兵荒率二子耕鋤力作

孝養舅姑嘗檢篋中有質券還其人曰幼孤兒不

可使責償斂怨也卒年七十九

辛蓮官歸郭載淇年二十七載淇卒守志撫三子成

立卒年六十六

王七娘庠生徐應聘妻康熙甲寅耿變應聘出練鄉

勇爲巳兵所害王忍死守節奉姑孝課子嚴

許純娘周昭甫妻居宅依山康熙丙辰暴雨山崩舉

家壓死氏抱四歲兒伏尸閒得存矢志撫孤苦守五十六年

陳玉舍知縣應奎女歸諸生鄭异夫死撫三歲孤以節終

周氏庠生穮𪗋妻年二十三夫殁將以身殉脫金珥咽之俄而嘔出家人防之得不死及遺腹生男乃矢志撫育卒年八十三

徐傳娘温于御妻年二十六夫亡守節四十餘年

陳麗娘蕭森英妻夫殁爲夫立嗣苦節不渝卒年六十四

魏章娘李毛士妻年二十五而寡遺孤五歲其父將圖改適令歸潸然涕出嫂氏怪之搜其袖則途中所採斷腸草也因力慰諭護使還家以完節終年五十五家故赤貧事姑鞠子皆取給於紡績云

鄭氏謝帝美妻早寡無子夫弟寵俟妻死一子甫三歲辛勤鞠養歷二十餘年得孫爲繼

鄭氏連降鼎妻事繼姑孝早寡無子以姪玉恬爲嗣娶林氏玉恬又夭復以姪孫爲嗣姑媳兩世以雙節稱

林氏章元岷妻夫歿遺孤一撫之比長娶徐氏育二

子孤復殁姑媳氷蘖共勵

方①冬官歸監生曾浩滿早寡守節撫二子有成卒年

六十五

嚴氏林德馨妻德馨死嚴年二十二寂守空閨足不

踰閾五十餘年未嘗見齒

張七娘方爲班妻年二十七守節卒年九十

黃亥娘冠興龍妻年二十三守節卒年六十三

林亥娘嫁徐實甫年二十五寡居苦守至八十三卒

郭氏章應廣妻年二十四守節卒年八十九

蔡氏黃天添妻年二十六守節卒六十

校注：①方

林末娘涂御伯妻年二十四守節年八十三卒
林五娘許惠廸妻年二十二守節卒年七十
劉氏郭旭在妻年二十四而寡守節至年五十四而卒
曾氏陳光受妻年二十三夫亡守節卒年六十九
謝氏周子培妻寡居時年二十二守節終身卒年六十
易氏陳元式妻年二十七守節不二卒年五十七
鄭氏張倫妻年二十三守節年七十二卒
鄧勤娘寇紫科妻年二十七守節卒年五十五

林端使鄭舜慕妻年二十七守節卒年六十

陳氏葉霞騰妻年二十五夫亡以節著年七十二卒

賴氏凌德涵妻年二十二守節卒年五十二

許氏葉嶷妻年二十五而孀居矢志守節年六十卒

林氏黃元玉妻夫亡時年二十二守苦節三十餘年

年五十四卒

陳氏江元敬妻年二十二守節卒年六十三

謝氏邱伯通妻年二十守節卒年四十七

盧氏董瑞猷妻年二十三而寡守節多年年五十卒

林氏監生陳朝標妻年二十五守節長子謙爲邑諸

生復天婦藕氏年二十四無子立嗣事姑甚謹以節終

黄坤娘毛咸君妻夫死守節

涂氏黄天景妻年二十三而寡孝以事姑慈以教子守節六十八年乾隆間　旌

佘①氏張寅舉妻夫歿姑老家貧日負孤兒耕鋤樵採以供朝夕苦節五十餘載

連岳娘許字林振雍振雍死氏衰服奔喪爲夫立後孝事舅姑終身食麤衣素寢室雖侍婢不敢輒入年五十一卒

校注：①余

鄭明娘謝祈如妻年二十二而寡家貧織紝爲生

劉氏庠生郭之屏妻年二十三夫應試沒於泉州氏聞計慟絕復甦勵志貞守

徐雲娘李克成妻夫歿守節三十二年

顏奇娘陳應楷妻年二十六而寡守節三十一年

陳氏張模妻二十九歲夫歿仰事俯育克盡婦道守節三十八年乾隆閒旌

徐氏李克感妻二十八歲而寡守節三十四年乾隆閒旌　以上德化

郭氏范如綺妻二十而寡矢志撫孤守節六十年

柳氏范紹發妻早歲夫歿守節四十三年

汪氏魏際熙妻夫歿事姑教子守節五十五年乾隆

間旌

鄭氏蕭荀龍妻二十二歲而寡守節三十四年乾隆

間旌以上大田

已經旌表節孝

陳氏鄭鍾渤妻　張氏林俊潔妻　曾氏鄭育熙妻

以上永春

陳氏許德溥妻　林氏黄樸有妻　賴氏李伸滋妻　呂氏鄭世取妻　賴氏郭子陽妻　鄭氏賴斯權妻　林氏蘇茂日妻　林氏許茂士妻　林氏

郭兆愈妻　陳氏藕啓東妻　莊氏陳樂畧妻　徐氏鄭業文妻　范氏葉逵仁妻　郭氏劉浤來妻　曾氏徐季耳妻　陳氏葉守仁妻　章氏涂交良妻　周氏謝天岑妻　康氏徐春權妻　曾氏鄭起鰮妻　林氏李延禮妻　林氏章亦恕妻　王氏陳珍愷妻　林氏陳光慱妻　王氏張天志妻　周氏陳釗妻　馬氏陳一基妻　鄭氏儒童謝祈如妻　徐氏貢生芳鵬程妻俱乾隆間旌以上德化

貞烈

林氏莆田參軍林璧女適永春李恒觀恒觀號蟄菴

田病卒氏俟夫徹奠後告其姑及其父母結繯以殉

郭氏王士瑜妻年二十六山寇竊發見氏姿色殺其夫與弟欲廹汚之氏以死拒罵不絕口賊怒發配

皮匠氏紿他出投繯死子維岳妻李氏年二十二于歸閱月夫歿父母欲奪其志氏不從絕粒而死

陳貞娘方其振妻二十三歲夫歿號慟誓以身殉夫身後事畢竟投繯死

李氏顏尚崑妻夫卒越小祥卒哭自經以殉以上永春

黄氏庠生劉六龍妻順治甲午寇至黄恐見辱自經

死賊義之爲解其繩以厚紙覆其屍大書貞婦二字而去

章氏庠生劉英妻賊入其鄉氏恐見辱遂投崖死大田知縣張鳴翊經其地另以詩有百尺崖頭悲碎玉千秋閫內見純金之句

陳秀娘許字鄭涵涵死訃至秀娘請於父母欲奔喪父母止之遂徹簪珥不飲食有媒氏議姻秀娘謂家人曰吾身已許鄭矣忍死而背之乎家人不之顧具酒食款識者秀娘入室雉經死

章嬋娘庠生秉謙妹年十八許配張姓一日告其祖

母曰吾夜夢張病餓而病信至越數日又夢張死
果死遂易服欲奔喪父母力沮之竟不食死
林寅娘陳昌妻年二十七夫歿家貧殮葬之費皆出
借貸兄謀奪志寅娘鬻衣飾償債娶者至門遂投
水死以上德化
龍巖州
節孝
連畢姑貢生龍仲女年十九適邱衍瑞甫匝歲衍瑞
歿遺腹生子廷鉉守志撫之教育兼盡守節以終
蔣氏明經蔣際春女廩生吳炌妻也于歸六載而炌

李氏時懷娠五月以所生決生死洎生男坦遂矢志以立孤孤稍長督令力學其事寡姑尤以孝聞雍正間　旌節孝祠

李清姑廩生賴恭妻恭夙負才望以授徒資家食忽病歿氏守志撫孤家貧無可存活亡何孤又夭族例三世不祀主應祧氏向族人求繼無一應者乃卜地安葬舅姑及夫君子畢自築一穴將殉之適夫從子其自楚歸欽其節孝以姪祧繼其子祀得以不餒云

魏東姑倪吹伯妻于歸四載舉一子甫七日夫死家

故貧舅姑年老氏脫簪珥供甘旨無缺既歿喪葬
盡禮教育孤兒得以成立
陳遇姑謝沐清妻姑藕氏早寡氏事之甚孝夫疾革
囑曰寡姑在堂孤兒在抱俯仰之任汝其肩之氏
飮泣受命自是事姑尤謹姑歿力爲營葬撫孤成
立生孫年七十乃終
林氏連尊生妻年二十于歸二十四而寡遺孤肇基
矢志撫之事舅姑盡孝繼姑患目疾失明扶持不
離左右以紡績餘佐子從師課業舅姑歿拮据同
夫營葬咸盡禮焉苦節四十載乾隆間　旌

林敏姑劉舜山妻年二十于歸越五載而夫歿氏侍湯藥惟謹居喪盡禮時方娠三月生子茂業矢志撫之延師嚴課入縣庠列明經其事舅姑也養生送死以孝稱

蕪尾姑魏東未婿妻東往楚貿易其父秉恒歿母孑然氏歸魏侍焉時年十二事姑惟謹東流落江楚間二十餘載氏姑嚙指染書托親往招之偕至汀旋逸去姑知子無歸志以例得他適諷氏誓曰家雖貧願以十指供甘旨天年後繼以死耳又五年姑病且歿湯藥含殮及營葬皆氏躬親之并充機

紓積送舅姑主入宗祠而貞守益堅族黨咸謂貞
孝可風
饒氏章家妻二十七歲夫歿家貧籍鍼衽績紡以養
翁姑苦節十年乾隆間　旌
連氏吳冕妻年二十七而寡事姑盡孝課子成立營
葬三世守節四十二年乾隆間　旌
陳氏林士芹妻年二十九夫歿代子職以事舅姑體
舅姑之心以事祖姑勤苦盡孝守節五十年
陳氏詹哲妻二十四歲夫歿越二月而生男教養成
人孝事老姑守節四十五年乾隆間　旌

林氏吳錦妻贈宜人原任道州知州吳濬母也年二十四夫歿事尊嫜撫幼子經理喪祭盡孝盡誠守節三十年乾隆間旌

廖氏翁子瑹妻年二十而寡乖白兩親遺孤五月以一身支持孝慈兼盡守節四十三年乾隆間旌

林氏連日光妻二十六歲失死經營喪葬盡禮誓志撫孤孤長又逝煢煢孑立苦節五十年乾隆間旌

廖氏倪英光妻年二十一英光歿孝事舅姑嫡庶無間苦節四十一年

鄔氏倪珊妻夫歿辛勤撫孤守節五十一年乾隆間
旌以上龍巖
楊氏陳奇雄妻年十八適陳踰十載而夫死哀慟幾
絶念舅姑在堂兩雛在抱欲殉不能乃事姑極孝
婦兼子職課子極嚴嚴慈兼至長子廣丙午舉人
雍正間　旌
陳氏卽奇雄女廣之姊也許字　家夫以瘋疾廢病
且篤迎氏歸夫家氏親執浣滌事夫八年夫歿以
節終於家
李氏陳格非妻年二十而夫喪無子且貧矢志不貳

孝事舅姑六十七卒

陳氏朱馥妻二十二歲夫亡矢志守節乾隆間　旌

以上漳平

貞烈

連氏年十七適同里劉雍夫病劇禱天願以身代備極哀誠夫歿四日入室投繯死年二十二乾隆間

旌

林氏女邱賢觀未昏妻賢觀病歿女欲奔喪守節夫家以媳年幼固辭遂絕粒經旬投繯死乾隆間

旌

郭福姑許字羅而敬未幾而敬凶問至女曰不能生而偕老必當死而同穴遂入室自經父母舅姑憫其志遂祔而敬葬焉

張氏達周女林敬菴妻年十七夫死七日祭畢遂死觀風整俗使給香閣完人匾以獎之

張氏楊國材妻年二十三而適生一女無子越三載國材殁寠甚氏自分不能終志而義不可以負悲慟旬日投繯而死族人立其夫兄子爲嗣

謝氏貢生天成女許字南靖魏氏子年十六未成婚而魏死氏奔喪不歸立孤以傳夫後立三孤俱不

育乃自經死

劉氏熙朝女許字章炎炎死氏年二十二甚悲泣欲奔喪母不許氏不粧不食者七日而媒氏議婚接踵氏乃理粧易服扃户自經乾隆間　旌以上龍巖

范氏孝廉王鏡妻性端莊不苟言動鼎革後鏡挈氏避亂王城感憤餓死氏先與鏡永訣曰倘辱名賢題請得稱明孝廉妻足矣遂絕寧洋

按志乘列女之例與名宦人物諸傳不同者三諸傳紀載一人必詳其始末與立德立功立言之大端多至數百千言少亦數十言未

有以數語而成一傳者婦人則內守無成之義外無出閫之言守貞殉烈可以數語括之而他無膺書不同一也諸傳載其人必錄其事之信今傳後者否則雖作佳傳恐難久存故有有傳而芟之者未有無傳而列其名者列女則事可徵者書傳事不可徵者列名不同二也縣志府志省志體例同而其載事之繁簡則異縣志載一邑之事其書一邑沿革修廢官制典禮民風土俗也宜詳府志彙諸邑之事而總其成視縣志加慎焉省志彙諸

郡之事而總其成視府志更加恤焉其立傳也亦如之於是有載之縣志而府志不錄者有載之府志而省志不錄者無他繁簡殊而所取異也獨傳列女不可以言棄取婦人生長深閨一時至性至情之所感激可以貫金石泣鬼神雖古忠臣孝子何以加茲至實而察其守貞就烈之心至親如父母娣姒猶有不能知其深者況恃外人之見聞以棄取之乎故輯志者有取無棄不同三也十閩地處

海濱沐浴

盛朝雎麟之德江漢汝墳之化女士皆知敦禮
法重廉耻一邑之中大義所激旌懿表貞者
多至數十百人外至蠻陬番社桶裙花鬋之
婦守從一之義誓不它適賞一人而天下勸
豈非王化之及人者深歟今續志列女因郡
志所載
國朝諸傳補舊增新以續前志之所未備爲傳
千百爲卷十三可謂繁且多矣然其中有倒
焉
國朝以前列女前志傳中備載之傳不及者又

列其名於後非若人物諸傳之有棄取也故

國朝以前者不贅福省統縣六十有二總縣志

列女之數以盈萬計若悉載續志中非所以

示體要也故名媛節烈之采專從府志而各

縣志所載者從畧惟興化無府志則採之莆

仙二志邵武有府志而纂自明時則採之邵

武續志及其屬縣志乾隆以後旌表之列女

各府志未盡載則採之各縣所呈之册其餘

一以府志爲憑此續志編列女之義例也人

物諸傳之末俱注所出之書而此不注以不

外府志與縣册耳或呂續志各位人物文苑①
孝義諸傳兼及前代　列女第錄本朝不紊②
例乎余應之曰司馬遷作史記自黃帝至於
麟趾而儒林游俠酷吏專記漢朝之人又烏
知其非例也況紀列女之例原有異於人物
諸傳者耶爰於篇末發其例以明之

附載列女二人

林氏國學生國珩女幼讀女史曉大義事父母唯謹年十八歸太學生何麗中孝事姑嫜敬相夫子麗中以兄鵬程殁一慟嘔血而卒時氏二十七長子

僅週歲次子尚在孕求死不得乃矢志撫孤足不踰閾日以持家課子爲事歷節二十三載學使紀昀旌其閭子天休庠生閩縣節孝

楊椒晃王宏猷妻于歸後勤事女紅夫婦相敬如賓夫病瘵卒憑尸踊泣於夫殁之斷七投繯自縊閩縣節孝

福建續志卷七十二

方外

宇內名山幽巖秀壑詭異之境聽其榛蕪焉則廢而爲華膴所有則私其不致私與廢者天蓋假方外以守之也閩南靈境最廣學士大夫搜奇攬勝支筇嘯咏徜徉其間而一二離世絕俗之流深潛獨善因以全其天而葆其素古今以來知此者可少也哉夫繩以先王綱紀人倫之道修齊治平之方於二氏誠無所取此陸清獻公之志靈壽撰焉弗采也然彼中自有其人既

外世俗無富貴聲色酬酢之累絕嗜欲之緣刦貪怒之迹尚能專一心靈靜涵妙契且往往出神奇顯變幻雨暘疾厄稍能裨益民物故蔚宗更生孝敬輩纂之紀之將所謂雖小道必有可觀者非耶聿稽前志釋道在技術之先寺觀儕古蹟之列方技固一藝耳然不外於倫理彼游方之外者自當以異流處之故擇其尤而後於技術並以寺觀附焉續方外志

福州府

漢

介琰嘗隱方山閩方山今屬閩縣師白羊公杜泌受元一無爲之道能變化隱形嘗往東海過秣陵吳主孫權禮之日遣問起居琰不受餉遺權欲學其術琰以其多內御不傳權怒縛琰着甲兵引弩射之弩砕①惟繩索存不知琰之所之左編

唐

俱胝名元修武宗時結菴於靈石山嘗誦七俱胝咒故名鄉人有疾祟輒請治之宣宗四年詔闕頁金買山如劍精舍名翠石院元結贈之詩曰萬卷千章總不眞虛將文字役精神俱胝只念三行咒便

校注：①發

得名超一世人福清縣志

大智長樂人初事龍泉師令浣巾於井見青黃二龍戲井中玩之歸遲師詰之遂以鉢探二龍獻師奇之令削髮遊方臨行囑之曰逢馬則叅臨丈則至果至百丈山叅馬祖師遂得道於其山後復歸龍源立道場製叢林規傳於世縣志

五代

虞皋羅源人常鬻黃精於市爲道士陳守元所辱故人木當敏因背之去尋入仙茆山羅喜洞富斂尾之埜見洞中玉堂金闕麗人被珠襦者數百皋至

皆却行前迎建翠旌孔蓋當敏大駭頓首謝罪皐自送之有頃宴客堂上盛設食飲畀當敏以僕妾之養坐之堂下然亦非人世所有滋味居十日當敏辭歸皐及賓客送之至洞門客吹尺八擊玉磬皐和而歌曰朔爲雄兮暮爲雌天地終盡兮人生幾時歌畢忽然俱去當敏歸城郭人民盡非昔日蓋洪武之十二年矣靜志居詩話

上藍和尙失其名少居洪州上藍院時鍾傳爲洪州節度使雅重之太祖與司空假道洪州傳嘗有相圖意上藍迎傳謂曰老僧觀王潮與福建有緣若

必殺潮公之福去矣及太祖封閩王吳王楊行密常欲吞據東南太祖遣人問國休咎上藍報以十字曰不怕羊入屋只怕錢入腹太祖嘆曰羊者楊也腹者福也得非福州之患不在行密而在錢氏乎後數十年福州果爲兩浙所有十國春秋

僧備閩謝氏子幼好垂釣泛小艇於南臺江上狎諸漁者年三十忽棄舟落髮布衣芒屨食纔接氣常終日晏坐與雪峰本法門昆季而親近若師資峰以其苦行呼爲頭陀一日召問曰何不徧參去備曰達摩不來東土二祖不往西天峰嘆曰備頭陀

再來人也開平二年卒太祖爲之樹塔號宗一禪師左編參十國春秋

藻光翁承贊季子也母夢比邱荷錫求宿人指謂曰是辟支佛也已而生藻光奇貌少出家神悟絶倫常參義存於瑞巖院院前有溪遇冬輒扣冰而浴時人稱曰扣冰和尚義存大奇之天成三年沐浴而逝焚骨得舍利有五色先是扣冰住瑞巖及赴惠宗之請别大衆於松門曰二百年後當再歸掃堂宋宣和六年翁中丞彦國請祖鑒大祖住院至東嶺猛省曰此吾重來地也扣冰體魁梧遺有故

袈裟長丈餘祖鑒披之適稱人邀松門別語時恰年二百後以臘月二日坐逝亦扣氷證聖之日云十國春秋

行雲福州僧也得異術言未來事奇中陳洪進甚尊禮之一日詣泉州謂洪進曰君當主此山河又曰世報莫不前定茍懷疑殺人鮮得令終後洪進幽張漢思別室卒得善終行雲一言之力也行雲嘗謂人曰陳氏有五侯之象後洪進入宋獻地改鎮徐州子文顥通州團練使文顗等並授諸州刺史悉如其言十國春秋

宋

道臻古田戴氏子十四剃髮上生院後走江淮參知識得宗旨於浮山因北謁大覺若夙契及覺歸吳衆請以臻嗣焉開法之日英宗詔至慶壽宮說法曰水流元在海月落不離天賜號淨照禪師臻奉身至約一衲二十年無他嗜好嘗請文與可掃墨竹於方丈之西壁曰使遊人見之心目淸涼此君蓋代我說法也年八十語弟子淨圓吾更三日行矣及期說偈而化古田縣志

陳通長樂人與弟靈皆有道術能驅雷雨除祟宣和

中召至京符兕輙驗徽宗悅之俱封王爵沒後人多祀之閩書

張淡三山人初至武夷隱其姓名一日登天柱峰半洞坐化石上旁有蟾蜍因呼張金蟾其蛻至今猶存左編

元

項此舟得道於仙亭山能行雷法知人生死有薛姑者請往其家項曰我衲衣方洗未乾薛請益虔項乃仰天言曰借我一道日光晒衲衣項刻日出一衲處其衣果乾日亦復沒時往來於東山崇真道

院臨終雷雨驟至立化書閩

明

寂照景泰中古田之九峰寺僧深悟禪理嘗獨坐荒山三日夜能使精靈伏匿虎豹來參猿鹿啣花獻果之異後圓寂九峰書閩

明秀候官人鍾山寺僧有哭鄭善夫詩少谷高人無日起百年淸淚幾時收嗚呼滄海談詩夜翻作延陵掛劍秋書閩

源潭雪峰寺僧雪峰有二十四景源潭詠雪峰云瑤臺東台深迷路玉樹花開半雜松藍田莊云松逕

月斜巢鶴唳石門雲濕雨龍還無字碑云剥落舊聞惟蘚迹模糊新樣是蝸蜒萬松關云琥珀氣浮成翠靄黃金花落混香泥梯雲嶺云雲開鳥道層層險路入松門步步通醮月池云弄珠神女乘空去臨鏡嫦娥倒影看閩中詩僧此爲上乘筆精

宋九公棲隱龜溪巖穴中學法閭山樂道修眞白日昇天後人名其峰曰飛仙巖今巖上足跡靈刀跡猶存閩大記

興化府

隋

黄氏女梁宰於同安縣東佛子岡修持淨戒後端坐蛻去質身不壞因立寺曰黄佛治平中更名鹿苑祈禱多應莆田縣志

唐

法通貞元中居壺山虎邱巖嘗下山遇兩虎爭一牛通兩而分之黄御史壺山詩云井通鱔吐脉僧畐虎棲禪莆田縣志

千璽會昌中辭六祖入閩六祖云逢莆即住至莆田苦竹山拄錫山魈拒之千璽曰若能飲鐵針則吾去不能飲而吾飲則若去魈不能飲自飲之魈遁

去遂於西山北建昔竹院所飲餘鐵針封貯尚存

莆田縣志

宋

有需陳姓續傳燈錄所謂高田有需禪師者也部使者陳覺民聞其名遣僧請南湖延住福州鼓山繼住雪峰有語錄行於世初正法眼藏二十七傳至東土九世爲慧南南之嗣曰常總總之嗣曰應乾師得法於乾者也陳聘君易在京師聞乾名號至江西謁見俱隱石門結草菴於其旁作歌以自適其詞曰吾結草菴蔡溪側四顧峰巒皆削壁石門

千仞鎖天津來者欲登那措足住此此巷中是何緣不詩不頌亦不禪饑來苦筍和根煮疊石爲床困卽眠日照諸峰烟蕩蕩負暄孤坐情何適馴伏珍禽趣不飛猿猱捫我衣中虱閑揹瘦笻六七尺山行野步扶危力披雲入草不辭勞逢人打破修行竅或停松或坐石靜聽溪泉漱鳴玉源深洞邃來不休聲聲奏盡無生曲雜羽流商誰辨的五音六律徒轟轟有時乘興上高峰大笑狂歌天地窄莆田縣志

宜粲興化縣東葉氏子早歲攻儒業後棄儒從釋頭

愔上乘詩律尤高湖北諸司延請住公安三聖寺蕭狀元國梁甚敬重之嘗以詩稱之曰獨向山間學語禪菩提影映般臺前一聲長嘯乾坤老明月清風不用錢有詩集流行荆楚間莆田縣志

伯新爲浯溪初祖鄉道○黄山谷與結物外交鄉題浯溪云浯溪老人伯新忘情人也而特愛予草書取紙篋中一無所有乃折寢被六幅書之黄題浯溪詩云同行野僧六七輩亦有文士相追隨伯新與焉莆田縣志

明

石竇游氏子得法於亘信老人住壺山二十餘年嘗有偈曰我本江邊一釣翁無文無字無神通有人問我西來意日向西沉月向東未幾示寂荼毘舍利晶瑩如綠玉莆田縣志

國朝

太心一名恒濤祝髮於上生寺戒律堅苦參方至鼓山爲霖和尚以法器相許習靜山阿菴中菴有山魈現形叵測恒濤彿爲動晝誦經典夜入禪定魈遂滅後傳爲霖衣鉢主持鼓山嘗值大旱當道延之祈雨雨大沛胴歸莆路見朽棺暴骨心輙惻然

偕其徒眞仲鳩衆力瘞之後圓寂於鼓山至今叢林談戒必推之莆田縣志

泉州府

秦

大道修眞清源左峰嘗出遊逢人哭問之曰長城之役獨子無兄弟出身代之遁隱於此蓋尸解而來也後人供奉之名大道巖閩書抄

唐

無等會稽人居南山石室四十年不出刺史盧某三請不至遣使仗劍云不下山取頭來無等曰身非

我有况頭乎禪寂自若盧嘆曰空生之道一至於此乎爲詩贈之曰九日峰前八十秋禪庵遥枕晉江流師心應共山無動笑指雲霞早晚休隆慶府志閩書

合參

鄭文叔有道術號元德眞人修煉於晉江紫帽山有羽士寄以書文叔握粟犒使歸視精金也故洞名金粟宋寧宗御書金粟洞刻於石名山記

吳崇岳惠安人入龍興觀爲道士收精鍊氣休糧輕身觀有古松常躡木屐拜禮松梢轉運使周謂聞其名扣之因與西行至德化縣東有松高百尺上

有鶴巢周命登之師出巢巔飛步拜禮與枝低昂
周贈以詩云楮爲冠子布爲裳吞得丹霞壽最長
混俗性靈常樂道出塵風格早休糧枕中經典誰
傳與肘後仙方自寫將百尺松梢便飛去鶴栖枝
上禮虛皇後召赴闕賜號通元先生郡閣雅談

宏則林姓簡素不求贏餘稍食亡有雖王公子膏腴
却不納刺史王延彬贈句有莫怪我來偏禮足蕭
宫無个似吾師之語閩書

楊樵南安人唐末採薪高田山遇二仙人奕子以桃
食其半半欲遺母中途失之三日至家已三歲矣

嗣後神氣靈異明禍福精岐黃術閩王審知夫人病瘡召治之不面診綫察焉初繫於木曰木也復繫於犬曰犬也最後繫蟾蜍之立愈王大加賞不受請爲里人濬陂通九溪水溉田長七里今①[illegible]安自家陂是也後治藏高田山有道士七人訪之對談甚歡比送去皆化鶴去楊亦以是日化南安縣志

五代

棲霞同安人刺史王繼勳聞其苦節將廣其居峙其糧固辭歲暮有宿其菴者鍜金與之霞置諸床下七年其人復來棲霞笑曰卿惠者尚存出視塵埃

校注：①南

積矣其人嘆曰此道人者誰能垢之隆慶府志閩書合纂

宋

昭慶晉江林氏子少跅弛任氣爲賈客忽一日謝同賈以財物屬其兄弟使養其親徒手入高鄭醴泉寺受具戒所得法廣大微妙學術無不通達爲人說法或以經論或以老莊或以卜筮或以方藥下至種種一切俗諦之事隨其根器示之大方與孫覺秦觀僧道潛相善觀爲作塔銘閩書

洪氏女名聖保居將軍巖作頌曰一箇巖龕萬物周塵中擾擾到無由儂家儘有居山意問著依前隔

數州年五十於惠安龍泉出家布衣一食或絶粒
逾年皇祐間鄉人聞音樂聲次早潔髮更衣而卒
閩書
吳眞人名本同安人由貢舉授御史仁宗時醫帝后
愈煉丹救世景祐間蜕化于漳州白礁乘鶴昇天
其後屢著神異同安縣志
宋已字子正晉江人初主資聖寺太守陽夏貽詩有
淨瓶常載水破衲任生塵之句太守劉忠順題其
居有展榻殊無地看山别有門之句最爲蔡君謨
呂縉叔所知隆慶府志

法輝晉江人居廣福院禪餘以詩自娛與呂縉叔石聲叔陳原道結社嘗寄吳山人詩曰夜召山翁酌花間聊撫琴酒香來竹外古意入雲深月色臨諸水溪光射遠岑擬教塵土客對此滌煩襟又題靈師壁曰遠浸溪光碧寒生松檜陰漁舟驚暮雨高吹入秋林五代詩話

黃惠勝宣和間居小尖山之寶峰嘗結臺峰頂曝身求雨後語人曰劉寶來吾菴其爲廳事乎遂徙居大尖後臨汀寇至鄉人築砦以禦之朝廷遣官劉寶捕寇兵果駐此安溪縣志

江東裴道人紹興中來泉頭戴通草花行歌於市曰好酒喫三盞好花揷一枝思量今古事安樂是便宜人與之錢則買酒徑醉莫知所止宿後數載坐化於淸源洞郡人泥軀以祀號蛻巖閩書

趙永嘉隱晉江金鞍山有道術嘗喚虎守室土人餉之酬草一榼怪棄之飼牛牛酣睡連日復遺草解之始醒再求不得乃祥芝也今有祥芝澳司以此永嘉少爲同安簿役從事朱文公後行山下遇同人致意文公文公就訪之與遊覽勝曰此地二百年後當爲車馬之區今永寧衛是也閩書

張道源紹定中居安溪龍湖禾構巖時邑有巨室山多杉木道源往施巨室曰視木末折者即以相奉頃刻風起木末盡折既得木遠莫致乃自山頂湖中先後挺出匠告曰木足矣遂止今木頭半挺尚在湖中安溪縣志

太初字子愚晉江人嚴律行兼能詩古文南劍守陳宓招主報恩寺後眞文忠德秀復延之大溈寺嘗出孟子夜氣章以授學者名牛山經所作文郊承天僧堂記簡嚴有體而雖黃、蔡端明洛陽橋記多三字者至今傳其言也隆隆慶志黎閩書

道詢惠安人俗姓王詢母夢吞祥光生有靈異朗悟內典精勤戒行修造橋梁二百餘所捍海水爲田不可勝計（隆慶府志）

明

笑堂同安僧也住太武巖有二徒之京送以詩云客路逢秋意慘悽吳歌楚些聽如迷海天一色雁雙去山月半規猿自啼心動故園頻入夢詩逢好景易成題孤霞落鶩西風外更向何山去托棲（隆慶府志）

法果晉江人居東禪寺遇清明率其徒沿途拾露骸葬瀰澤園年九十餘坐化郡守熊尚初扁曰義僧

隆慶府志

重明華晉江人本屠者遇仙得慶服烝煉形精五雷術戲鬻之童子與一錢則書①雷其掌中伸之聲殷然成化末坐化於清源紫澤宮人泥軀祀之泉中旱則迎禱以能雷也嘉靖中郡守程秀民讚曰九十二歲仙翁忽然跳出虛空生平無餘無欠一輪明月清風通志

國朝

僧無疑戒行端嚴順治戊子屠城枕尸塞路率其徒達因等七人親以草薦暴尸舁往城外火化仍㧐

校注：①畫

地十餘丈而爲之厝標曰同歸所漳州被圍死者數萬解圍時無疑又偕諸徒收瘞焉同安縣志

銳峰晉江人楊姓少爲儒長薙髮於戴雲山寺又入黄檗爲記室五載受拂歸李文貞公家陷賊中銳峰曰寇强而驕有玩心夜覆其巢家可奪取也吾徒某能識賊山後路使之爲導君家偉鄉衆隨之出賊不意萬一幸濟卒用其言脫家難尤工於詩山居有句云過雨龍蟠將蛻骨新泥虎去尚留蹤青苔自滑非干雨綠樹長吟不藉風榕郵詩抄

海印字端章德化儒家子博學能文尤深於易及爲

僧住持南安雪峰戒律精嚴著有愧軒語錄詩文集易說明德說羅經解雪峰寺諸書泉州府志

漳州府

唐

義中三平開山和尙也故爲高人後南遊見大顚顚云卸却甲冑來義中退步而立由是妙悟空中深了無碍寶歷初于漳開元寺後卓菴會昌間汰僧入三平山有九層巖者山鬼所居義中卓錫衆鬼舁投之深潭及還坐如故復以龍舁至瑞龍百丈漈沉之復如故由是讋伏乞爲架院曰願慈悲開

目七日許之五日目忽開院成山門未就鬼化形逸去有大魅身毛魋魃義中戲擒住隨侍指使曰毛侍者乃聚衆居焉漳州府志

清谿居保福寺叅眺龍龍曰谿闍黎燒香說悟處答曰香已拈了悟卽不悟龍悅而許之將入苧溪待滅遺偈於橋曰世人休說路行難鳥路羊腸咫尺間珍重苧溪溪上水汝歸東海我歸山於湖頭石上端坐而逝漳州府志

宋

吳本海澄人母夢吞白龜而孕學道雲遊得三五飛

步之術以濟人爲念殁而靈焉鄉人祠祀之祠旁有泉湧以洗病無不愈漳州府志

懷璉龍溪人師事泐潭皇祐中召對化成殿問法稱旨賜號大覺禪師所賜答詩頌凡十七篇至和中上疏乞歸英宗詔許之賜龍鉢盂璉曰法以瓦鉢食食此鉢非法對使焚之旣渡江四明郡守迎致爲建閣藏所賜詩頌榜曰宸奎蘇軾爲作碑文漳州府志

楊虔誠龍溪人年十四棄俗入道能爲詩文自稱白衣道人於天寶山夜坐見東北方有天燈雲旗之

異遂自古谿吳峰至天柱山止焉有蛇爲繞地因
卓錫其上鍊氣閟形後不知所之漳州府志

明

張徹平和人字道隱世居琯溪得龍江艮背之學終身不娶好學深思所引說經義不依訓詁自見大意善臨池非其人丐一字不書嘗夜坐虎入踞庭中頃之遯使避去侍者問曰何兀然不動也答曰虎噬人出人不覺覺在先則彼不得舒其怒矣其立說平實如此漳州府志

海湛字涵清有風慧爲人傭作披緇結菴梁山下明

亂邑人蔡而烜爲賊所逐倉皇入菴中時湛方入定而烜負背之賊不能見一日扶杖下山别檀那歸而坐化漳州府志

樵雲故開元寺苦行僧也萬歷初萬松關未爲孔道然行人以捷徑多出此樵雲結小菴日施茗山巾夜即誦書數年諸經通曉神宗欲索天下名僧從苦行得法者有司以樵雲應旋賜紫衣旣歸乃於岐山依石結室終焉漳州府志

斗頭巖僧失其名相傳與西潭吳尾公善示寂時尾公以事往三山僧囑其徒以履遺之尾公回途中

遇僧問何往答云將雲遊恐未歸有履在某處相贈又囑云貴鄉水與路皆宜改不然必有戈兵之慘到家方知僧已逝矣未幾倭至男女多死者漳州府志

延平府

宋

華總施氏子初母夢金人將白蓮花授之覺而娠總在孩提聞酒肉氣輒嘔年十一出家極聰博深通佛書有道行楊龜山過廬山見之與論性謂本然之善不與惡對胡安國亦善其説蘇子瞻嘗爲作

眞譜云堂堂總公僧中之龍洪覺範作傳以軾言爲然尤溪縣志

肅法明嘉熙間頭陀卓錫劍津里溪源菴其畔有清泉龍井菴側怪石孤聳名鳳冠巖嘗伏毒龍於井中收妖魔手石桐①至今猶存遺跡有司刻象建菴歲旱禱雨立應南平縣志

無求劉氏子少業儒博涉羣書尋棄爲僧遍遊名山長於詩賦有塵外趣縣尉朱松重之締爲詩友嘗爲作詩集敘尤溪縣志

明

校注：①洞

陳本潤自號清心正德間提點居元妙觀得九牝法遇至人授以洞天秘訣遂能叱咤風雷時大旱知府孫衍令祈雨立應年八十鶴髮童顏忽謂衆曰我擇三日脫去矣果於是日端坐而逝南平縣志

能持幼穎悟稍長遍遊名山以探禪學有得而歸結菴松關會四方衆僧日談元要著天印語錄徹空內集洞雲外集黃檗心要俱直透禪微年四十餘足不出關至八十一將示寂集寺衆曰吾寂後三年外期日有星自東而西葬吾時也其徒安置草堂龕中三年至其時有星大如斗自東而西遂葬

之號曰天印禪師南平縣志

建寧府

上古

劉少公舊稱武夷山主按雲笈七籤云武夷爲昇眞元化洞天眞人劉少公治之建寧府志

漢

錢鬱霄劉永志李氏三女同在白塔山修煉成仙貞觀辛丑獵者呂師逐獸入山中遇三女於石山圍碁因坐而觀之女授桃半顆與食俄頃獵具朽爛歸家幾十年鄉人因挽師引至原處忽覩圓光丹

丈三女昇天遂號三皇元君立龍濟道院以奉之
雨暘祈禱即應建寧府志

華子明師冉見先生修煉于期山臨溪有子期臺神人指臺前石語之曰待此石鼓鳴汝功行滿矣一日扣之石果有聲乃入株林山卻笠而坐俄頃雲生騰去建寧府志

唐

孔氏莊氏葉氏俱上虞人天寶間於天柱山前遇元君授以丹訣指其往東南覓修煉之所乃於均峰得雲虛洞以棲焉道成投身於換骨巖遂仙去治

平間歲大旱里中有江小三者遇三女於均峰下訴以旱故三女授小葫蘆盛水少許令灑之是夕大雨霑足乃獲有秋江往謝有小童導之使前三女餞以胡麻飯歸行數里桃花夾徑渡一小澗出三姑石下至家已三載矣建寧府志

馬氏建安人俗名馬五娘適人一年而夫亡誓不二夫家貧姑老紡績以養每洗足出入溪暴漲無舟可渡乃張傘仰置水上乘之以濟人異之嘗語人曰我非世人奈有姑在待終天年吾當去耳或旱暵鄉人舉迎祈雨立應姑終飛昇而去今建中所

在有菴建寧府志

馬道一什邡人容貌奇異牛行虎視引舌過鼻足下有二輪文幼依資州唐和尚落髪開元中習禪定於衡岳傳法院遇懷讓謂曰磨磚不能作鏡坐禪豈能成佛同參者九人惟道一密受心印來佛跡嶺剏寺苦鼠雀蚊蟻之擾作法禁止之逮今永絶建寧府志

神晤俗姓留客遊婺州開元寺即願出家嵩誦七佛俱胝神呪昏曉不絶乃於金華山巖穴中居止不構菴室作露地頭陀亦無床榻有神人吐紫氣覆

之共神時來問道一日拱手曰赤松洞之東峰林泉卓異師可居之師隨往居焉多徵瑞元和間回舊山示滅建寧府志

伏虎法名行儒景福中庵居山中有虎嚙人鄉人集衆捕之師忽騎虎出迎由是驚異之今中峰寺有伏虎壇石迹猶存建寧府志

五代

張琰三山人又云名湛坐化於大王峰半壁石室中相傳謂其解化時其母追呼之首因轉盼巖下故遺跡爾爾背上有白點如錢者六七右手有一杰

字坐旁一石方正如棋枰上有金蟾昂首向蟾因
號爲張金蟾萬歷初直指楊四知見其裸裎近褻
因塑而餙①之仍護以鐵欄云建寧府志

宋

淨空大士宋辛巳汀邵建三州疫死者萬計寖及縣
境時十月炎鬱不減李知孝請師禱焉風雨旋及
瑞雪繼之浹旬癘氣如洗明年五月旱知孝又禱
焉越二日大雨歲以有秋熙甯中棲隱山巖待制
章公衡迎歸南峰寺跏趺卒封慧應大師建寧府志

道悟泰溪人姓祖初參開元寺堂禪師有省遂求剃

校注：①飾

落依止者十餘載後結茅于西鄉之擎天巖將入
滅預告四衆期日畢至剃浴更衣說偈坐塔火化
咸淳六年官兵討賊絶糧師化身直詣軍門自稱
擎天住持僧擕一囊之食兵皆取足遂破賊有司
奏聞賜謚寂感大師賜額曰擎天護國侍郎謝壘①
山爲撰記建寧府志

鄒道人失其名趙淸獻公宰邑時鄒以產户辟爲錄
事奉公甚恭一介不妄取公秩滿鄒自是棄子學
道武夷山中過昇眞洞遇張眞君授以九轉丹訣
得道尸解於幔亭峰建寧府志

校注：①疊

嗣公嘗師事胡文定公棄儒出家雲居院文定寄以詩云十年南北斷鴻鱗夢想雲居頂上人香飯可能長自飽也應分濟百年身建寧府志

暨存與甌寧人結廬崇仁德之冲源出入常有雲覆其上喜躬稼隨意耕耘不分彼此雲輒隨其耕處移他所復隨如故歲旱祈雨呼曰雨即雨霆呼曰晴即晴皆應聲至疾者飲以法水立愈紹興中以蓮原地爲菴匾曰如是坐化時異香滿室塑其像雨暘祈禱如響建寧府志

邱公不詳名氏在靈巖後石空中坐煉晝夜精思頓

然覺悟一旦坐化留詩曰本是瀛州仙子倘徉玄化洞天笑指蓬萊歸去冲飛笑入暮烟因號其巖曰邱公建寧府志

黄樸樵川人訪道武夷山中逾數月尋歷殆遍無所遇忽於白雲巖下見草菴道姑姑邀宿曰此地多虎恐君見傷樸竟不肯入危坐户外半夜果有虎咆哮而來姑急開門呼之答曰寧死於虎决不入遂堅坐達旦虎已潛去姑嘆曰君眞有志君試往若遇樵者當拜而問途及至水漈溪流洶湧方顧盼間有樵者來樸如姑教樵者令樸閉①目挽其衣

校注：①目挽

步雲而行俄至中岡見宮殿崔嵬一人①碧[illegible]朱②[illegible]謂樸曰宜速回積功累行他時或可再來遂與揖麻飯食之出至崖下回望高山深谷窅非昨境爺與菴亦失所在樸自是絕粒化於三仰峰建寧府志

元

金志陽號埜菴永嘉人蓬髮不櫛人因以蓬頭仙人稱之嘗遇李月溪授以丹訣遍遊名山後至武夷道術丕振病者叩求隨以供菓餌之無不立愈歲旱召龍警以偈語入水少頃大雨如注居止止菴冬不爐夏不扇趺坐而化建寧府志

校注：①碧髮　②眉

國朝

古雪名通喆西甌陳氏子幼業儒十六歲出家黃巖得法天童悟和尚初受少宰熊文舉等請興江西翠巖寺入閩撫塔公請住佛頂重興龍山又請重興斗峰進院日石鼓自鳴者三時年七十示寂著語錄四十餘卷行世 建寧府志

元賢字永覺建陽蔡氏子補邑諸生年四十棄家往壽昌禮無明和尚密受心印明崇正間聞谷師推主當山百廢俱舉其法席之盛與興聖無異著有廣錄諸書 鼓山志

道霈字爲霖鼓山六十五代住持也本建安丁氏子少依白雲寺深公繼叅聞谷密雲諸禪師後侍永覺於當山永覺授以大法繼席十四載歷上游與寶福白雲廣福開元四大剎還山後禪教兼行淨律並開其一時法門之盛人稱爲古佛再世鼓山志

邵武府

宋

三佛祖師本無姓西域突利屬長民也以母契丹氏適龔遂冐龔姓生而神異不貪榮貴一日遇道人

於路道人曰此身不向今生度更向何生度此身師言下有悟即辭親出家苦行叅道至海外儋州昌化縣乃地藏菩薩道塲隨衆聽法遍遊名山至地名定水遇二友一劉則祖交趾人一楊原祖南華人相見如故同往叅眞覺高賢求證上道時閩地雪峰義存禪師乃折蘆再渡人也三人同詣禮拜禪師特剪髮爲頭陀命法名曰龔志道劉志達楊志遠三人各受偈辭祖師遡舟望郡境楊適楊源龔適道峰而劉從馮墩過小溪見一山高萬仭侵入雲漢路逢何公曰上人當與此師遂于獅子

巖前晒袈裟誅茅結菴居焉紹興時天旱顯師求雨甘霖滂沛封神濟直濟慈濟三公淳①興間加封員照顯佑太師至勝朝陳友定亂時黄洞鐘石岩凶寇起官軍勦捕師現身助軍殲賊民得以安男女染疫道路白骨如莽于七臺山中求法水一服脫體及天下定禮部以三祖師報國護民敕各山皆如前封邵武府志

馮觀國邑人遊方外遇異人得內丹之法自稱無町畦道人寓宜春二年言人吉凶盡驗或有詬其醉狂者觀國以詩謝之曰踏遍紅塵四百州幾多風

校注：①熙

月是良儔朝來應笑酡顏叟道不相侔風馬牛紹興中端坐而逝一統志

汀州府

宋

晏仙人失其名清流人生明溪田家樵蘇山間見一道人餘半桃以遺之晏食已欲與之語忽不見歸累日若醉若夢家人省問似不能言者旬餘少愈不復烟火食所嗜惟果實清泉而朱顏漆髮肌膚潤澤且能言人禍福鄉人呼晏仙人汀州府志

饒公歸化人牧羊至瑤社嶺遇仙人奕棋授以桃一

顆自是得道在均山坐化今塑有像雨暘祈禱其靈菴外有古井一口大椿樹八株相傳爲饒公手澤云汀州府志

歐陽仙清流人結廬于豐山順真道院養真修鍊後坐化鄉人祀之極靈感水旱災疫有司迎之隨車而雨能動風雷汀州府志

智孜長汀人號禪鑑嘗住福之白雲豫章之上藍工詩四皓吟曰忠義合時難雲林共掩關因秦生白髮爲漢出青山不顧金章貴常披鶴氅還如今明聖代高蹈更難攀洪駒父見其所作擊節賞之汀州

府志

賴慧歸化人少投羅漢寺師古空爲僧誦大乘金剛檀經有悟因出遊方外二十餘年開寶中于滴水巖結菴居之端坐不寢能知休咎鄉人有遊巖者慧曰好歸好歸家中有不醫之疾矣及歸妻尚無恙至夜果暴卒有失牛者覓數日不獲往扣之慧曰在某鄉某山之麓果得之見病而捧心者曰汝患乎削巖中蜂窩石水研飲之果愈年九十餘入定逝破襖上有香氣汀州府志

福寧府

上古

容成先生黄帝時人嘗棲太姥山煉藥後居崆峒軒轅黄帝師之今中峰下石井石鼎石臼猶存福寧府志

韓衆太上齊垠書曰太上眞人靈寶文天眞皇以授帝嚳藏于鍾山鍾山眞人以授禹禹藏于名山水府吳王闔閭使龍威丈人包山洞取之以出齊人樂子長授霍林山人韓衆今霍童山有左弼峰仙經云茅君爲左弼仙卿韓衆爲右弼仙伯者是福寧府志

梁

褚伯玉鹽官人居南霍行遊諸名山上虞吳曇授所傳西嶽公禁止符及制虎豹符凡二卷嘗攜隱居霍童至大同二年駕鶴飛昇福寧府志

唐

妙覺中和間居鳳山開山建寺時湛山道者鑿石爲柱山不能開匠告於師封竹杖鞭之石隨裂昇之不動又封竹杖鞭之石隨起福寧府志

如瑜不知何許人乾符間至八都深山相其地曰是可爲道場也山人會鈞林俊捨其山如瑜遂開臺建寺嘗求證於蔡柳二師精修苦志能悟上乘遂

爲空門之祖（福寧府志）

宋

道隆幼嘗割股療母母死廬墓數年後落髪入空門戒行清潔建炎中葉儂寇境道隆具牛酒焚香頂簷入賊中賊爲感動鄉民賴以全活（福寧府志）

司馬湘鹽官人徧遊天下嘗醉於湖州終日坐靈溪水中衣履不濕能指溪水逆流又能令柳樹隨溪水來去令橋斷而復續後居霍童山煉丹既成駕鶴飛昇（福寧府志）

山堂名洵長溪人乾道戊子住鼓山嘗上堂有湖風

掃地捲黃葉門外千峰凛寒色之偈福寧府志

明

永成西林寺僧長詩文工楷法士大夫重之年九十三童顔健履作偈而化福寧府志

金漢壽寧人家貧傭活宣德間入虎皮菴爲爨頭易名善能每餐必候衆餕餘宏治二年十月欲化先知識至期登紫塔危坐觀者載道焰起從容自如但聞空中鈴聲下僧歸一隻福寧府志

張景眞大留人從道眞慶觀性警敏能吟正德初領道會赴京以符籙顯拜爲眞人建宫於流沙河四

方師者甚衆福寧府志

國朝

照浮壽寧人康熙初修行南山樓中足跡不到山下年栽芋三百六十餘顆日食其一常坐松下羣鳥集其肩後池白蓮盛開有龜浮上郎謝衆曰老僧年八十五當歸矣遂圓寂福寧府志

臺灣府

古

絳衣縞衣仙邑有砂馬磯其頂常帶雲烟非天朗氣清不得見也故老言頂上時有絳衣縞衣二人對

奕今山上石碁盤石櫈猶存鳳山縣志

國朝

如端諸羅縣僧也住鹹水港之觀音宮性淡泊清淨道行甚堅宮本茅蓋時爲風雨所侵如端重葺之易茅以瓦煥然一新諸羅縣志

李茂春字正青本龍溪人明末薦舉後居臺而遯於禪放浪山水間跣足岸幘旁若無人搆一禪亭曰夢蝶與諸僧誦經自娛人號李菩薩臺灣府志

永春州

唐

馬姑仙者不知其姓名幼學修煉結廬於永春馬姑山巔一日登山採藥蛻形於百丈巖人見其現身巖谷間閩大記

雙髻女仙嘗隱雙髻山後留丹竈於山阿飛去每花朝月夜或見女仙騎白馬遊雲中舊邑志

陳智廣永春人生不茹葷日月中行有十二影隨身持鐵鉢一白犬隨行巖西有龍潭智廣每浴水必煖一日水冷俄聞山有涕泣之聲自是不復浴光啓二年示寂福建舊通志

宋

陳普足永春人兒時牧羊持齋誦經元豐六年旱安溪劉氏請普足禱雨隨應遂築室蓬萊山清水巖居之相傳有女魔投宿見巖竹四裂遂不敢入有巨石當路往來患之忽一夕轉於道側嘗指閬苑山此佛家鄉也後數十年當現身於此建中靖國元年示寂紹興四年雷火燒山自夜達旦鄉人異之躋攀至石門見白菊一叢畫一叢香爐一具普足現身俄有雲霧擁之而上賜號昭應大師祠之毗藍巖閩書

張自觀閩清人煉性於蕉溪山石鼓巖見石牛山夜

火晶熒知有魑魅因往其處魅方於人家迎婦閨①徒甚盛觀出掌令人從指縫窺之魅悉現形乃幻爲女妝坐輿中羣魅舁之入石壺洞與之鬬懸崖上下趾踵入石轆轉數十處髮尻鞭劍之迹如刻書竟奪其洞坐化鎮之魅或眩匿遊人衣物告於神則立出德化縣志

妙慈姓陳德化人生時香霧濛山淳熙間示寂於獅子巖其身不壞遺言六十年一更塑今遺蛻猶存國朝康熙間巖頂有巨石將墜授夢僧人令先爲扶像出俄而石墜德化縣志

校注：①輿

明

陳智錄永春人泉州郡守令其禱雨隨應贈遺之不受但乞①撥府倉米以濟永人守難其轉輸智錄手所吹角指府倉角聲未絕而所輸之米已至驗之運丁皆駝石也因名其地爲駝軍嶺後至山上鄉以劍剖石壁遂入不見永春州志

陳甫一德化人生不茹葷能於木杪鼾睡家貧負販②遇永春錦斗鄉值造石橋取巨石數十人不能致者獨力運之將寂告遠近積薪趺坐自焚烟焰中聞號佛聲不絕鄉人收其骨塑祀之德化縣志

校注：①撥　②過

龍巖州

明

陳真佛龍巖人少時飯牛而牛孳息長併顛不事家人產辟穀烏石山中不知所終今石項有台石室龍巖州志

國朝

得道漳平人陳姓爲人誠實入鳳山落髮後至寧洋選勝於麟山最高處一日忽語人曰吾將以二月二十九日火化時順治十四年也至期積薪趺坐薪上守將聞之疑其妄令卒持弓矢往伺其火起

有難色即射之一卒甫動惡念即跌傷師咒之立愈及候至將所持炷香一擲火遂發師念佛如故容貌不變龍巖州志

光明大田縣人姓鄭妻死事母至孝後爲僧入寧洋天臺山修苦行自卜一山名天恩居久之語人曰觀音佛祖得與諸禪師度我吾將化也詣佛前剪髮登臺自焚而逝龍巖州志

月慧上杭人龍巖萬安里圓光山寺僧也　國朝定鼎初闢禪林朝南海歸即了悟覺往知來明司徒王公命璿遯迹山中與談禪甚契贈詩云圓光古

剎旁雲巔極目盡胸吃紫烟恍見如來傳大我覺天日月映無邊迨耄圓寂前十日詔其徒曰此六月十七日吾師忌辰我不先十九日爲大士成道日我不後十八日我要歸矣及期趺坐而逝續傳

寺觀附

福州府

閩縣　鼓山湧泉寺　其先爲潭毒龍居之三山志唐建中四年從事裴胄延僧靈嶠誅茅爲臺誦華嚴經龍去不爲害因奏建華嚴寺梁開平中僧神晏居　此宋真宗賜額鼓山白雲峰湧泉禪院鼓山

志明復改爲寺詳見前志　國朝康熙三十八年
賜額湧泉禪寺五十三年
賜御藏經四櫥乾隆七年
賜御藏經七千貳百四十卷十五年僧興隆重修并
輯鼓山志清理法界寺有古龍潭在天王殿下前
爲羅漢泉昔有僧指地泉湧故名東南爲放生池
山下爲白雲廨院又圓通菴在東峰下般若菴在
保老洋積翠菴在白雲洞吸江蘭若在舍利窟深
翠菴在海會塔下
白鹿寺　在積善里三山志唐元和四年永嘉僧

道洪誅茅于此白鹿適至因以名其寺咸通中賜
額寺前有白鹿亭
華嚴寺　在易俗里本唐翁承贊故宅中有晝錦
亭狎鷗池諸勝宋爲地藏塔院後改爲寺　國朝
順治間重建　閩都記 參府志
靑都觀　在左三坊府志　國朝康熙間將軍祖
良璧建
候官縣　乾元寺　在越王山麓三山志即無諸舊
城址也晉太康中築新城因以爲貂因寺唐乾元
間賜今名宋咸平中賜御製心輪偈頌等一百二

十三卷及草書八分飛白篆書元至和初賜皇祐

新樂圖記三卷

法祥院　在右三坊閩①郡記宋初建舊號閩山保

福寺熙寧間程師孟以光祿卿知郡遊此僧爲鐫

光祿吟臺四字今廢入民居

開化寺　在西湖中詳見前志中有宛在堂三山別島

諸勝　國朝康熙間乾隆二十〇年重修

長樂縣　觀音寺　在縣東隅三山志唐咸通中光

祿大夫王想捨宅爲寺宋監司燕郃二公刻去華

才翁四字於石屏

校注：①都

龍泉寺　在十都唐大中間建府志即百丈禪師鉢肘二龍處寺前有卧牛石雲梯石蓮花石諸勝

龍角峰寺　在十四都縣志宋嘉定間建　國朝雍正三年乾隆二十四年繼建寺旁有石洞中鐫普陀觀音羅漢像

福清縣　盧山寺　在永福里三山志陳永定元年建唐大中初僧惠澄丐盧氏宅以廣之宋乾道間重修

福盧寺　在福唐里縣志明萬歷間里人大學士葉向高建

連江縣逍遥院　在安仁里唐大中初建一名香菴閣書寺旁石孔手探之有香名香菴石

雲居寺　在永貴里唐乾符間建閩都記堂前有石如壁有池石梁跨之縣志有朝天石屏風石出米石浣花潭老翁石老翁田馬腰石鯉魚石耕農石雙脊龜石指動石踏雄石金雞石蓮花石又有石刻十二光佛名號寺後下瞰大海森然無際西麓有淨居菴俗名下菴

荷山菴　在浦下府志元初李仕明以世受宋恩不仕隱於珠浦歸荷山院至正四年仕明子俊重

建

莆田縣 白雲寺 在一都縣志宋紹興間建 國朝康熙二十一年釋元徹修中有六橋洗鉢池講經壇半月潭一片香流香澗點頭石枕流饑①靈源洞諸勝

閩清縣 天王寺 在宣政里三山志唐會昌中楊訥捨宅爲基後鄭氏捌殿宇宋元豐間闢新之

廣濟寺 在十五都宋紹興間建府志下有龍潭梅塢碑鐫溪山第一又巖壁鐫振衣二大字俱朱子書明曹學佺題曰海天佛國

校注：①磯

永福縣　龍泉寺　在縣東官烈山縣志唐百丈禪師說法於此有龍井大旱不涸元末王翰隱居山中其子偁爲建寺　國朝乾隆九年重建

興化府

莆田縣　石室巖佛院　在城西三里唐僧湼槃居此宋時賜額妙應寺明萬曆間里人陳經邦重建

白雲院　在壺山之麓宋慶歷二年建相傳陸秀夫隨二帝駐蹕于此

松隱巖僧寮　在城山宋林光朝講學于此朱子嘗至焉

仙遊縣 高田院 在萬善里宋乾德中僧定御飛

昇于院之祥雲峰

上田院 里人林一璘建

泉州府

晉江縣 法石寺 在通淮門外見前志 方輿紀要宋

蒲壽庚據城降元少主至此不敢入因駐蹕于寺

中

五峰院 在縣治北明統志內有瞻部靈源閣相

傳柳公權書鳥雀不敢棲止

南安縣 龍興院 在三都唐太和中建閩中僧宏

慶將示寂囑勿火化棺行至鐘鼓不鳴處即吾瑩也舁龕至岡南擊鐘鼓無聲掘地有石曰佛塔遂葬焉光啓間學士韓偓殁於此

惠安縣　大中寺　在縣北府志唐宣宗賜額柳公權書今廢

南安縣　眞寂禪寺　在夕陽山下閩書初名義安唐宣宗龍潛時觀瀑吟詩於此登極後勅賜今名

安溪縣　吳山寺　在感德里縣志宋時建舊名化龍巖中有萬葉庵半月池樹木崇茂巖谷幽深爲藍橋勝概

漳州府

龍溪縣　龍山寺　在府治北府志宋五大刹之一

普賢寺　在城西廂縣志南唐保大中有三佛齊國李將軍建手書法堂梁上人無識者宋大中興國間重建

漳浦縣　青陽院　在十都府志宋淳熙間建多勝概

海澄縣　石室院　在三都唐同光三年建

南靖縣　龜息菴　在永豐里元大德間建

長泰縣　天王院　在人和里　三峰院在善化里

俱唐時建

平和縣　三平寺　在三平山唐僧義中建府志極山水佳致

詔安縣　高隱寺　在二都府志元時有隱君子居此

延平府

南平縣　峪清寺　在餘西里宋紹興間建內有含暉閣清暉堂

將樂縣　封山觀　在封山宋慶元初建相傳楊真君①湅丹于山麓小石洞今迷其跡

校注：① 煉

沙縣　福聖寺　在縣東北初名天王堂五代晉時建宋元祐間重建賜今額有泉一泓可愈疾

尤溪縣　永興寺　唐天祐間建閩王氏賜今額

建寧府

崇安縣　冲祐萬年宮　在天柱峰下初名武夷觀唐天寶間建

密菴　在五夫里中有晝寒清湍野鶴三亭朱子多題咏

浦城縣　南峰寺　宋咸平中建中有章得象書錦堂刻仁宗御賜唱名詩

石井華藏寺　在獸嶺宋時建有淨空謝空主禪僧遺蜕旱禱輙應

福鑫寺　在登俊里昔有僧覆鑫於此說苑福鑫山有龍潭過三小溪澗有磴步到寺珊然也

萬葉寺　在樂平里初名溪峰唐昭宗賜今名有瀑數百尺如珠簾并石門菩薩仙人跡汙樽水簾七松壇萬石階爲八景

邵武府

邵武縣　翠雲菴　在書錦上鄉唐天祐間建傳張子冲題梁上云金谷翠雲峰開山張子冲後修菴

字人未創削不滅

光澤縣　寶蓋寺　在永寧里明正德間建一名玉

龍峰上有仙跡

建寧縣　玉泉菴　在東鄉府志泉出石罅瑩潔不

竭相傳菴下有龍潭龍時化爲老翁來聽說法

汀州府

長汀縣　寶靈菴　在歸陽里元至正間洪水湧出

三白石如珠里人即石斵佛像以祀

天慶觀　在興賢門内初名開元觀宋至道間改

名至道宫大中祥符間改今名

清流縣　白雲巖庵　在夢溪里明洪武中有江姓者坐化於此邑人即其遺蛻祀之

上杭縣　大士菴　在石鐘巖府志內一洞延袤數丈中結寶蓋旁懸一鐘皆出天然更有金瓜石天蘿石石絲石藤諸勝

南泉菴　在溪南里名勝志王守仁南泉菴漫書有山城經月駐旌戈亦復幽尋到薜蘿之句

福寧府

霞浦縣　東菴　即龍首菴一名西澗堂明正德十六年建有溪山一覽軒迎曛亭芙蓉臺宋朱子題

日白雲深處其上爲聖水菴有井淵清冽可愈疾

又西菴在北門外

福鼎縣　玉湖菴　在太姥山麓前有淵水傾瀉如

珠簾

嶨洞菴　在太姥山一名半雲洞洞門三尺傴僂

而入豁然别有天地平圓數畝在焉又山有金峰

菴天源菴其巔爲摩霄菴皆有奇勝

白箬菴　在太姥山下明萬歷丙午重建舊有住

持僧易瓦以箬故名

福安縣　龜齡菴　在九都唐時建宋朱韋齋及子

高寓此

靈巖寺　在簾村即薛令之靈谷草堂唐咸通中

改爲寺

寧德縣　鳳山寺　在十四都唐中和間建賜額崇

勝後改今名下有淇菴僧卓錫泉

資聖寺　在五都梁貞明二年建宋建隆初重建

中有見山樓

臺灣府

臺灣縣　萬壽寺　在永康里　國朝康熙五十年

巡道陳璸建爲　祝釐之所

鳳山縣　水仙宮　在安平鎮

諸羅縣　諸福寺　在西門外　國朝康熙四十六年建

永春州

永春州　慈雲寺　在十九都唐時建經始之日有瑞雲故名

集福菴　在十四都宋蔡兹薦升讀書於此

大田縣　萬壽寺　在城東門外今爲　祝釐所

大羅寺　在三十都朱子嘗遊有詩

龍巖州

漳平縣資壽院　在和睦里宋時建元大德明景泰間重修

福建續志卷七十二終

古蹟一

躡修巖闞廣谷徙倚平原之下留連大澤之間喬木荒亭斷碑風雨思古有情鬱伊莫解者豈非以其蹟哉蹟之傳不傳古人不及知而後世又以不見古人爲憾夫是以曠百世而相感深也閩嶠道南之域大賢所廬風烈未湮車服斯在其不隨陳迹泯滅者宜不可勝選外此賢豪傑士遭時遇合卓犖經營顯懿之規磊落宇內亦有孤芳自抱寂寞山邱逸躅苟存必靈不朽

又豈少耶夫蔽棠舍者憶旬宣瞻淇竹者睠有斐太史公歷覽名山舊墟慷慨述作六一居士謂窮崖破冢詭怪所紀猶益於多聞使有右之懷而名跡彫殘網羅弗廣獨非性情之隘歟乃稽舊述裒而成之至於丹室招提方外所托毘乖聞風興起之義因置諸別簡不復綴此續

古蹟志

福州府

閩縣　聖泉　在東山名勝志唐僧懷一杖卓出泉因環石分之宋蔡襄詩注俗傳泉湧則民安

紫薇臺　在葫蘆山榕城景物錄唐末有紫薇公
避王鏻僞爵隱此煮紫薇花代茗飲人因以名其
臺
松塢　在東山三山志松徑極高大木上有宋錢
昱留題詩
東野亭　在長樂山府志宋時建蔡襄書額
獅子亭　在東山閩書宋熙寧二年郡守程師孟
建建炎二年濮王仲湜書額
天香臺　在洋坑閩大記宋大觀中有孝子焚香
祝親書天香臺三字於石

寶雞亭　在易俗里三山志以東望金雞山故名

鐵冶場　在龍逕溪旁宋時鼓鑄處閩書朱子以避僞學禁至此

塔影樓　在南營宋時建府志樓左板扉開一竅日中則有影倒立神技鬼工也　國朝爲諭德鄭開極別業陸游老學菴筆記段成式酉陽雜俎言揚市東市塔影忽倒老人言海影翻則如此沈存中云大抵塔有影必倒予在福州見萬壽塔成都見正法塔蜀州見天目塔皆倒影也然塔高而影止一二尺或自天窓中下或在廊廡間未易以理推也按存中福州所見即此

平山堂　在濂浦平山詳見前志山川

百花務　名勝志府西南有花巷①以内通百花務

校注：①以内

亦呼梅枝巷

駐泊營　在皂營司名勝志宋時將卒自他所調集者居此

水心亭　在今鼇峰書院府志本明四川巡撫邵捷春宅捷春築亭跨池上名曰水心　國朝康熙中巡撫張伯行購宅爲書院仍亭趾改築而廓之易名鑑亭集諸生講學課業其中乾隆二十九年巡撫定　重修更植石柱屹然永固

仙井　在鼇峰書院見前志圖中

侯官縣　營頭戍　太平寰宇記郡國志云閩越王

無諸置

越王山南小阜　在布政司後名勝志晉太守嚴高謂故城狹隘因以咨郭璞璞指越王山南小阜曰是宜城阜左高右卑有池一泓宋建後樂亭於上後改爲嘉樹軒

道士井　在天王嶺下閩書晉時林氏入閩有華陽道士謂之曰可鑿井南山下林如其言有白豕躍入泉湧出

侯官故城　在今侯官市地府志唐武德中置治於此逼臨江滸後爲洪水漂没貞元八年遷今所

任公臺　在昇山詳見前志山川

南莊　在烏石山麓三山志唐監軍孟彪築亭鑿池其中後捨爲寺

擢秀亭　覽輝亭　鳳池軒　華嚴閣　俱在鳳池山榕城景物考宋崇寧中陳瓘被放後蒙恩自便居此

致養亭　在烏石山宋柯述建閩都記以山在西南坤維云

射烏樓　在烏石山府志前臨城壕

偰遊堂　在將軍山下宋時建閩都記巔有九曲

池郡人修禊於此宣和間提刑俞尚建東蘭堂

翠微亭　在鳳池山閩書宋建炎二年進士題名於此

賢塲　在長箕嶺詳見前志山川

雅歌堂　和樂堂　信美堂　愛山堂　賞篔軒

清風樓　爽心閣　凝翠堂　流觴亭　偃盖亭　清風亭　坐嘯臺　淸閟亭　俱在舊威武軍內府志宋時建

平章池　在大夢山一名西陂府志元平章陳有定别業

望湖亭　在西湖上閩都記明萬歷間太守江鏵重建

古靈祠十二景　祠在郡西湖南岸象山已見前志府志中有曲洞荷池勺橋竹林懸巖梅塽松嶺吟臺止亭諸勝曾士甲賦詩詠之

潄石山房　在道山麓府志明陳一元築有杏樹大可十圍一名杏壇

長樂縣　新寧古縣　在十二都縣志宋時即舊基建元明祠

杏林　在董奉山閩中記漢董奉醫不責謝令愈

者種杏於山久之有杏七萬株森然成林

淸心亭　在縣治内縣志宋皇祐中建又有惜陰軒求誨堂絃歌堂月臺樂古堂望雲軒仰軒盡心軒芳蘭軒待月閣攬翠軒俱宋時建哦松軒梅軒不愧堂三事堂退省齋憩軒俱明時建

烟蘿亭　在天王寺名勝志宋慶歷中令董淵立又有枕流軒吳仲舉立

望海亭　在龍龕山名勝志靈峰絕頂有望海亭縣志宋熙寧中運使張徽建

取翠亭縣志作翠微亭　在望海亭西三山志嘉

祐中令王企建

天地四方宇亭　在六平山下府志宋淳祐中建

上有巨石嶄立中有小石洞

江山第一亭　在吳航渡頭宋開慶間建府志面

瞰江流又有江山第一樓在翁山

江天樓　在縣西臨江亭東偏府志宋時建

登高亭　在登龍山縣志宋修撰林安上建

白雲亭　在十二都縣志宋令袁正規建

馬江亭　在馬江縣志舊名臨江館宋元祐中建

明隆慶中知縣蔣以忠重建改爲駐節堂

竹林精舍　在青山下宋黃榦講學處朱子書額詳見前志學校

海雲窟　在七都元至順中建府志初名普明堂至正間山東石道達僑寓於此易今名

善壇亭　在縣東嶺口府志元至正間里人林景仁建繪虞芮質成圖於壁以勸爭訟者故名

適安堂　在二都縣志明邑人高棣築又有玩宇樓亦棣建

滄洲草堂　在方安里明邑人陳亮築中有儲玉樓王恭爲作滄洲十咏詩

觀稼亭　在冠豸山縣志明宏治間知府潘建

福清縣　漆林書堂　在蒜嶺南唐翁承贊讀書處十國春秋天祐中承贊使閩易其居曰文秀亭光賢閣晝錦堂閩書承贊卿命至閩有與侍郎蕭項同尋舊書堂詩又蒜嶺上有照海亭登其嶺可望海

牧監　在海壇山名勝志本唐牧馬地宋初置監後以驁悍罷

蟠桃塢　在靈石山香城北閩書塢西有漱玉亭溪光臺波素臺偃松蓋散花堂放鶴樓待月樓高

覜亭白蓮社

蒼霞亭　在靈石寺側閩書朱子書扁

紅蓮閣　在龍山西麓府志宋里人章氏創

龍堂　在龍臥山府志宋令劉敦禱雨有應因立

堂後刻敦像祀之

月魚亭　在綱山閩書宋亦之築讀書其上

豆區園　在縣南檜亭　石隱山房　躡雲山房

在福廬府志俱邑人葉向高讀書處

連江縣　望星臺　在中鵠里唐張尚書瑩所居名

勝志瑩有一箭不中鵠五湖歸釣魚之句後登第

因以中鵠名其里府志臺下有八仙屏乘風閣

煉丹井　在章仙壇側閩書唐張壽煉丹所也又有竈井相傳有童子擷草取水乘雲去故名詳見舊志

山川

蛤沙崖石　閩書高數十丈峭立如壁上刻劉禹錫過此五大字豈禹錫貶連州道從是出耶

龍臺　在新安江側府志宋令傅伯成築

介祉堂　在縣治內府志又有友梅堂遠堂瑞蓮堂聽訟堂慈慶堂惠悅堂勸農閣俱宋時建

清安堂　在縣治內縣志元至正間令董政建

觀稼亭　在縣治後府志明洪武閒知縣李鳳構

東園　在東下里府志明尚書吳文華築延袤里

許有曠如亭萬樂窩諸勝

城西草堂　在城西府志陳將軍第所居董應舉

云季立閉門著書十五年不出草堂

羅源縣

晉塚　在登高山有三磚各印元康元年

始改晉郡爲晉邪十一字互見前志山川

永貞故縣　在水陸寺側名勝志介兩溪閒患水

漂没宋慶歷八年遷於戴坑卽今治所

豐和堂　讀書樓　俱在縣治內府志宋紹興閒

令陳文建又建手詔班春同樂寅賓堯民壺觴采
日七亭

習隱亭　在南華洞闢書中有風月堂天池窩鋤
繡谷諸勝宋山人林逈隱此

景震堂　在縣治內府志明宏治間知縣徐珪建

古田縣

寒林軒　在牛頭寺內三山志冠蓋往來
多憩息於此

西齋　在杉洋西名勝志余偶與弟範建讀書於
此朱子書額

四會亭　在西關外府志宋朱子書匾

欣木亭　在溪山書院前縣志宋林用中建朱子有欣木亭詩

磨劍石　在保安里鳴玉橋下三山志古讖云劍石平出公卿宋令留元亮命工鏟之刻劍石已平公卿出焉八字

靜軒　舫齋　陽春臺　不欺齋　俱在縣治內府志宋時建

晚對樓　在縣治內府志明知縣楊德周建

閩清縣

起傅巖　在鳳凰山下閩書宋陳祥道安道兄弟卜居於此後祥道應賢良科安道舉進士

人因以名其巖又縣東有賢良陂亦以祥道拜石得泉故名

將歸樓　退食閣　南皆閣　北堂亭　波心亭　俱在縣署內宋大中祥符間令史溫建按而志載入永福縣古蹟考職官志史溫乃閩清令也從職官志改正　又有勑古樓勵俗堂無惑齋星巖亭亦大中祥符間建

觀風樓　在縣廳事北府志明洪武初建正統間重建

永福縣　花林庄　在高蓋山下名勝志漢徐登得道於此有趙炳者來訪之登曰承君遠詣無以爲

樂因噴餘瀝頃刻霜林盡花人因以名其庄（互見前志）

山川

天寶瑞雲寺石　一名石壁　閩都記古讖云天寶石移瑞雲來期龍爪花紅狀元西東宋乾道間天寶瑞雲巖石橫山而行蟠地成溪石上復生龍爪花是年蕭國梁魁天下鄭僑黄定繼之

蘓老亭　在待旦里三山志慶歷間提刑蘓舜元建

玩芳亭　在越峰院名勝志宋時建令黄子理書額

虚心堂　在縣廳事東府志宋慶元間令顏徹建

仰高堂　在觀獵山府志元王翰書中有南湖草堂翰子偁建

環翠樓　在姬巖府志明里人黄文煥建又有曰①及堂東井山房在麟峰山下文煥讀書處

宅墓　附

閩縣　唐邵楚萇宅　在關化里又青巖在邵崎楚萇讀書處　王審知東西二宅　一在南津坊三山志審知諸子居之後爲法性院　宋李俯宅　在南營

韓召宅　在都市　林積善宅　在城門山　鄭愷宅　在荷溪　明鄧定宅　在東郊竹溪　趙廸宅　在白湖亭　鄭塾宅　在高湖中有雲卧山房中有耕隱堂

校注：①日

林貞宅在鳳地坊　林瀚宅在林浦　鄭蘊中宅在高湖　黃寯高宅在義嶼　傳汝舟宅初在嵩山有丁戊山房後移桂枝坊　鄭善夫宅在龍峰坊又在桑苧園在高湖自書少谷柴門　鄧原岳宅在竹嶼中有竹林草堂　陳勳宅在藤山中有延曦閣　陳薦夫宅在大義坊中有水明樓　徐𤊹宅在鼇峰坊中有綠玉齋紅雨樓宛羽樓今爲比邱尼庵　謝汝韶宅在朱紫坊有泊臺　邵捷春宅在鼇峰坊今爲鼇峰書院

國朝黃晉良宅在石井巷　余甸宅在釣龍臺　周紹龍宅在梅枝坊　吳文煥宅在南營

候官縣

梁袁士俊宅在鍾山後爲大中寺　宋劉若虛宅在桂枝鄉　劉渙宅在北郊溪上　辛炳宅在桐溪東　游洨宅在道山靈鷲菴人稱遺民浮宅　陳嘉言宅在鳳岡　明鄭居貞宅在瓜山　林憲宅在古

林璟宅在吳山潘嶼林廷玉宅在北林坊林泮宅在通仙門唐濛宅在垚沙村黃文會宅在南嶼林春澤宅在南嶼又有錦溪草堂在旗山北張經宅初在洪塘半洲後移文儒坊馬森宅在大中寺前門中有鍾郎閣學佺宅在西峰里自洪塘遷此盧一誠宅在道山麓翁正春宅在洪塘張利民宅在田中提學許豸宅在光祿坊中有紫藤花菴米友堂豸了友讀書處又有墨菴友所築後爲友外孫黃任所居易名香草齋曾異撰宅在甘液里中有紡綬堂國朝陳丹赤宅在文儒坊鄭開極宅在北門新街余正健宅在文藻山林文英宅在菴巷林佶宅在光祿坊中有樸學齋謝道承宅在官賢境

長樂縣

陳嚴光宅在十三都唐林巨卿宅在梅花坊鄭洙宅

在河峰下高宗信宅在後灣黃瑀宅在青山下鄭性之故宅在府湖後遷郡城劉砥劉礪故宅在方安里吳節宅在吳宰嶺陳容宅在縣西隅高應松宅在嶼頭明鄭錫文宅在縣前陳省宅在縣治東街陳亮宅在壽嶺高棟宅在龍門王恭宅在沙堤陳仲完宅在十九都大溪山有聚星堂李騏宅在沙京馬鐸宅在嶺前鄭序宅在福湖謝士元宅在十九都有夢星樓鄭憲宅在仙岐林廷選宅在竹田林山宅在敦素里鄭世威宅在陽夏馬思理宅在羅城劉沂春宅在潭頭

福清縣

唐翁承贊宅在蒜嶺林高宅在譙樓東黃祖舜宅在大蓑林栗宅在鳳凰山林亦之宅在網山陳貫誼宅在塲前

明葉向高宅在魚市街　林琦宅在海壇君山

連江縣　宋陳舜申宅在欽平里　常挺宅在欽平里　明陳鴻漸宅在清河里　陳第宅在城西　李士文宅在永貴里

羅源縣　宋陳顯伯宅在賓重上里　林懿孫宅在縣西隅　余光泰宅在縣西隅　元林興祖宅在縣西隅　明陸引宅在縣西隅　陳燦宅在縣西隅

古田縣　宋邵清宅在館嶺　唐璘宅在縣治北　李廣文宅在十二都　蘇大璋宅在十都　張疆宅在二十七都　趙汝騰宅在城西

明張以寧宅在翠屏山下

閩清縣　宋陳剛中宅在鳳凰山　許儉宅在九都　黃師雍宅

在二都 明王澂宅在六都 詹洪基宅在白雲洋
永福縣 宋黃龜年宅在縣治南 鄭僑宅在龜嶺 黃定宅在龍
嶼 明黃文煥宅在麟峰山下
閩縣 唐校書郎楚長墓在開化里瑞蹟寺口 學士何大奎墓
在藤山東 元陳億翁墓在高蓋山桃溪 明知縣林渭墓在鳳邱山 按
察使王應時墓在高蓋山 國朝郎中許均墓在王厝山
侯官縣 五代閩王王延翰墓在太平山 員外郎湛沂墓
在祭酒嶺 宋司户陳嘉言墓在陽崎山 元都事藍光墓在二都元
沙山 明孝子薩琅墓在大夢山 員外張孟中墓在茶園山 尚書
張經墓見前志乾隆二十七年勅修 兵部林先春墓在馬園山 提學

許豸墓在崎山 昌平鎮總兵官王如龍暨孫進士當世曾孫舉人天方墓俱在后杏 知縣張利民節母墓在川中 孝子陳有祿墓在龍岐山 國朝陳忠毅公丹赤墓在懷安 處士許友墓在文振山 進士王大統墓在祭酒嶺招元坑 諭德鄭開極墓在梅亭 中丞李馥墓在桐口山 副都御史余正健墓在銅盤山 知州林遜及子中書舍人佶墓在義井 知縣許遇墓在寶峰山 府丞余甸墓在洪塘 通政司副使林枝春墓在梁厝登

長樂縣 宋博士陸震墓在西隅金斗山 張肱及子提刑猶之墓俱在福山下 教授陳如晦墓在東村碁山 先儒鄭申之

墓在魁龍山吏部侍郎陸藻墓在籌峰宗室趙若英墓在龜山知縣陳公榮墓在靈峰山提刑王益祥墓在白鹿山前志作在侯官縣蓮華峰元處士歐陽佺墓在平安山明知縣陳仲進墓在鳳凰山中書陳登墓在靈峰山布政使陳崇德墓在大溪山布政使鄭錫文墓在五竹山參議鄭序墓在嶺頭山參議王有恬墓在方安里觀察謝廷柱墓在溪柄山侍郎陳省墓在牛矓山知府陳玉墓在石馬山主事劉沂春墓在孔目山同知葉時敏墓在葉崎山郎中蔣行義墓在福州裡山

福清縣　唐中丞薛魯墓在石龍山郎中王棨墓在佛眉峰中丞陳崇墓在太平山五代庾雄墓在漁溪宋學士林遹墓

(在裏悟嶺)提刑夏之文墓(在獅勒山)林杅簡肅公栗墓(在拱辰山)刺史林嵥墓(在錦屏山下)魏儿墓(在洋坪)劍請陳景忠墓(在樟林)修撰陳子冲墓(在東林)明助教夏泰和墓(在南臺山)按察使夏裕墓(在西城湖邊下)知縣林清墓(在石井山)提舉陳伯諒墓(在金翅山)尚書林榮墓(在于原嶺)參政吳從義墓(在水南山)員外王一言墓(在坡璃山)御史林有臺墓(在新安里)郎中李庶墓(在海口鎮北關外)布政使魏體明墓(在古路山)副使何御墓(在水南山)知府陳一貫墓(在金印山)贈君郭遇卿墓(在龍洞山)贈君葉仕儼齊彬墓(在雙石山)布政施鵬墓(在福唐里)編修施兆昴墓(在溪墘山)知府盧一誠墓(在錦屏山)按察使林茂

槐墓在龍溪山　按察使林夢鯉墓在錦屏山　郭應響墓在滸頭山　知府何玉成墓在原穆山　都督呼良朋墓在高東山　都督林兆鼎墓在十六都　進士錢肅樂墓在黃蘖山

連江縣　唐尚書張瑩墓在中鵠里　御史孫緐墓在保安里　五代御史孫曉墓在九龍山　宋侍郎陳舜申墓在過溪山　助教周希孟墓在靈果山　大理陳德豫墓在新安里　司業李珙墓在丹陽　朝請趙汝固墓在湖坪山　趙叔朝墓在綏嶺　明御史游義生墓在九龍山　參政趙雍墓在利安山　御史張子初墓在東耀嶺　諭德趙恢墓在南宵堆　郎中陳鴻漸墓在樓山　太僕陳隆墓在塘后山　提舉陳元憲墓在新安里　知縣鄭暀墓在百

寶山參政游遮墓在小灣山按察使李士文墓在承貴里副使吳世澤墓在龍卧山僉事王德溢墓在靈果山御史孫用墓在崎頭山同知王一岳墓在上玉山遊擊陳第墓在官嶺知府吳承熙墓在花埠山郎中吳承烈墓在花塢山

羅源縣宋侍郎黃序墓在臨濟里少師張磻墓在重下里

古田縣宋先儒林用中墓在屏山下尚書趙汝騰墓在半坑龍前志作在長樂縣祭酒里明御史林英墓在南關外布政使羅榮墓在二十都

屏南縣宋評事陸瀛墓在北巖寺旁壽昌令柯熙墓在倪家山御史江樞墓在西林院

閩清縣

唐處士黃敦墓在鳳樓山　宋杜國黃穜墓在五峰橋　侍郎陳暘墓在十五都　朝請蕭磐墓在十二都林浦　明貢士陳良鼎墓在六都坂頭　觀察詹洪基墓在文山　孝子林向榮墓在縣西門外　孝子池六玉墓在白鹿山

永福縣

漢越王大小妃墓一在可坑一在洋浦山麓　宋太師鄭僑墓在錦屏山　孝子黃公槐墓在張溪嶺　明中允黃文煥墓在十九都溪尾

石刻附　按福州府志所載碑記今俱不存即前志所載其存者不能什之二三茲不具錄惟磨崖石刻拾遺補載

閩縣

金粟臺元絳書　狀元峰　平遠臺按名勝志于山最著

者曰平遠臺居中占勝據此則臺似在山頂矣今臺西百步白塔寺左山腰有石崖起四面①後削如臺南面鐫平遠臺三字字體勁秀旁署欵一行漫漶不辨姓名惟存宣和三年四字疑在之下遠臺在此後人或因其石不能占一山之勝因而舍此名彼未可知也然古名卒不可沒山腰之臺與山頂之臺並記俟考

鵬海天風　喜雨臺　杏壇　小華山　廓然臺 俱在九仙山

防虞臺 在布政使司署月臺年月書人俟考

謙山 草書在鼇峰書院交翠亭邊石上

仙井 楷書在鼇峰書院仙井之石欄俱不書姓名歲月

鼓山石刻 邵去華蘇才翁郭世濟蔡君謨慶歷丙戌孟秋遊靈源洞　鼓岩崩頂峰特窮島夷類封域屏閩東拱辰北歲辛亥帝司赤縣紳烈從附陟寥若華揖瑶極呵韭霆蹤鼇脊披霄根婢日力高者仰深必惕謹其至惟古則熙寧四年丁洙沈紳蔡②烈同遊　昭武李綱伯紀邀華陽王仲嶷豊甫建溪吳巖夫民瞻臨川陳安節巽達淮海周靈運元仲遊鼓山靈源洞豊甫之子昇叔明

校注：①峻　②陳

伯紀之弟經叔易編季言甥張津子知同來紹興
元年五月二日 金華宗正倫彭城顏廷玉濟南
石嗣祖剡溪姚令威同 遊鼓山紹興乙丑孟夏十
三日是日觀才老入院 錫山袁復一太初自當
沙如溫陵道晉安東山登自雲峰訪臨滄亭盡覽
海山之勝郡人張元幹仲宗安固邱鐸文時莆陽
余祉中錫晉陵孫軒子輿同來太初仲子嘉猷侍
紹興巳巳十月戊辰丹陽藴文津桴中題 林槐
老賈藏之方端正顏希稷余馮老方翊之劉敷言
紹興辛未重九日同遊 新安汪若容正夫昭武
李集之子寶翔季之子縉雲林鉞伯仁吳越錢巖
之君猷紹興戊寅夏四月晦日來遊 壽春魏之
幹紹興辛巳清明前三日拉開封趙繼之鄭圃孫
昌言武林莫琮仙都葉駒會稽姚嗣祖莆陽陳希
與同遊鼓山靈源洞魏僖侍叔趙公異侍其親以
行 乾道丁亥暮春二十三日余出郊觀稼勞田
大野老而訪其疾苦遂至鼓山燒香供茶登臨滄
亭而返男銖鐘鑑鈖孫淙侍行襄陽王瞻叔書淳
祐癸卯曾孫亞夫來此拂石 淳熙丁未臨翁來
謁鼓山嗣公遊靈源洞遂登水雲亭有懷四川子

直侍郎同遊者清漳王子合郡人陳膚仲潘謙之黃子方僧端友

紹熙辛亥九月二十日趙子直同林擇之姚宏甫來遊崇憲崇範崇度侍待王子克林并伯不至

嘉泰壬戌重陽栝蒼何澹約浚儀趙公過金華傷潛修登高故事上天風海濤酌酒賦詩咸謂一時之勝退未志諸石也越明年復以是日偕部海施康年古汴趙公介來遊陰雲解剝風日和美極海山之壯觀撫泉石而忘歸

蕭陽陳宓卿復建安謝汲古深道黃應酉統之眞德秀景元清源留元剛茂潛以開禧丙寅五月三日同遊鼓山靈源洞摩挲蒼巖縱覽奇觀一誦後儀相國之詩再瞻晦菴先生遺墨慨然感興酹而歸

嘉定甲申春郡守胡槼仲方勸農東郊竣事同至鼓山與西宗趙師夏至道會盟飯於妙峰閣坊①靈源洞度龍橋瞻喝水巖探湧泉寺歷山門登天風海濤之榭臨觀久之別駕沈柔孫明夫茂宰許之選叔仁陳宗道原仲鄭宗諴謙仲與俱長老自鏡瀹茗於半山亭中漏下二刻乃還

紹定壬寅夏六月不雨至於秋七月徧走羣祀未效大帥番陽李公以石鼓閩重鎮其下衆水所滙必出雲爲

校注：①訪

風雨乃命屬吏南昌徐鹿卿致禱丙申詣寺齋宿
丁酉黎明岁崱禮畢而雨是夕大雨巳亥雨止楄
老穫洄者流刻而識之後神之休古飄出唐井
豫識國師名於此坐禪處喝同流水聲如何神晏
塔移作李綱瑩見說山中石不鳴空自鳴淳祐巳
酉閏二月清明閩安鎮官四明越燕境與滂題於
自雲亭石上到撝峰第幾間御風騎氣彤人寰
天高陛覺星辰近地迴偏饒川月間去海茫茫旋
十里望州隱隱見三山武夷榜墨千年在任使重
星鮮字斑淳祐辛亥之春後一日移漕建木挈家
遊鼓山登小頂峰俯瞰山川城郭如畫晚飲天風
海濤盃武夷翁舊題也留詩石間以紀歲月君山
史季溫子威父書 景定癸亥仲夏王鎔景範陳
仁玉惠公同遊靈源洞 林希逸徐汝乙林拱辰
趙必岊咸淳二年十月三日同遊 飛搆表林崇
下與層雲平陟嶠良巳超況乃臨滄瀛盤盤汀樓
分離離海帆征贈發沙坦近秋澄涔逼明憑高慨
徂暉撫遠空遺名混混空自期嵤嵤定何成名峰
自南州靈境仍幽粗春緒丹樹梯秋明紫枏岑旋
遠遂淸賞淸曠寄遐心消無同懷登共引芳酹斟

冷風春飛淙絶澗調鶴禽誰爲鍾子期續此雲海音臯慶王子秋九月晦日江寧楊剛中志行來遊挹江海之清風訪古人之陳蹟顧瞻感慨因寓之詞太末胡夢霖止水後人至請列諸石乃書之至正二十五年秋八月朔日遼東薛朝晤靈武王用文濟南李君憲會稽胡溫來遊青天白日明太守汪文盛書同遊二人傅汝丹高巖碧雲遙觀崑山沈大楠書江風山月青山綠樹範川詹萊書東障鵬霄仁夫陳兆榮書高山仰止汪文盛書白雲洞天郡人王應鍾書

登龍 在龍門

盤仙 在鳳邱山陳孔碩書

古南臺 在釣龍臺趙汝愚隸書

天香臺 在香坑

昆濟潭 在九龍山龍潭

鹿乳泉 鐫羣鹿山

望北臺 在黃柏嶺明陳京書

候官縣

烏石山石刻 薛老峰候官令薛逢書宿猿洞長樂臺程師孟書

熙寧辛亥六月晦蔣之奇穎叔張徽伯常登烏石絶頂黃思道溫禹錫紹聖四年八月二十八日

遊神光寺登麟霄臺　王若愚陳彥聖文安國紹
聖甲戌年夏望日遊　建炎庚戌正月五日因禮
神光寶塔遍遊烏石精藍乘興造西禪寺歷覽勝
概而歸男士衛上程姝士賜婿廖廣鄉侍行皇叔
祖少傅開府嗣王仲湜巨源書　趙子直朱仲晦
淳熙癸卯仲冬丙子同登　王鎔趙希代陳仁玉
癸亥九日遊道山章容元慶鄭爆宗晦鄭詵子
釋姜柏子貞鄭畊子山來觀薛老峰宇準尾法
石天嘉靖丁亥春高禱潴積中謝宜相題超遊
九霄萬歷丁巳夏三山張焯書　天章臺　麟霄
臺　向陽峰　天香臺　清冷①臺　霸石　冲天
臺　望潮峰　天秀巖　石麟　雙峰　夢　白　海南
浮青廳外烏山
西望碧雲重

閩山在玉尺山　靈洞巖在芙蓉峰　石室清隱在先賢石室朱子書　廉山在大夢山郡守江鐸書　墨池在大夢山方池豐熙書　旗山第一峰在旗山鄭善夫書　人瑞峰在旗山鄭善夫書

長樂縣

去華才翁鐫芝山石屏②　蘇舜欽題記在石人溪峰上

校注：①泠　②屏

山第一在屏山下三溪 朝陽在五峰山 魁龍在龍泉山 德成在籌峰石岩

讀書處在晦翁巖以上俱朱子書 龍首在冠豸峰張鎮書 雲梯在五峰山鄭性之書

聚星在福州裏山張翀書 龍翔峰 豹變石在龍翔峰 第一山

小有天俱鐫六平山石洞壁上 陳令津在屏山石船 冠峰在冠峰 天子萬壽鐫萬壽山 鼇頂峰 豹變巖鐫鼇頂山 雲山天海鐫御園山

汪原書 狀元峰 步雲梯在首石山何應和書 日角雲根鐫御園山

鄭建中書 凝雲 浣俗在首石山夏允彝書 海岸天際在莆盛山陳亦人書

福清縣

仙篆在鹿角山石上 靈石 蟠桃塢石刻唐元結贈俱胝詩萬卷下篇總不負虛將文字役精神俱胝只念三行咒自得名超一世人 瑞巖石刻徐從道階陳夢兆朱元錫范陽李羅天章題 天章巖范彥章陳皆至元己丑菊節 香山洞陳瑞立鄭

嶙書瑞巖三十七洞天大明隆慶元年欽差鎮守福浙總兵官都督同知東牟定遠孟諸戚繼光書香山洞　蟠桃塢在靈石寺朱子書　閩讀在閩讀山朱子書　別一洞在石竹山　蓬壺在石竹山　龍淵在黃蘗山　石馬泉在蒜嶺　秀出南斗在福廬山施德政書

連江縣

寶華山石刻紹興巳巳趙瑞禮李似之蘊粹中同玉泉曇老訪竺空禪師　天上雲居人間仙境鐫雲居山　黏雲在香爐山　漁滄太乙之門在岱江濱　寶華福地鐫寶華山餘字漫滅不可識　奇章別墅　雪浪雲根蟠龍俱鐫橫嶼江岸　石門石刻張寶民王晉卿巳丑孟夏遊石門　解醒泉在秦川　洞天在文筆山　醉翁石鐫登巖嶺　彤雲碧海在雲居山　入佛境界鐫坑墩　降虎在寶林寺　雷移鐫寶林寺　龍岭在定岐山

輕避重賤避貴少避長往避來鐫東禪寺章仙峰在鑪峰石壁鑪峰詩刻偃覆巖下石歲寒傲霜雪深根蟠茯苓千古飽風月紹興十年僧天石鐫

漁村鐫石丈巖青石溜在北茭石峽中有汗吐出為字拭之則滅少頃復明

羅源縣

才翁所賞樹石鐫白塔寺旁石壁清賞在松嶠山鐵印在蓮華山筆硯峰章突洞鐫文殊山羅喜洞鐫仙茅山妙喜洞鐫金粟山鼇峰在羅平里

閩清縣

梅溪在梅坪先農壇下宋朱子書觀雲岫在珠峰八閩嶽在白巖俱祖朱子書沈子巖鐫巖下水中甲高巖鐫半嶺石上

永福縣

太原在十一都石壁有詩已浸滅僅存二字飛珮。鐵壁俱在方廣巖赤壁在瀨下石壁釣磯在東溪石上俱元王翰書方廣洞天在方

廣巖林石門 天闕俱在方廣巖

應憲書 李良傑書

興化府

莆田縣 莆禧鎮 在縣東九十里方輿紀要陳章

昭達擒陳寶應於莆田口即此

江梅妃村 在東華溝名勝志田中有片石妃祖

墳也

徐潭 在延壽溪闔書下有釣磯正字徐寅嘗釣

於此後劉克莊亦居此有句云門外青山皆我有

從今不必喚徐潭夜夢寅拊其背云我昔勝君昔

君今勝我今有隆還有替何必苦相侵

吳塘　在城北名勝志唐末有吳公者棄官隱此故山水村落皆以吳名元時有人鑿井獲一石中有詩字隱隱可辨旁小書乾寧三年秋吳餘字漫滅不可識

蚶田　在海中大蚶山上明統志莆田有蚶田百頃即此

登瀛閣　在望江里縣志巖峙高閣下瞰大海唐時建

畫屏巷虎亭　在城西名勝志相傳黄涅槃騎虎停此

芳菲谷　在府治後山巔縣志中有岸幘軒平遠亭諸勝岸幘軒後改後樂堂平遠亭後改競秀亭

清心亭　在宋舊軍治內縣志守曹修古建廳壁刻徐師閔荔支譜

環秀亭　在華嚴寺內縣志宋進士題名於此

蒲弄草堂　在合浦里宋林光朝讀書處光朝圖經序予嘗走金溪得蒲弄一席地即此

觀稼榭　在薛公池前縣志宋宣和間建

葆光泉　在余埔東盤石縣志下有窪泉大旱不竭林光朝名曰葆光

修史堂　在薌林寺名勝志鄭厚與弟樵肄業其
中旁有幻住菴通遊宴寂二閣又溪東草堂在廣
業里亦厚讀書處
滄洲舊隱　在壺山白雲院後澗閩書元里人郭
完結廬居此
左丞雨右丞雨石　在烏石山東縣志一爲元至
正間分省鄭敗立一爲大德間行省右丞札剌立
丁立
甘露山石碣　在壺山頂縣志明孝子周鳴鑾廬
墓於此甘露屢降郡爲立石以旌之又斗南東山

孝子劉閔廬墓處

曾城亭　在東埔縣志明邑人曾楚卿築有此山堂蕭雲閣綠灣春諸勝

學稼堂　在孝義里縣志里人林廷陞建有庚酉小築十景

雲莊　在維新里闕書里人林俊墓廬地俊因以自號

延綠歸來二亭　在莆田里名勝志學士周瑛建亭沿凝翠湖上水南有木棉樹百餘章旁爲浴雲池

北村别墅　在拱辰街縣志里人林銘几築曾孫麟焻重建顏圖河題曰珠樹堂

來燕亭　在梅花滘上名勝志明萬歷間知縣何南金建

柳塘别墅　在南廂縣志中丞林潤築

東園西園　在柳塘縣志侍郎彭汝楠築亭其上中有烟鬟閣剩水居浮山觞董其昌題曰岸圃大觀

淘金井　在九華山麓閩書泉甘而清舊傳陳仙淘金於此

仙遊縣　留公池　在慈孝里東庄縣志五代節度使留從効鑿

德星堂　在楓亭縣志宋陳洪進故居

歸樂堂　縣志宋朱元飛築朱子作記

望海臺　縣志在連江里塔斗山

古棠樹　縣志在蔡忠惠襄墓前自宋迄今二林互爲榮枯

聽雨軒　意足園　俱在寶幢山下縣志宋林象讀書處

尊道堂　在文廟西縣志宋乾道七年建米芾書

額
讀書堂　縣志宋江陰軍蔣雝建王十朋爲記
俞峙隱處　在二飛山海錄碎事峙居是山與陳
宓相唱和
居思堂　縣志宋葉日新建眞德秀爲記
龍馬潭　在塔斗山之旁縣志宋時有張氏牧馬
於潭馬生龍駒郡聞於朝徵其駒來京道聞其母
悲鳴聲馳回母子俱斃今其塚尚存
活水亭　在楓亭印石東縣志陸氏之亭也宋丞
相陸秀夫護蹕南渡帝命娶蔡日忠女婚於此亭

後其子釗却元聘隱此

靜蛙村　在楓亭縣志宋帝昺過此惡蛙聲噪耳叱之遂止至今蛙禁不能鳴

宅墓 附

莆田縣　陳鄭露宅 在南湖今為廣化寺　唐歐陽詹故宅 在北螺村　林蘊宅 在澄渚村　黃璞宅 在黃巷璞自三山移居於此黃巢入閩至璞居曰此儒者家滅炬而過　林攢宅 在孝義里　徐寅宅 在延壽里　朱鄴宅 在文賦里　宋陳俊卿宅 在東門外街　陳靖宅 在城厚廂巷　劉克莊宅 在延壽里　明周瑛宅 在莆田里翠渠　柯潛宅 在安樂里

仙遊縣　梁鄭莊宅 在尋陽　鄭淑宅 在鞏橋　鄭良士宅 在鞏

橋西陳嶠宅在侯坂陳乘宅在歸仙嶺李尚芬宅在上汾陽宋陳洪進宅在馬嶺西留居道宅在留宅蔡襄宅在牛山麓茅知至宅在南門內郭琪宅在碧溪陳讜宅在留浦王邁宅在牛山下歐葉大有宅在魁巖山明鄭紀宅在屏山陳遷宅在楓亭林蘭有宅在楓亭

莆田縣宋敕令所刪定官林霆墓在嶇嶠山元林璧卿墓在紅菰山明同知林洪墓在石門運使林汝永墓在石門贈尚書林應采墓在南寺西山寺正林炳章墓在鳳凰山布政使方攸績墓在常泰里尚書陳經邦墓在觀音山尚書林堯俞墓在前黃山給事中戴士衡墓在九跳山副使彭憲范

墓在靈鷲山布政使林恭章墓在觀音山都御史柯昶墓在第一山都御史唐際盛墓在深賣山都御史吳兆元墓在洋西粉石牌尚書朱繼祚墓在壺山都御史黃鳴俊墓在九龍山都御史林一柱墓在城山庶子黃起有墓在寶勝山御史林銘几墓在九龍山處士宋珏墓在梅宅山知縣余颺墓在文賦里

知縣贈僉事林不息墓在下鄭進士林嵋墓在石門

國朝都御史彭鵬墓在城南康熙四十三年賜葬孝廉方正鄭文炳墓在西關外鳳嶇山河東總河尚書儀封張師載題其碑曰孝廉竹溪鄭先生之墓

仙遊縣

梁別駕鄭淑墓在翬橋宋蔡襄母盧太君墓在蔡坑訓導陳濂墓在登科山守禦使林師益衣冠墓在歸

仙嶺丞相陸秀夫夫人蔡氏墓在南嶺山後處士陸釗墓

在錦屛山元通議林濟孫墓在桂花廂朝奉大夫林亨墓在天

王院後御史李粱墓在晋田里御史李鼎墓在興賢里魏昇墓

在葫蘆山郎中鄭瑞昇墓在白花亭劉君芳墓在天平嶺都御史

林蘭友墓在登瀛助教茅知至墓在茅壟侍郎庚顯悅

墓在魁足山烈女薛金姐墓在白湖山

石刻附

莆田縣

妙高峰在香山上紅石嶺在壺公山城山在城山字大如箕

印山在印山上聖石石刻在龍峰精舍上有祈雨聖石道場六字東埔小

石山石刻淳熙癸卯仲冬朱仲晦登又刻碧壁二字與造物遊在聖壽寺朱子

書

聖壽寺詩刻 石鐫題詩紀別年風烟南北各淒然舊蒲半我靈山下猶借高人半日緣夕籟鳴寒雨晴峰出翠屏風塵吾獨愧鴻鵠下暮冥趺坐叢林下朗吟白石巔一邱盤曲處中有老龍眠嘉靖丙戌仲春愧吾西谷記

仙遊縣

石所山石刻 古篆百餘字如龍蛇糾纏不可識

石碑嶺石刻 字作鳥篆人無識者

大飛書院漈　挹飛　煮茗　蒙泉 俱在大飛山

小夾漈 在附鳳巖鄭漁仲篆

何嶺 宋陳讜書

天子萬年 在鯉湖石字字縱橫八尺有奇陳讜書

仙泉井 在何嶺井上林正夫篆

樵谷山 在麥斜巖元世祖御書賜林璧卿

陳京瑜印貞洞記 在麥斜巖

孝子泉 在南溪石上

第一蓬萊 在蓬萊石上鄭紀書

元珠石 在鯉湖南李拱書

九漈中最奇處 在珠簾漈石王世懋書

天然坐 在鯉湖西鄭邦福書

靈壁石

在仙門洞
何喬遠書

泉州府

晉江縣　歐陽室　在清源山明統志唐歐陽詹林藴林藻俱讀書於此有石可濡墨大書曰石硯又詹別墅在龍首山麓後建妙峰堂

蕭妃村　在十四都妃唐文宗母貞獻太后也閩書太后因亂去鄉里及貴詔閩越連帥訪其弟而弟貧不能自達云

畫馬石　在羅裳山下閩書唐末羅隱乞食於此里人侮之隱畫馬於石馬夜出食田禾里人知之

乃改禮焉隱爲畫椿繫馬馬不復出今石跡猶存

桃林村　在縣北稽神錄唐王審知刺史泉州一夕桃林村中地震聲如鼓禾稼皆倒懸地中其年審知克晉安及延曦立村中復聞鼓聲時禾已刈餘莖亦倒懸地中是年延曦見殺

洗馬池　在城西閩書五代節度使留從効洗馬處宋留忠宣正築亭其上

雲榭　清原文獻宋節度使陳洪進築

洛陽亭　在三十八都府志亭柱有宋人修禊篆記

沙堤亭　在聚仁里府志梁文靖克家書額

夫子泉　在府學前名勝志宋隆慶初有淸泉出於禮殿之廷教授黃熙宗環甃其旁守王十朋書夫子泉三字

眞濟亭　在縣西南府志宋郡守眞德秀建自書額

七里亭　在城東閩書宋嘉定中建爲士大夫東行餞送之所

下輦鋪　在縣西南行輦山輿地紀勝宋幼主南行至此下輦故名閩書按宋淳祐府志已載是山

其時未有紉主事恐傳聞附會之誤

雲谷室　在太平山塔院府志明儒蔡清讀書處

關鎖塔　在寶盖山上閩書登之可望海船俗呼

姑嫂塔塔中鐫二女像遊人拾瓦擲之中者生男

不中者生女

南安縣　詩邨　在詩山下閩書唐歐陽詹故里

應魁亭　在縣治前唐時建府志以歐陽詹登進

士得名

秀才堤　縣志唐黄㬎有文名郡守鳥仲孺妻以

女爲築沙堤十里直達其廬因號馬①

校注：①焉

劉店　在縣北南漢主劉龑祖墓在焉故名五代史劉隱祖安仁上蔡人後徙閩中

濤歌里　在縣西閩書五代王延彬别館也延彬守郡嘗遊於此

九日山房　寰宇記宋熙寧間守陳偁建其子瑩中讀書其中紹興間朱子爲同安簿秩滿寓此

孝子亭　在青山嶺上閩書明邑人楊守愷築以憩行人

惠安縣

錦里　在縣南靈秀山閩書閩王延鈞母家里也工部侍郎黄訥納女爲王審知妃生延鈞

後延鈞來省親名其里曰錦里溪曰錦溪

象浦　在十九都輿地紀勝宋端宗於此洗象故名

霞店　在象浦南輿地紀勝宋汪立信妻康氏從太后幼主入閩寓此臨別后解霞佩以賜故名

同安縣

薛嶺　在洪濟山西北名勝志唐薛沙爲龍溪尉卜居於此

遁跡巖　在夕陽山名勝志唐宣宗居藩時遁跡山巖及即位勅賜真寂禪寺下有浴龍池亦宣宗浴處

陳婆陂　在亭溪閩書唐宣宗過此有陳婆者進
麥①飯問之以旱田對及即位命有司爲築陂焉
萬安牧馬監所　在縣南烈嶼中閩書唐觀察使
柳冕建今嶼中有牧祠馬寨草堂遺跡
劉營　在寶勝山下閩書唐觀②符中金紫光祿大
夫劉日新退黄巢休營於此浚陂塘以資軍食後
遂家焉因名其地曰劉營
五賢堂　在文圃山上縣志宋嘉定間里人楊志
爲唐人謝脩及弟修南唐主簿洪文用及族人澤
宋處士石蕡建五人俱隱是山里廬相望清風高

校注：①麥飯　②乾

節後先輝映因立堂以祀之

石鼓寨　在縣西南明統志宋靖康間建以禦山寇今跡猶存

官紫石　在嘉禾嶼閩書宋幼主過此有餽獻者悉予官陸秀夫書官紫二字刻石

嘯卧亭　在金門所城南縣志有巨石臨海明都督俞大猷建亭其上

安溪縣　周塘　在崖坑山麓縣志唐周朴寓此因以名其塘

望雲亭　在佛耳山前閩書五代詹敦仁建

鳳池菴 在鳳山縣志宋同安簿朱子按事於此

流惠亭 在縣西泉南雜志初名水花亭旋改流惠後塘生雙蓮又改瑞蓮嘉定間更爲放生池復名流惠令陳宓修禊其上

宅墓附

晉江縣 明朱鑑宅 在忠孝坊中有頤老堂 陳琛宅 在涵江 史于光宅 在筍江 黃光昇宅 在臨漳里 蔡克廉宅 在承天寺前 蔡元偉宅 在蔡庄 陳道基宅 在黃甲里 史朝宜宅 在平昌里 王用汲宅 在龜山下 韋起宗宅 在節孝鋪 黃鳳翔宅 在府城南 李廷機宅 在筍江石塔山 郭承汾宅 在杏宅鄉 國朝施琅宅 在雙門前

南安縣　宋呂大奎宅在西樸鄉　明傅夏器宅在錦田鄉　陳學伊宅在梅溪

惠安縣　唐江盈宅在五公山麓　宋王獻臣宅在卧龍山下　明張岳宅在延壽里　曾承芳宅在二十二都　李愷宅在在坊里　康朗宅在十八都　莊朝賓宅在二都

同安縣　宋林棐宅在縣東孤卿山　邱葵宅在小登鍾山下　明洪朝選宅在翔鳳里榴埔　許獬宅在浯洲太武山下

安溪縣　五代詹敦仁宅在佛耳山　宋張讀宅在三公山下

國朝李光地宅在湖頭鎮

晉江縣　宋直講張讀墓在上坊　明給事史丁光墓在三

十二都獅山郎中李叔元墓在三十都霞塘鄉孝子彭光策墓
在桃花山參議吳龍徵墓在東湖山山人黃克晦墓在三十九都鳳
凰山國朝禮部右侍郎富鴻基墓在三十六都白頭鄉侍講
陳洪圖墓在鷓鴣坪左庶子陳遷鶴墓在前林鄉詹事陳萬
策墓在黃林鄉觀風整俗使蔡仕舢墓在龍首鄉按察使陳
高翔墓在柳洋鄉

南安縣

唐相姜公輔墓見前志乾隆十四年公三十五世孫宏秦重修并建
禁去石表有記見藝文五代太傅王延彬墓在清歌里宋太師李
邴墓在石鼓山樞密劉昌言墓在忠孝寺右明布衣孔希島
墓在九日山布政使史朝宜墓在雲臺赤崎山觀察陳學伊墓

在瑞峰山下 太常寺卿李懋檜墓 在珠淵山 大司寇蘇茂相墓 在御輦山 國朝太常寺少卿陳大玠墓 在二十一都大林內

惠安縣 三國吳將軍黃興墓 在鳳山 將軍張栖墓 在青山 晉晉安郡王林祿墓 在龍頭嶺下 唐鄭州大都督留夫墓 在白石名山下 元知州盧琦墓 在八都龜鼈山 明太子少保張岳墓 在三十都許山 少卿陳洪謐墓 在獅山 御史陳濬墓 在後埔山 參政陳曆墓 在陰山嶺南

同安縣 宋少卿林棐墓 在佛嶺孤鄉山 明經畧蔡復一墓 在沙溪小盈嶺南 提學蔡獻臣墓 在前街后山

安溪縣 唐長官廖儼墓 在埔埭①忖 五代上柱國林珊墓

校注：①村

在依仁里東山縣令詹敦仁墓在崇信里片山明巡檢李森墓在成
道院國朝副使林嗣環墓在御屏山麓大學士李光地
墓在興二里白葉林總兵李日煋墓在光得里國子監司業李
光墺墓在崇善里清水鄉侍郎李清植墓在來蘇里高山贈編修
李天寵墓在崇善里牛角灣提學李鍾僑墓在常樂里嶺兜贈朝
議大夫李光坡墓在感化里岱山獅崙

石刻附

晉江縣深滬在縣十六都唐蔡隱書天風海濤在安平鎮石佛寺朱子書
第一山在妙覺巖宋米芾書泉南佛國在石佛巖旁宋王十朋書瑞香巖
石刻在倒旗峰下文曰巨靈擘石石乳溥陽出鑑者神清飲之無疾宋慶元間刻陶石書

在勢至巖洞海天一色在西山巖石上元王翰書

南安縣張方平神道碑在壺公山上眞德秀金鷄橋募緣疏石碣在橋旁海上視師在四十三都磐石上明邵守程秀民破賊于此因刻

惠安縣太白峰在蓮花峰上宋蔡襄書張岳小山石刻在五公山北麓小山下

同安縣大同在同山上朱子書塲老迎仙供在金榜中山朱子書

流砥柱在縣治銅魚亭朱子書

安溪縣仙苑在考亭書院石碣高四尺許字大如斗初漁人得之於薛坂渡潭中康熙間輦置吟所

古蹟二

漳州府

龍溪縣

巡邏臺　縣志唐將軍陳元光建

琵琶坂　在圓山下名勝志唐中丞黄碣遇賣藥人於長安市自言姓康住漳之圓山琵琶坂後碣過漳訪其居覩一祠像宛如長安所見

滿月池　在淨衆寺前閩書昔人建亭其側種松百株號松關又有鹽倉池在馬坪街麗澤池在府學東南

月淵亭　在淨衆寺名勝志宋郭祥正有仰攀明月輪俯瞰滄海洲之句

貢院　在子城名第門內宋乾道間建淳祐府志院與州學相連遇大比則闢學舍以容試士應詔之士幾萬餘人

斷蛙池　在府學東南府志朱子解經處以蛙鳴喧聒作字投之今夏月無蛙聲或云尚書潘滎事

羅星墩　在東湖旁府志其墩十有二傳爲朱子守郡時築又羅星池七在東郊亦朱子濬又府署內亦有七星墩

植萱堂　在録事參軍廳府志宋紹興間守廖剛建

同樂堂　在府治内府志宋慶元間守趙伯逷建初名安靜嘉定中改今名

尚書嶺亭　在縣南府志宋里人顏師魯建明知府謝騫姜諒重修

瑞蓮堂　在同樂堂府志端平中守趙以夫建

福壽林塘　在保福隆壽兩山間中有畝畝不忘君堂名勝志知梅州楊承祖歸卜别墅於此

孝子亭　在南廂縣志爲元胡景清立明嘉靖間

重建改名彰孝

清風館　在文山北縣志林廣發築偕二子弼原功讀書其中

萬松關　在岐山縣志初陳克聰植竹以憩行人萬歷間督學沈玠名曰堆雲嶺崇正二年知府施邦曜築關額曰天寶維垣登其堞可望海

觀海樓　在新橋南縣志明萬歷間守韓擢建四山環碧長橋縈溪若帶爲郡勝覽又旁有六松堂飛虹亭水月亭青牛洞橋西草堂俱廢

喜雨亭　在龍潭上縣志明萬歷間知縣呂純如

禱雨處旁有兕龍亭
天問堂　明鄭深道宅堂也府志深道歸屢邀天
恩存問故名
梅庄　在南山寺後府志進士張一棟別業庄内
置石榻可坐數十人種梅千株每冬日遊人絡繹
相望今廢
丹霞嶼別業　明支移林釬築縣志有小西湖九
曲水諸勝
慧眼山房　在慧山上縣志明陳天定買山種松
讀書其中下有賢人泉

鄴山講堂　在柳營江北縣志明黄道周講學於此中有蓬萊峽芙蓉峽壘池硎山黄巖洞石燕乳泉浮磬諸勝

漳浦縣

越王潭　在縣北南越志越王建德伐木爲船其大千石以童男女三千人舉之既而人船俱墜於潭詳見前志

建德屯　府志漢閩越王建德屯兵於此

蜡湖　明統志在縣西十里方域志在七都今無考陳元光教民蜡祭於此故名

舊漳浦驛　在盤陀嶺唐李德裕貶崖州宿此

紫薇石洞　在海雲山名勝志石磷奇如列笏奇獸之狀閩王宮人學仙於此

無象菴　在盤陀嶺閩書宋以來象常患稼名勝志有頭陀吳祖華聚徒建菴於嶺下民居旣稠象跡遂絶因以名其菴

湖心亭　在西門外府志宋嘉定中令趙師縉闢湖建亭其中

策士溪　在甘棠溪北府志相傳宋帝昺策士於此時元兵將至乘輿遽發諸生攀駕請揭曉乃盡賜進士揭榜沙中

帝舄井　在鼓雷山下府志相傳宋幼帝汲井烹茶於此所棄茶久而成樹今其地多產茶

連鼇亭　在縣東十里府志宋黃克寬建

梅花樓　在縣東魚腹浦府志旁有亭三曰聽濤曰棲月曰江上數峰青相傳元時有白尚書隱此

吳公坪　在梁山府志宋元間有姓吳者隱此坪上多產杜鵑花

白鶴嶺亭　在羅山南邑簿陳致中建府志林鄉所記邑簿陳致中按府縣志職官俱無其名

北山別業　在北郊里許府志明黃道周廬墓處

中有浩然堂十朋軒九曲閣饒木石之勝

海澄縣　垂虹亭　在青礁緣石渡縣志宋里人顔唐臣築石爲堤更作斯亭以憩涉者

龍門石　在五通嶺府志宋文天祥過此大書龍門二字於石

鎮遠樓　在天妃宫明知縣梁兆陽建府志元資控制然弱水可帆蜃市如結亦佳勝也

南靖縣　鵝峰亭　在永豐里府志上祀九鯉湖仙

長泰縣　丹竈　在董奉山名勝志淳祐府志云神仙董奉所遊

待月亭　在縣治西府志宋淳祐間令鄭師申闢湖築亭其上

天柱石室　在天柱山府志明黃文史讀書於此

五里亭　在欽北里府志永樂間里人蔡志修萬歷間知縣管橘建善世堂

覺淸亭　在彰信里府志明萬歷間建

平和縣

錫杖樹　在三平山名勝志唐天寶初僧義中自紫芝山移錫於此閩書僧初入山卓錫而立化爲樟樹今猶存

詔安縣

釣磯　在源花巖下灘府志相傳唐羅隱

垂釣處

川陵山　在縣東濱海名勝志宋帝昺將都南澳築此爲東京地陷入海今城堞猶存海中猶有木頭竹叢潮退鄉人取以爲薪互見前志山川

太子樓　在南澳府志宋帝避元兵於此故名

宅墓附

龍溪縣　宋王遇宅在東湖　明陳貞晟宅在坂尾

漳浦縣　唐陳元光宅在雲霄中有燕翼宮又元光墓廬在六都牛徑　宋高登宅在角山下　猷吳與宅在梁山下　明黃道周宅在鎮海衛鼓樓山下

海澄縣　宋謝伯宜宅在侯山

詔安縣宋翁待舉宅　陳景肅宅　楊仕謹仕訓宅俱在漸山下

龍溪縣唐宣武將軍許天正墓在二十三四都梓公樹太傅陳邕墓在十一都象鼻社五代漳州刺史留從願墓在二十五都宜招保宋經畧使連南夫墓在十一都元總管陳君用墓在十二三都石獅巖孝子胡景清墓在東山達魯花赤伯顏墓在北廂蕭景懋墓在文山明登州守林弼墓在西郊明經吳性原墓在南山寺教諭郭惠墓在十二三都木星崙王傅鄭深道墓在金榜山金華知府陳孟貞墓在二十七都布政司林同墓在十一都知府郭舒墓在十二三都副使黃熒墓在十二三

都兵部郎林雍墓在龍山處士蔡德墓在二十七都戶部

郎顏階墓在二十一都處士蔡烈墓在雲洞下後林崙副使謝

彬墓在二十一都僉事唐文燦墓在二十一都中丞蔡文墓

在璞浦兵部侍郎吳善墓在樣林鋪同知王會墓在樣林鋪侍

郎呂旻墓在麒麟山按察使楊聯芳墓在南建山大學士林

釬墓在倉門太僕寺卿陳天定墓在鶴鳴鋪布政使王志

遠墓在二十一都都御史馬鳴起墓在汀東浦西山贈光祿寺

卿鄭鼎墓在嶽山大湖中丞周起元墓在西門外西渡頭給事

中魏呈潤墓在北廟韋指揮墓縣志失名在二十一都國朝

海澄公晉忠勇王黃芳度墓在東門外嶽口康熙間賜葬海澄

公黃應纘墓在懷林鋪

漳浦縣　唐陳元光祖母魏氏墓在六都宋蔡元鼎墓在張坑山閩冲郡王墓宋秦王臣美之裔隨少帝南奔死葬旂尾山明張玉祖墓在雲霄大臣山布政使周瑛先墓在登雲嶺侍郎吳元墓在雲霄太史林偕春墓在雲霄南學士黃道周墓在北山濵武亭後四君子墓在黃道周墓側毛元水浙江人趙淵鄉福州人賴繼儒平和人蔡時培海澄人四人皆道周門人從死者御史張化墓在灶山長史張若仲墓在灶山

海澄縣　宋都官郎謝伯宜墓在山美大夫顏幾墓在雲嶽嶺①旁邑州守謝明之墓在山美明吏部尚書莊孟育

校注：①旁

墓在鹿石山　按察使曾應棨墓在欖浦山

長泰縣　明主事黃文忠墓在欽化里　知州唐泰墓在彰信里

詔安縣　宋都尉陳植墓在大岐坑　監簿陳格衣冠墓在前岐坑　明少傅孫汝輝墓在縣鍾所　巡撫林日瑞墓在二都

石刻　附

龍溪縣　唐慕容韋揭鴻塞詩刻在嶺①脊詩見前志藝文　宋朱子教授廳題名記在舊郡學內　興造物遊在白巖朱子書　海日江春在岐山　振衣所在鶴鳴山　霞窩　仙粱　得朋　風動俱明豐熙書　寒泉　萬玉俱張鵬書　雲洞有二一為周瑛書一為林達書以上俱在雲洞　石獅巖　止溁　薛公橋停驄處　羅漢

校注：①脊

峰　含暉　大觀　修身爲本李材書以上俱在石獅巖　白雲深處在白雲山黃道周八分書　木棉菴石碣俞大猷書宋鄭虎臣①□賈②俱道於此九字　二千石在白石山林魁書　大隱屏在萬石巖張燮書

漳浦縣　李唐橋在東庄洞口宋眞紹祖鐫碑　呂令峰傳公河在石印山　第一山　磻溪釣磯俱在鹿溪巖　眼中杯渡在龍湫巖　清泉巖心經石刻在巖下大石　蓬萊深處在清泉巖　行在二大字在壽山寺宋少帝駐蹕處　梅川在六都梅安

海澄縣　龍門在五通嶺詳見古蹟　古井石刻在青礁三川井四川井上刻兀進士顏貴來六字

長泰縣　天柱巖大三尺字如苔蘚紋　官七代在良岡山下石錦里

校注：①誅　②似

平和縣 三平大師碑在三平山唐王諷撰 自渡渡人在獅子巖下溪橋

詔安縣 揚芳在揚芳山 海潤天空在青峙山 九侯名山在九侯山元僧無碣書 望洋臺在縣城南明蔡潮鐫 青雲洞詩石刻黃道周與張廷範唱和詩

延平府

南平縣 劍潭 在城東南晉雷煥子劍化龍處詳見前志山川

古船塲 在溪南元妙觀東府志後廢爲南閩

湖頭寨 在湖頭嶺閩書宋張覺設伏破張徹於

此又鹵水嶺寨陳彝立有鹵水石可爲硯葉夢得硯譜鹵水石細潤而不甚發墨黯淡石宜墨而膚理不遠

横翠樓　在延平書院閩書宋羅豫章李延平朱子講學於此旁有育德泉

民德堂　在舊理刑館內閩書明徐階建

望夫臺　在長砂里名勝志宋王琅久出不歸妻段氏彩女晨夕登山望之因名

順昌縣　釣潭　在祥雲峰下閩書咸平景德間里人余起垂釣其中人高其風因以名潭

宜秋閣　在龍山下名勝志余良弼建良弼著書萬卷有龍山集

將樂縣　讀書樓　在鍾翠山名勝志宋文靖公楊時建

虎巖亭　在縣東南閩書宋熙寧間楊時爲記

灑襟亭　在惠應菴閩書明知縣王鈐建

觀化樓　在南郊金溪潭上府志萬歷間知府傅宗皋建左爲月臺右爲環碧亭

沙縣　越王寨　在越王山上閩書越王嘗屯兵於此

舊鼓樓　在縣治西北三里府志今地猶呼鼓樓坪

寓軒　在太史溪濱宋忠定李綱築自爲記方輿紀要太史溪亦以綱謫官於此得名

環翠亭　府志在縣治東南凝翠峰前

涵清閣　府志在溪南蚵高峰

漱玉亭　閩書在洞天巖之右宋羅從彥所居府志又太史溪南有碧雲桂華環秀眞隱蚵高朝陽凝翠諸亭

瑞花堂　府志宋華隆吉家瑞花生於庭因以名

堂

瑞芝軒　在栟櫚山下宋鄧肅家產瑞芝李綱爲名其軒並爲序

尤溪縣　義齋　鄭氏故居　在青印溪濱名勝志宋朱松爲邑尉秩滿假館於此建炎九月十五日子朱子生焉

仙亭　在皇華峰闔書宋宣和六年旱禱忽有神降自稱神姬馬姓欲托跡山下致霖蘓民語畢而雨

永安縣　浮流寨　在縣西九十里宋元祐五年建

方輿覽勝城邑記云唐李肅禦汀賊戰歿於此

師古堂 在翠竹峰下宋秘監陳世卿築名勝志世卿送客詩師古堂前酒一尊共談時事過孤村臨岐馬上無多祝多買詩書教子孫

看經亭 閩書在甘乳巖

宅墓 附

南平縣 五代唐薛王崇禮寓宅 在小洛坑閩書崇禮避郭從謙之難結廬於此出金以賑貧乏後病革出詩封示人人始知其出處

將樂縣 明吳復宅 蕭惟清宅 王涓宅 俱在水南 余廉宅 在遵道坊

尤溪縣　宋鄧祚宅在蓮花峪下
南平縣　國朝知府莫爾濬墓在水東華藏淨室左
將樂縣　明知縣吳勝墓在獅山　副使吳璟墓在獅山　知府余化淳墓在玉華洞藤嶺　鄉賢蕭崑墓在渫村　鄉賢蕭來鳳墓在黃土墩　鄉賢林鈿墓在瑞龍山

石刻　附

南平縣　金字在碧山上
順昌縣　莊濠在龍湖石上　郎官在石溪都興國寺石上　浮玉在仙字石對面秋水淨則見
將樂縣　玉華洞石刻明楊載記洞石刻至元間人題名磨滅不可讀

沙縣　佛子灘在灘上

尤溪縣　天成在天成洞

永安縣　黄楊巖碑閩書洞口古碑字畫莫辨

建寧府

建安縣　迎暉堂　在舊轉運使司内府志中有聽雪亭宋漕使周頎建又有環秀亭運使馬純建後爲萬象樓又有清風堂運使呂企中建

洌齋　在舊縣治府志宋令韓元吉建

鳳山閣　在吉苑里府志宋太平興國間建

閒軒　在北山下閩書宋徐大正築秦觀爲記

溪山一覽亭　在紫霞洲府志朱子建

臨清閣　映山樓　玻璨亭　俱在梨山府志剏建無考

皇華樓　在城東北閩書明嘉靖間僉事汪佃建

中有冠山臺憑虛閣待月軒咸宜亭

東山別墅　在城東北明御史滕祐築閩書中有

東山草堂賓鳳堂可詩堂御史泉諸勝

白鶴山房　在城東二里閩書明楊榮讀書處

甌寧縣　梅福丹井壇灶　在梅仙山上名勝志漢

梅福成仙驂鸞去是日甘露降其所乘馬及鞭下

墜今山下有甘露原驂鸞渡墜馬洲遺鞭岐閩書

宋守李詵建鷺虹光二亭

陸羽泉　在雲際寺後閩書相傳唐陸羽所鑿然羽實未嘗到此宋楊億詩陸羽不到此標名慕昔賢

環溪精舍　在紫芝山下宋朱韋齋築閩書朱子幼時沙上畫卦卽其地也

梅巖一名歸宗巖　閩書朱子嘗講易其處

雅歌堂　在府城教場內府志宋紹興間建

濟川亭　在平政橋左府志宋乾道間建其旁有

觀風亭

建陽縣　容膝軒　在考亭府志陳國器建朱子書
額中有清邃①閣
三賢堂　在○口前村府志宋翁道源建與謝枋
得熊禾講學之所
茶坂　在唐石山下宋謝枋得寓此閩書枋得寓
逆旅中日麻衣躡履東鄉而哭已去賣卜建陽市
南溪樟隱　在南溪上閩書宋祝穆隱此取朱子
所書南溪樟隱四大字以名其廬中有藏書閣張
南軒栻書
崇安縣　大將小將二村　在金鵝峰下閩書五代

校注：①邃

時南唐查文徽攻閩遣張陳二將就吳翁卜因從翁爲方外遊翁爲大小二將各卜居人因以名其村

浮香閣　在縣治後圃宋淳祐間令詹元建

水雲寮　在武夷山茶洞側閩書宋游九言建

石鼓書堂　在鼓子巖武夷志宋葉夢鼎築堂讀書於此

懷友軒　在白塔山下閩書元杜本築旁有思學齋

漢陽城　在縣北方輿紀要漢元封元年兵入東

越故粤衍侯吳陽以其邑七百人反攻粤軍於漢陽即此

大潭　在吳山下寰宇記漢時有吳國六千户別藏大潭即此

浦城縣　讀書堂　在夢筆山麓府志宋楊億之讀書於此其孫億亦有讀書堂在龍仁寺右

彩門樓　在德星門外府志有彩門舊跡四字相傳宋章氏聚居於此

松溪縣尉司　在簿廳左府志宋臨川王益尉松溪生安石於此李忠定綱母夫人由龍泉歸館于此

綱寶生焉明統志載修撰李夔生子綱于華亭桂閣與此異

梓亭寨　在縣北七十里方輿紀要界慶元龍泉政和松溪四縣之交宋時置後廢

政和縣　東際營　在高屯里府志唐御史中丞李彥堅屯軍之所故址猶存

放生池亭　在考口溪側府志宋時建

宅墓附

建陽縣　宋魏掞之宅在玉田山陽

浦城縣　宋全景文宅在西陽山　章得象宅在章家嶺下　祖秀實宅在白馬巖

建安縣　明贈少傅楊達卿墓在白鶴山麓

甌寧縣　唐謝亮甫墓在府城北五里亮甫越州人官京畿令爲李輔國所譖流建州卒葬于此　元楊萬大祖墓在楊墩俗呼白狸嶺

建陽縣　宋游復墓在歷衢源　贈朝散郎劉純墓在南溪　先儒蔡沆墓在崇泰里　明修撰丁顯墓在崇文里白石源

崇安縣　宋江贄墓在豐陽里

浦城縣　唐處州刺史劉守謙墓在東勝果寺後

松溪縣　宋樞密直學士吳執中墓在東關後窠　葉景仁墓在翁村

石刻附

建安縣　北苑石碣在龍焙山下名勝志乘風堂側豎石碣字大尺許

甌寧縣　洞天在三峰山上　連師指書閩書連大師用指大書昇字于雪巖石

建陽縣　西山宋理宗御書二大字刻于西南崖山麓

崇安縣　屏山詩刻閩書宋劉子翬有屏山十七景詩朱子爲書刻石　武夷山金龍玉簡閩書宋理宗嘉熙元年詣投用以所嗣遏虜簡長尺許書刻並精　靈巖在攬石峰右靈巖石門上朱子書　題詩巖石刻閩書上多鐫名賢題咏　九溪鐫水光石上傳爲趙抃書　勝眞館在六曲溪北又有子眞書三小字

松溪縣　龍津在風屯牛皮灘巖上元趙孟頫書

邵武府

邵武縣　長樂將檢二村蕭子開建安記東漢時居民殷富地土廣濶孫策將欲檢其江左附鄰郡逃亡者以公私苛亂悉投於此因是有二村之名

樂野宮　在府東三十五里方輿紀要建安記云越王無諸畋獵縱樂處又泰寧西隅亦有此宮

丹臺　在郡城南府志世傳隋盧道者唐樊道者宋黃師旦皆嘗煉丹於此

樵溪亭　在南石岐山麓閩書亭西數步有泉甘寒宋建寧流亭其上

東堂　在積善山閩書宋呂季充隱此堂有九景

曰野塘小隱曰敬義堂曰方拙寮曰吟哦室曰愛蓮曰月臺曰萊畦曰海棠屏曰橘堤季充爲九咏朱子和之

味道堂　在七臺山下閩書宋通判何兊築朱子爲記旁有通判泉其子鎬築臺溪精舍其中

蒙谷　在泉山麓名勝志宋黃通老築室居此取易蒙卦義命名朱子將進謁先投以書云今日將再拜堂下惟公坐而受之俾進於門人之列則某之志也後通老卒朱子爲作墓志

烈女臺　在縣東香嚴寺後府志宋欽州守龔愼

①儀二女爲盧絳所虜自縊於此今臺上草木不生

秋聲亭　在熙春山側續府志元黄鎮成著有秋聲集後人慕之匾以名亭

醒翁亭　在熙春臺南閩書明宏治中知府夏英建林俊爲記

光澤縣　五雲樓　在烏君山寰宇記徐仲山遇仙處上有烏君墓元江迶詩洞中烟鎖五雲樓洞口寒泉今古流見說秋高風雨夜徐郎摘鶴更來遊

雲巖　在縣三里許閩書宋李杲齋方公晦講學之所

校注：①儀

建寧縣　綏城廢縣　在縣治西南詳見建置

越王臺　在百丈嶺方輿紀要舊傳越王無諸遊獵築臺于此

戰坪　在西山上名勝志唐宋齊邱督戰處

藤橋　在東西二巖上方輿紀要昔有巨藤交亘成橋可通往來邑人多避兵於此後藤斷路絕

練江亭　在縣南門外閩書舊有宋陳瓘所書亭山扁刻

雲谷　宋待制俞豐讀書處閩書有雲谷書院及怡雲來薰致爽浮香舒嘯諸亭

泰寧縣　高平苑　在水南保閩書越王無諸較獵之所按將樂縣亦有高平苑見前志古蹟

大杉嶺屯　在福興上保名勝志閩王遣其將鄧偛屯兵於此今其鄉惟鄧一姓云

丹爐　在旗山巖頁巖閩書傳爲梅福煉丹處中有朝斗石下有採藥澗

宅墓附

邵武縣　宋何兌宅在七臺山下　孫諤宅在樵嵐山　嚴羽宅在巖坊

光澤縣　唐鄭璩宅在蓮花山下　元危德華宅在北溪

建寧縣　晉廖棠宅在雲蓋山下閩書棠隱此終歲不出內史王羲之徵之固辭不

赴

泰寧縣　宋鄒應龍宅在南谷有理宗御書南谷賜額

邵武縣　唐監鎮廖懋墓在石鼓山右　五代泉州牧陸大巖墓在石岐　宋上官泊墓在和平里　朝請朱蒙正墓在永城將善　龍圖孫諤墓府志不詳其處　尚書謝源明墓在謝坊　龍圖趙善恭墓在邵山壠　趙善佐墓在樵嵐山　黃宗墓在銅青山下　謝師稷墓在龍闕原　教授吳英墓在連花峰　李忠定公夫人張氏墓在一都黃屯　黃簡肅公夫人游氏墓在石岐朱子撰銘　任宜人王氏墓在長樂之原朱子撰銘　饒幹母呂氏墓在思順里朱子撰銘　元翰林黃清老墓府志不詳其處　提舉黃鎮成墓在金①泉山

校注：①金

明行人王完墓（在香林寺後）知府上官子齡墓（在芹田上寨）知縣上官祐墓（在城南鶴林）侍郎吳璽墓（在藥村窪）御史李得全墓（在石壁溪口）御史謝爊墓（在樵嵐）同知謝頫墓（在馬鞍嶺）文林郎周灝墓（在玉華峰）都御史朱欽墓（在學坑）知州陳謨墓（在萬峰菴下）知縣鄭可大墓①（在烏柏嶺）同知危純中墓（在象山）同知方希遇墓（在梅樹寨）知州杜鍾秀墓（在鶴沖源）

光澤縣

宋知縣何公墓（在十一都府志不書其名）

建寧縣

明主事吳琬墓（在羊角原）員外余隆墓（在鳳山坑尾）行人黃原昌墓（在楚溪）陳順墓（在梘下橋頭）甯宗珮墓（在甯家山）陳綬墓（在暘坑）

校注：①柏

泰寧縣　明御史何道旻墓在蒙寨車頭　同知江澄墓在鑪峰山

石刻附

邵武縣　周子太極圖刻在郡學內　黃中美墓碑在銅青山下朱子書　連昌宮辭石刻在郡學明倫堂宋蘇軾書　雪堂圖石刻在郡學內宋朱軾書　禮義廉恥在石岐宋張栻書　魁在銅青石壁山宋謝紹祖書　觀瀾有本在石鼓溪中　繡溪在繡溪石上宋謝源明書　天然石詩刻在西乾歐陽廟內一張紘詩一張嶽詩

建寧縣　青山在南門外青山宋陳瓘書鐫扁上

汀州府

長汀縣 金花坊 府志五代時有賴小太郎夜見一牛有光就其糟飲因以麻爲記牛帶繩入潭泅潭得金牛聞於朝旨還賴賴捐所得建金泉院因名其坊曰金花

汀關 在府城北方輿紀要宋時置景炎二年元兵破汀關文天祥欲據城拒敵汀守有異志天祥乃移軍去今廢

駐劄寨 府志宋紹興間翟阜統摧鋒軍於此

聽松閣 府志舊爲西關以廹近北樓故移建於雲梯嶺與東閣對峙東閣一名舒嘯

議政軒凝翠軒　府志俱在府治內

碧雲洞亭　在洞口府志爲石柱四陳堯典闢洞勒記其上

淸暉亭　府志在漳南道署內

長史亭　在佛嶺閩書宋唐長史建因以名亭

香遠臺　在東山麓閩書又有時和年豐堂賞靜軒仰高亭快哉亭俱宋人所建

宣巖　距南二里名勝志巖洞幽邃泉淸木茂宋宣明隱此郡守謝詷榜曰宣巖

袈裟泉　在法林院閩書院僧講經見窗外有白

龍以袈裟覆之及旦袈裟入石裂而爲泉形如袈

裟宋陳軒郭祥正烹茗泉上各有詩

寧化縣

紀要唐置黄連縣於此以地産黄連故名

黄連舊縣　在縣東五里今爲民田方輿

安遠寨　在縣北百里方輿紀要宋慶元中置

清流縣

舊子城　在縣治周二百丈府志宋紹興

間寇擾里人鄭思誠鳩衆元陳有定廣故址增高

焉今址存

寒泉亭　在縣南府志宋知縣吳中建亭下有泉

明宏治間雷鳳娘砌石爲地闢書亭前溪中有符

石長丈許

書庄　在縣北府志賴世隆讀書處楊士奇有天上蓬仙暫賜歸書庄重理舊茅茨句

歸化縣　御簾里　在縣東府志舊傳宋端宗過此遺一簾因名

連城縣　蓮峰寨　在蓮峰山上方輿紀要宋皇祐中邑人彭孫保聚於此有城有池有塹又有雲樓宣武西南四門外有石梯石巷僅容一人闖書宋邱鱗率邑民避寇于此

上杭縣　梅溪寨　在縣東方輿紀要宋時置又石

壁寨在縣西元時置

玉虚亭　閩書在紫金山上以石爲之旁有歸鶴

樓

時雨堂　在舊察院府志明王守仁平漳寇回駐

軍於此適旱得雨守仁爲文勒石因以名堂

武平縣　聖公泉　在黄嶺名勝志舊傳定光佛卓

錫泉迸出又有蛟塘輿地紀勝定光所鑿

永定縣　文山亭　在緣嶺府志宋文丞相故壘也

訪孝亭　在大埠嶺府志孝子鄭懋官廬墓處

宅墓附

連城縣　宋彭孫宅在彭屏山

長汀縣　唐魯國侯鄒應龍墓在四保里　明知縣胡璟墓在禾生坑　知縣楊昱墓在鄭坊　布政司王瑛墓在梁屋頭　同知張履祥墓　知府趙鉞墓　知州鄧向榮墓　知州馬河圖墓俱在四保里　沈太妃墓　大學士傅冠墓　忠誠伯周之蕃墓俱在西門羅漢寺前　主事唐夔墓在牧牛湖岡　國朝參政黎士宏墓在東郊坑　知州黎士毅墓在伏虎巷前

寧化縣　明推官黃槐開墓在泉上里　知府李世輔墓在泉上里

清流縣　明知府葉元玉墓（在雲公鋪）僉事陳定應墓（在夢
溪里）知縣鄒時泰墓（在白石橋）郎中裴汝寧墓（在西峰下）知縣
伍可愛墓（在嫒水村）同知雷衡墓（在坪背）知縣葉甘夥墓
（在歸來橋）知州伍可慶墓（在桑坑）中書舍人裴華先墓（在夢
溪里）教授余湟墓（在坊郭里）知縣鄧邦宰墓（在分拗）御史裴
養濤墓（在上坪背）主事伍儀墓（在坊郭里）
連城縣　明知府童壟墓（在縣治後）知縣童志德墓（在姚家坪）
教諭吳文旭墓（在席湖營）教諭許浩志墓（在許坊）知縣李
熹墓　知縣童大猷墓　黃表墓（俱在溪源）
上杭縣　明訓導胡時墓（在射圃北）周子禮墓（在門葉墩）僉事

李綸墓在石壁潭　僉事羅經墓在盤龍岡　御史陳詳墓在石田山

主事李楫墓在西門教場　御史郭資墓在驛馬橋　知府梁喬墓在將軍地　同知周輅基墓在烏石埧　通判周勳墓在佛嶺　知府邱道隆墓在羅圍山　通判何濬墓　治中邱道明墓俱在竹山　李頡墓　同知邱道充墓俱在水西渡　訓導丁致卿墓在梅溪山　御史劉佐墓在若油竹前　同知張恩墓在水埔上坑　通判劉煁墓　知縣陳于階墓俱在來蘇里

武平縣　明推官鍾天爵墓在溪東　上饒丞鍾鴻墓在九龍磜

石刻 附

連城縣　蓮峰隸書十三景元馬周卿鐫壁曰冠豸曰疊玉峽曰雲棧曰天梯曰桃源曰清如許曰芙蓉波曰金字泉曰丹斤雲深處曰天光咫尺曰蒼谷曰靈虛曰小崆峒壁立千仞在金罝山觥石山

上杭縣　千年閩書銅鼓山有倒書千年二字

福寧府

霞浦縣　營田洋　府志唐末赤岸民墾地千餘畝閩與吳越搆兵取其地爲軍需名營田洋

方井　在府治城隍廟前閩書宋嘉祐初令李廷隆鑿久湮塞明洪武中知縣尹昌隆重浚得石刻云要重開須龍來一云廷龍浚湮井得石刻云井復開待龍來

明新堂　在舊長溪縣治府志元延祐六年建

雷壇　在東門外名勝志元末州尹王伯顏與山寇黃善戰不利見執抗節死此

籌邊臺　在城東南隅府志明萬曆間知州陸萬垓築以禦倭倚城爲臺俯瞰山海最爲雄勝

舍利塔　在鴻雪洞前府志塔上題堯封太姥墓

飛翠亭　在縣治西八里府志梁大通元年建并造浮屠以鎮温麻

福鼎縣　嵩草堂　在太姥山名勝志唐林嵩讀書處見前志霞浦古蹟今屬福鼎

疊石關　在廉江里方輿紀要疊石與分水二關俱閩王所置以備吳越見前志霞浦古蹟今地屬福鼎

容齋　在桐山名勝志宋著作郎高曇居此光宗御書容齋二字賜之又無餘堂宋衡州司戶高融棄官卜隱處

福安縣　靈谷草堂　在二十都名勝志唐薛令之居此嘗聞龍吟之聲

黃崎鎮　在縣南方輿紀要唐咸通中置後廢宋熙寧中復置名勝志黃崎分司唐榷務也

甘棠港　一名黃崎港　名勝志與六印江相聯屬先有巨

石屹立波間爲行舟患唐觀察使王審知欲鑿之夜夢神人自稱吳安王許助力命判官劉山甫往設祭祭未畢風雷暴興凡三日夜始息已別開一港甚便舟楫人以審知德政所致表請賜今名

龜仙鎮　在縣治西閩書邑巨鎮也朱子到此鄉民飯焉朱子贈句云水雲深處神仙府黍稻豐時富庶家

澄菴　在穆洋閩書宋鄭宋所居理宗御書北山澄菴賜之又賜詩曰秋思太華峰頭雪晴憶巫山一片雲去國歸來猶未得新詩遥贈北山君

百砷巖　在倉坂閩書宋少帝航海入閩集勤王師於此文天祥後至少帝已移福州作詩云官殿扃天仗衣冠鎖目遊傷心今北府遺恨古東州今巖名百砷猶舜至上虞有地行百官也明萬歷間建祠祀少帝

龍頭書閣　府志宋繆幼節讀書處今改爲寺閣扁猶存

杠竹城　在城西明陳新築館植竹木以禦水患人呼杠竹城

鳳山別墅　在縣北府志明御史陳鏘廬墓處

石蓮山房　在彭洋府志明行人劉忠藻讀書於此

鶯谷草堂　在縣東府志連琪築顧錫疇書額

鶴山別墅　在縣北府志明御史郭文周築四時蒼翠有佳勝

寧德縣

感德廠　在縣治後府志唐開成間置

鶴嶺寨　在白鶴嶺府志宋建炎二年長溪令潘中拒寇於此

不欺堂　在縣治府志宋丞藕邦建

誠齋　在五都府志宋阮大成築

壽寧縣南山別業府志唐薛令之讀書於此上有天池

宅墓附

霞浦縣唐陳蓬宅在後崎閩書蓬自題所居曰竹籬疎見滿茅屋漏通星元繆奕老宅在少林峰下閩書奕老聚書軌讀世亂不出明游璞宅在曲井下大街周璞宅在治西隅黃師夔宅在六禪巷林愛民宅在西街

福鼎縣宋楊楫宅在歛村黃楫宅在翁潭二宅俱見前志霞浦今地屬福鼎

福安縣宋姚國秀宅在三十八都鄭宋宅在北山謝鑰宅在北山

霞浦縣　宋主簿蔡君山墓在州境歐陽修作墓誌按仙遊縣志君山名高墓在慈孝里蕉坑而歐陽文忠墓誌只云葬于某所不詳其地今福寧府志收入或有所據耶抑誤耶明知府黃師夔墓在沙頭村　國朝貞節張昆娘墓在山腰　貞烈藍銀娘墓在西郊五里亭

福鼎縣　唐侍郎陳桶宅在十七都桶平陽人　五代周尚書王瑛墓在十八都水北後塆　宋提刑楊楫墓在歙村　教授黃楫墓在翁潭　博士楊惇禮墓在九都茶堂前　雷州判王成墓在上菴　給事中王大受墓在上菴　諫議大夫徐豐墓在巒峃山　府尹王在中墓在龜峰尾

福安縣　唐端國公張懷諒墓在下邳　宋先儒黃榦墓

在四十一都前志載在霞浦縣御史柳㦤墓在王家山武顯大夫趙萬
年墓在白沙村元孝子陳德沂德漢墓在八百株兄弟合葬連顯
卿墓在城隍廟後明知府陳宗億墓在黃灣給事中蕭顯
墓在河陽塘知縣陳新墓在化蛟全山鹽鐵副使姚道者墓
在秦溪東僉事陳萬頃墓在秦溪東庶尹劉安墓在白沙贈叅
議黃釧衣冠墓在白少王世貞作墓誌行人劉中藻墓在蘊陽
長史郭鳴琳墓在富羅坂福安知縣李尚德妻陳氏墓
在鹿嶺嶠時倭陷城李氏義不污投東河死

寧德縣　宋提刑鄭南墓在九都經畧使林晟墓在五都馬
山運使鄭囘翁墓在黃涂坑頭明僉事陳孟龍墓在南山

參議張蘭墓在碧山　贈太常卿吳國華墓在溪口　知縣陳珵墓在甲乙墩

壽寧縣　五代閩王延政墓在五都　宋狀元繆蟾墓在三都　少宗伯陳洪彰墓在三峰　主簿繆守愚墓在北溪　進士黃槐墓在北溪

石刻附

霞浦縣　慧山泉迎仙臺在慧日山　芙蓉臺在龍首山麓石壁　近天尺五在聖水巷石上

福鼎縣　天下第一名山在太姥山石壁　天球元巖在太姥山

福安縣　重金山題名石鐫云淳祐丁未臘月十九日北山鄭寀偕邑令鄭[illegible]

金登

洗心臺 在長溪盤石山 觀瀾 在靖海關前巖壁上

寧德縣 羅隱題詩石 在四都溪邊有羅隱留題跡今存添硯沼三字 唐僧紫鈞刻石 在中溧山文云中溧山百丈飛泉鳴雷撲雨千尋怪石蔽日藏雲 登龍 在金溪山墩閩書明宏治十年水漲山崩中一石刻登龍二字大徑五寸

臺灣府

臺灣縣 暗澚城 在澎湖縣志明嘉靖間都督俞大猷征海寇林道乾留偏師防守築城于此遺址猶存

瓦硐港城 在澎湖縣志明天啓二年荷蘭夷據澎湖築城明年毀其城未幾復築

榕梁　在府治內縣志老榕根幹蟠結架空如橋亘數丈廣二尺許名曰仙梁

澎湖井　在媽宮澳天后廟東縣志康熙二十二年將軍施琅駐師於此時天旱澳水多鹹琅禱於神甘泉驟湧又靈濟井在小東門萬壽寺後六十年總兵藍廷珍駐此泉湧出作詞勒石以誌之因名靈濟

鳳山縣　月眉池　在竹滬縣志明朱術桂鑿植蓮其中

諸羅縣　紅毛井　在縣治左縣志荷蘭夷所鑿飲

之可免疫癘

宅墓附

臺灣縣　明朱術桂宅在定西坊

臺灣縣　明五妃墓在魁斗山縣志明朱術桂卒妾袁氏王氏秀姑梅姐荷姐同日殉節葬此

烈婦陳氏墓在仔尾與夫鄭克塽合葬

進士盧若騰墓在澎湖

鳳山縣　明朱術桂墓在竹滬

永春州

永春州　禊飲亭　在州東南下瞰江宋紹熙間令黃珙建

古鄞亭　在毘藍巖下

懷古堂　宋陳知氣建朱子有次韻懷古堂詩

東皋亭　在州西宋學政林俊建

識風同月二樓　在留灣文公書院明嘉靖間建

德化縣　最高亭　在龍潯山巔名勝志宋宣和間令劉正建明嘉靖間易名駕雲

百花亭　在縣治內又有梅臺馴雉亭秋香亭盡簪亭

飛仙亭　在清泰里懸瀑千仞下臨無際舊傳有女仙馬氏姊妹三人飛舉鄭氏見之自投崖下有

白龍負之昇去

大田縣　凌虚閣　在小溪寨初在鍾東橋明嘉靖間改建

神農亭　在鍾峰

白鶴亭　在四十五都白鶴山

宅墓附

永春州　五代唐陳保極宅在州西北里許　宋莊夏宅在蓬萊山

顏襃宅在達埔　陳光宅在明積里碧溪

德化縣　五代唐顏仁郁宅在石傑鄉　宋賴欽宅在龍津橋南

明賴垓宅在瑕溪

永春州 宋知賀州陳知氣墓在六七都直龍圖閣柯述墓在卓口

德化縣 宋穰十萬墓在穰墓山 馬王墓在新化里時代名字無考

大田縣 明禮部尚書田一儁墓在東門外 副使田頊墓在天湖池 副使田琯墓①在桃模坪

石刻 附

永春州 一夫關在馬風山跳 文曲華世在魁星山 陳宗顯去思碑在陳巖寨石崖壁上

德化縣 宋守王十朋石刻在九仙山龍池旁鐫禦崇隆進覲聖南池八字

大田縣 青龍潭在和睦里潭上世傳龍乘仙人所書

校注：①模

龍巖州

龍巖州仙人陂　在州西漳州府志相傳造陂時衆方食適有流丐至衆以食食之丐亂擲石於陂上遂去後屢經洪水不壞因以仙人名之

趙公城　在州治閩書宋令趙性夫趙崇撥築一

名宦坊

梅亭　在清高山元里人林公說建植梅其中

拱秀樓　在州城隍廟前明萬歷間建

照碧堂　盪胷亭　棲雲齋　俱在獅子巖上明知縣吳守忠建皆有勝致

漳平縣 沛然堂 在東山寺右明教諭何九雲講學處其左爲南軒

宅墓附

龍巖州 宋陳俌宅 在小溪

龍巖州 明春坊王源墓 在陳邦村 參政林瑜墓 在龍門里 尚書石應岳墓 在永潭萬歷間賜葬 參政蔡夢說墓 在龜洞 刑部侍郎王命璿墓 在社稷壇旁 林洪中墓 在仙人掌 推官林元墓 在後山坪 同知藕孔基墓 在厝石社 治中邱昂墓 在社稷壇北 教授蔣輔墓 在黃田 長史藕鑢墓 在赤土隔 副使陳和墓 在鐵石洋 教諭黃芹墓 在石禾倉 進士藕霆墓 在下澗坪 副使王

以通墓在倍畲　副使連繼芳墓在白土　副使柯伯元墓

在九州　烈婦邱五姑墓在石粉嶺

寧洋縣　宋編修劉棠墓在集賢里

石刻附

龍巖州　丞相巖詩刻宋文天祥經此有詩鐫石壁　新羅第一泉在治西井旁明吳守忠題碑

漳平縣　乾坤清氣在感化里長塔東石壁

寧洋縣　鳳翔千仞在穿雲洞石壁

外島

聖清丕宅區夏德威翔洽四隩之外八荒之中①北燓丁令東包樂浪西越拔達之嶺罔不款塞駿奔樂効臣順而南際大海東寧華嚴之地伊古阻絶亦隸版圖海外雜國風帆珠船重譯獻見者歲有常數咸取道於閩以達京師升高而望流虬之都如丸螺浮海上焉故前志書外島者蓋詳夫柔遠惇德權輿舜典周官象胥宣諭說以達方貢館舍飲食送逆之節懷方氏掌之然輓

校注：①北

世寖衰享王之賓往往不至豈如我
朝百數十年以來烽燧不舉海息纖塵楛矢琛環
厥篚相望觀此可以見自昔泰平一統之盛未
有高於今斯者也聿綴近典續外島志

琉球國 在大海中 詳見前志

國朝德化廣被遠臣勤修職貢貢期兩年一次遣正
使副使都通事使者通事等員航海至閩駐柔
遠驛日給廩蔬有差所貢方物熟硫磺一萬二
千六百觔交福州府理事同知收貯紅銅三千
觔白鋼錫一千觔解京著爲例當七八月進京

之時先期勘驗
表文方物宴禮使臣犒賞從者及行遣官護送至
禮部進獻
恩賜王綵幣八十正副使以下各賚緞絹有差復
賜宴去再遣禮臣護送來閩給予廚傳行李之費先
是順治十一年
頒賜王鍍金銀印一乾隆十三年改鑄清篆福建巡
撫陳宏謀請琉球國王印一體改鑄奉
旨俞允十六年正月王尚敬薨次年世子尚穆遣正
議大夫馬國貞來告哀十九年服闋請襲封二

十一年六月
朝命翰林院侍講全魁中允周煌充正副使賫
詔勅册封尚穆爲琉球國中山王並頒所鑄清篆新
印
賜王文幣三十王妃文幣二十二十二年使臣全魁
等還王遣法司馬宣哲正議大夫鄭秉哲恭進
謝
表慶貢方物貢物金鶴銀鶴鎏胄兵器韉轡屏二風土箋絲棉蕉布苧布鋼錫紅銅
十三年九月奉
旨覽王奏謝具見悃忱知道了其進貢方物念中國

加惠外藩不欲頻頻貢獻但航海遠來又不便令其攜帶回國著將所進方物留作下次正貢該部知道欽此禮臣移知該國王將謝
恩方物准作戊寅年正貢其戊寅年應進
表文留待庚辰年貢期一同恭進二十三年冬仍
遣使來貢乞照雍正七年之例見前志奉
旨前經降旨令將二十一年所進方物留作下次正
貢今該國王仍將戊寅年應進方物奉表恭進情辭懇摯且貢物業已到閩不便令其帶回著仍照
前旨留作庚辰年正貢用昭柔遠之意其所遣陪

臣子弟梁允治等准其入監肄業該部知道欽此
先是正副使全魁等復
命奏稱國王尚穆懇准陪臣子弟入監讀書經禮臣
行知夷使至是官生梁允治蔡世昌鄭孝德金
型等四人附貢船來閩二十四年進京禮臣奏
請依雍正二年例日給廩餼冬夏給裘葛衣服
其從人各賜衣服布疋於國子監旁撥邸舍十
區行文戶工二部及光祿寺照例辦給奉
旨工部應給物件改交內務府辦給二十七年遣使
來修壬午貢典仍補進庚辰

表文乞請入監官生回籍歸養二十八年遣官生
蔡世昌鄭孝德等歸時官生梁允治金型俱故循例各給銀三百兩以百兩令有司營葬餘一百兩附歸恤其家

附琉球國奏貿湖絲部議劄子

禮部爲議奏事議得琉球國中山王尚穆奏稱

恭惟

聖朝之恩自

世祖章皇帝御極以來臣穆元祖高曾祖父已歷百有
餘載舉國咸沾雨露奈臣地隔重洋土瘠民貧
並無寸絲尺縷所出爲官飾制上無以肅朝廟

之威儀下無以正庶民之體統尊卑莫辨品級
難分甚爲可慚
天國順治十年間臣元祖臣賀具疏懇請貿易
世祖章皇帝俞允除違禁外其絲絹等項悉聽貿易歷
奉遵守在案海國君臣深沐章服之榮品制明
尊卑別化荒陋爲禮文之俗矣繼承
聖祖仁皇帝廣恩免稅
世宗憲皇帝寵錫頻加乾隆十二年復蒙
皇上陛下恩准將軍督撫議臣國不限銀數置買絲
綢以大推廣之仁欽遵在案乾隆二十五年十

月丙貢使鄭士禎等歸國具陳在閩所聞二十
四年間奉有
諭旨嚴禁絲綢販賣出洋臣祗聆之下敢不凜遵伏
思臣所轄三府二十六島與隸版圖者無異一
絲一絮皆仰賴於
天朝復聆條例所禁者販賣出洋以圖利息耳臣因
遞年所買絲綢定數只以供臣工紳士品服綵
章之用一爲宗國之觀瞻一爲朝廷之典禮非
貿易圖利者比合情奏請
聖主垂念輸誠荒服視同中夏恩准臣國仍照舊例

採買絲綢俾外海窮邦復得爲冠裳人物則
聖聖解推之仁綏柔之澤永戴禮制各修而民安
天賜於萬禩矣臣穆不勝激切惶恐俯伏待
命之至等因於乾隆二十七年十月十五日具奏二
十八年十一月二十九日奉
旨該部議奏欽此臣等伏查綵疋綢絹絲棉等物出
洋貨賣者律條本有明禁從前番舡求市無多
是以許其酌量購買邇年以來絲斤出洋甚多
並海商私販以致內地市價日漸騰湧乾隆二
十四年六月內原任江西道監察御史李兆鵬

奏請禁止絲斤出洋經大學士會同户部定議
凡絲斤私賣出洋者照偷運米出口之例分别
議處是年九月内又經兩廣總督李侍堯咨請
私販綢絹緞綿出洋應否與絲斤一并定議處
分亦經户部奏准照例科斷在案是以絲綿綢
緞等物經户部節經申禁以來所在海口俱遵
照辦理毋許出洋今琉球國中山王尚穆因其
國僻處荒陋懇請市買絲絹以飾冠服雖稱並
非貿易圖利但一聽其採買出口卽無以申明
限制其載往①何方亦無憑稽核且該國王奏内

校注：①何

又無請買定數倘瀕海奸商藉端影射託名私販尤恐無所底止應將琉球國王尚穆奏請採買絲斤之處毋庸議可也爲此具奏伏乞

訓示謹奏奉

旨琉球國疏稱請配買絲斤部臣議駁自屬遵循例禁第念該國爲海澨遠藩織紝無資不足以供章服據奏情辭懇切者加恩照嘆咭唎國例准其歲買土絲五千斤二蠶湖絲三千斤用示加惠外洋至意餘悉飭禁如舊所有稽察各關口岸及出入地方仍加意核查以杜影射該部知道欽此

蘇祿國　在西洋海島中海國聞見錄海外有無來由息力大山山之東爲蘇祿從呂宋之南分籌廈門由呂宋至蘇祿水程一百二十更

國朝雍正五年始奉朝貢詳見前志乾隆八年國王蘇老丹麻喊味呵稟勝寧遣使馬光明等恭進方物

恩賜照雍正五年例十八年國王蘇老丹麻喊味安柔律噒遣使勝獨嶌喳喇等復修貢事

特恩於常賜外加賜玉椀玉杯玉托碟玉海棠葉盤玉夔龍水盛玉螭虎水盛玻璃蓋杯霽紅紫貴磁盤青龍紅龍霽青紅鶴各磁碗內府緞六端

二十七年復遣使萬礁勝等來貢

加賜玉螭虎杯玉靈芝水盛玉璧玉巵壺玉單靶觥

玻璃器磁器內府緞又

賜正副使通使以下緞布有差其貢使至京回閩宴

犒護送諸典禮悉視琉球

蘇祿國貢物附

進貢表章一匣內漢字表一道 番字表一道

珍珠二顆一顆重一錢八分 一顆重七分

玳瑁十二斤

描金花布一疋

金頭牙薩二疋

白幼洋布二疋

蘇山竹布二疋表①內只寫二疋②實有六塊

校注：①表　②疋

燕窩一箱　　龍頭花刀一對
夾花標鎗一對　　滿花番刀一對
花籐蓆一對　　活猿一對

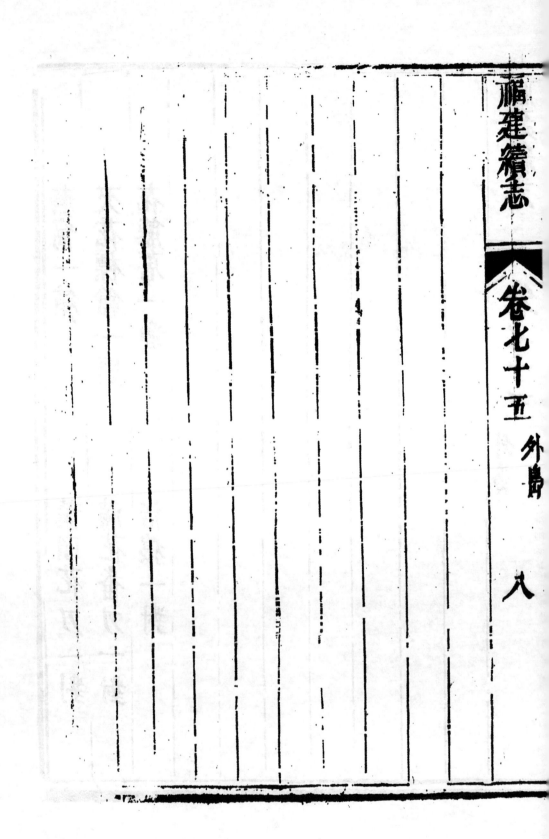

福建續志卷七十六

藝文一

史志藝文始於班固盖二漢出往籍於煨燼滅没之餘蒐求補葺緬歷歲年于是陳發秘藏郁乎美備孟堅撮舉其端差以驗吾道之消長表藉府之壯觀至摛藻之文略歸本傳後史踵焉郡國之書與史共貫而濫觴所自原本輶軒是故里巷謠俗居處飲食飛躍之細草木之華猶將委曲鐫鏤用表風尚況文以載道賢哲之所極思才俊之所咏歎土音各操發爲心聲苟汗

青無要領之編則尚論有凋殘之懼閩之述作
自唐宋以迄
本朝彬彬日躋美盛握槧操觚浩若烟海今取其
比事類辭足備典要者裒而列之餘篹卷紛綸苐
存條目匪多文以爲富亦風氣之升降可觀焉

續藝文志

著述

甲部經

易類

唐陳黯大易稗正

宋劉彝周易注　　袁樞易傳解義辨

柯述否泰十有二卦義　　蘇思恭易說

劉彌劭易稿　　鄭思永易說

劉翔易解六卷　　潘植觀象元契圖

林易之易講　　高雲易說三卷

元郭陞易說

明李聽易經外義　　鄭普夫易說一卷

蔡淸太極圖解　　河洛私見

諸葛駿易經集說　　蔡存遠周易二說

陳第伏羲圖贊　　王大覺易解

王宇周易占林四卷　周祐易說
邱瑗易說　林性之易經淺說
王春復周易疑畧　黃光昇讀易私記
林存易經說　朱棨易說
蔡元偉易經聚正　史朝宜易說
張汪易注　翁堯英易傳節解
　太極圖說　郭文煥易經注釋
許天琦易學管見　孫振宗易學說約
張應星易經管窺　　易經燈影
洪受易經從正錄　郭宗磐易學說海

黃芹易圖識漏　易經口訣
林經易講義　李廷機易經纂注
易答問　林應許河洛遺音
鄭惟嶽易經意言　陳榮選易經解
楊啓新易經蒙詮　楊翟崍易林疑說
易經疑叢　許鳳賓易解
李伯元易鉢　洪啓初易經管見
林欲楫易經句解　梁珍書易闡珠
吳煌甲讀易識小　劉夢潮讀易畫前稿
陳龍可易順篇　徐𤇊易旁通一卷

林檳易經正解　曹學佺周易通論六卷
黃道周三易洞璣　易本象
三易軒圖　三易貫圖
六十四卦要說　鄭守明易道中大
李仕亨易本義翼　黃潤中易義注解
吳顯周易訂詁　周高芳易要旨
洪垣星易經繹注　熊超易經解
國朝薛人龍周易說約　周奠邦易說歲鑑
阮旻錫讀易闕疑　葉矯然易史
易經滙參　童能靈易經剩義

太極辨微　中天河洛

劉敬與易經解　羅孔裔九疇河洛解

李光地周易觀象　周易觀象大旨

李基益易經解　邱揚昌易解

鄭文炳易經要義　章士穎易說窮源

李鼎徵易經集說　李日昇讀易管見

唐朝彝易學說

書類

宋呂椿書直解　黃預書解

劉礪禹貢解二卷

明邱瑗皇極管鑰　黄光昇讀書愚管
周灝尚書口義　鄭一信尚書口講
張治具尚書會解　蘓鼎寶尚書明説
陳榮選書經解　劉宏寶尚書説
黄翼登尚書述解六卷　傅元初尚書撮義四卷
鄭濟書經講解十卷　余日强尚書補注四卷
鄭善夫洪範論一卷　陳第尚書疏衍四卷
尚書古今文考　曹學佺書傳會要十卷
王志遠書經解　黄潤中禹貢注解
李登卿尚書述答一卷　鄭聯芳書經淺説四卷

禹貢典一卷　林懋舉禹貢解一卷

黃道周典謨集傳　禹貢明義

政官集傳　呂刑明義

疇象　羅孔裔九疇河洛解

國朝李光地洪範新舊說三種

黃道煥尚書遺籯六卷　李鍾僑尚書典謨

富允諧禹貢參斷　陳朝璋尚書解

陳曉書經串解

詩類

宋黃櫄詩解　韓譓詩義解

呂椿詩直解　鄧林詩經音義四卷

李撰毛詩訓解二十卷

元梁益詩傳旁通十五卷　林器重詩經意說

林泉生詩義矜二十卷

明洪英詩經宗旨一卷　黃光昇讀詩蠡測

黃喬棟詩經名物考　張瑞毛詩說

林敬詩經講義　李廷機詩經文林貫旨

三卷　謝台卿詩經訓解

林甫任詩經翼傳　石磐詩經藝圃說

陳大濩詩經日義四卷　陳第毛詩古音考四卷

王大覺詩解　葉有祿詩經印五卷

曹學佺詩經質疑六卷　黄文煥詩經考

王志道詩經疏　李丕顯詩經述説四卷

黄潤中詩經注解　顔孚中詩經意釋

黄道周詩序正　詩揆

詩表　吳顯詩經世本古義

國朝李鍾僑詩經測義　陳曉詩經串解

張世燦葩經質疑

三禮類

宋韓謙儀禮數篇　許升禮記文解

陳景肅禮疏　呂椿禮記解

陳伯春戴記解　黃幹續儀禮經傳通解

二十九卷　顏棫禮記解

張應辰禮記解

元敖繼公儀禮集說十七卷

明陳景著儀禮舉要三卷　趙瑶禮經解疑

黃春學庸輯略　張岳三禮經傳

李如玉周禮會註十五卷黃喬棟三禮輯義

趙建郁學庸說　郭文煥學庸口義

葉明元國語檀弓評注　蔡烈大學格物致知傳

袁表周禮直解四卷　高均深衣考一卷

李廷機家禮一卷　劉錄學庸口義

柯尚遷周禮全經釋原十二卷

附錄十二卷　曲禮全經十五卷

鄭粲射禮輯說　王志遠中庸說約

鄭爚周禮疑二卷　曹學佺禮記明訓二十

七卷　鄭惟嶽大學存古

中庸明宗　禮記解

陳榮選禮記解　黃道周三禮

李國華周禮考定

國朝李光地大學古本說　禮記攷定篇目

李鍾倫周禮纂訓　三禮儀制歌訣

李鍾僑周禮天官　李光坡周禮述註

儀禮述注　禮記述注

李鍾旺周官劄記　李淸植儀禮纂輯錄

鄧啓元周禮注　孝經注

禮記注　林汪遠大學兒說

王士讓儀禮解　林丙春禮記集要

宋祖墀禮經解四部共二十卷

李開葉儀禮輯要

樂類

宋陳簡能擬補樂經二卷　劉銑鍾呂解十卷

邱葵聲音既濟圖　林子冲樂書四卷

國朝李光地古樂經傳　童能靈樂律古義

春秋類

宋呂大圭春秋要旨十二卷陳知柔春秋義例十二卷　呂椿春秋精義

明陳暹春秋質疑四卷　陳大濩春秋管見

黃光昇春秋釆義　朱安期春秋節錄

馬森春秋伸義辨類二十九卷

陳第麟經直指　謝鑰春秋左氏辨證六
卷　王應鍾春秋釋例四卷
黃國鼎左國遷評　曹學佺春秋闡義十二
卷　春秋義畧三卷
春秋傳删十卷　林懋舉春秋或問二卷
嚴通春秋箋　蘇琰春秋傳詁編注
黃道周春秋表正　春秋揆
春秋軌　劉鰲麟經要書說約
吳顯春秋釋
國朝王夢弼春秋類纂　李光地春秋毀

蔡方升春秋四傳析衷　李光北春秋大義考訂

張星徽春秋四傳　陳祖虞左傳注釋

論語類

宋梁億論孟集解　呂大圭論語集解

倪楚論語解　陳知柔論語後傳十卷

劉夔論語類觀　林亦之論語精解十卷

明王鑄論語解　鄭惟嶽論語學脉

林丙春四書集解　郭奇逵四書精義

國朝周高芳四書解　徐瀕四書備考

孝經類

宋曾恬孝類書二卷　蔡烈孝經定本

陳洽孝經正義

明林恕孝經箋一卷　林山孝經集類二卷

翁堯英忠孝經釋　李登卿廣孝經一卷

林垠孝經述事一卷　黃道周孝經贊

孝經外傳　孝經定本

孝經別本

國朝李光地孝經注

孟子類

唐林愼①思續孟子二卷

校注：①慎

宋李撰廣孟子說養氣論　孟子講義十四卷
許升孟子說　呂大圭孟子集解
明鄭惟嶽孟子聖諱
諸經類
宋劉康夫經訓　呂椿詩書直解
傅定保四書講稿　陳易語孟解
陳模經史管窺　林洪範諸經義方三十
卷　王普六經章句
元林重器四書要典　諸葛泰四書解
明趙瑶四書管見　林楚四書剩語

李逢期四書隨筆　史于光四書解
邱瑗四書正義　鄭濟四書講解
張書紳四書心旨會宗　鄭世威經書答問十卷
王春復四書疑畧　黄喬棟十三經傳習錄
蔡元偉四書折衷　四書論著
林士元讀經錄　又讀經錄
馬森經筆二卷　五經質疑
梁珍書易闡朱　黄襄四書集說
郭文煥四書註釋　四書學庸口義
張應星四書大略　張治具四書初說

郭奇逢四書五經正義　黃三陽禮易講議
洪受四書從正錄　李紀華四書日講
李廷機四書臆說　郭偉四書集注發明
集注衍義　四書家
四書秘旨　何炯四書紀聞
鄭惟嶽四書正脈　四書定說
四書知新錄　陳榮選四書解
李光縉四書要旨　葉有祿四書經印二十
卷　李丕顯四書達說五卷
曹學佺五經可說　楊翟崍五經疑荃

許鳳賓論語翼說　林甫任詩經翼傳

許朱五經彙言　洪垣星四書繹注

黃欽傑五經存論四卷

國朝蔡璩孕五經摘要　葉壽晟四書解

王夢弼四書名物類纂　阮旻錫四書測

李光地四書解義　陳潤四書詩春秋河洛辨疑

黃中球六經法言四十四卷　李鍾旺諸經雜解

陳允錫十三經解　李鼎徵四書集說

李鍾倫四書節記　黃鵬揚五經纂語

經書源流彰訣　李天寵諸經劄記

鄭文炳四書要解　徐灝四書備考

王士讓六經訓言　黄德秀四書述解合參

鄭方坤經稗　李夢箕四書訓蒙

林周禮四書解　周高芳四書解

李國華五經要解

小學類

宋陳孔述篆書　黄邦俊纂韻譜六卷

明丁日造六書考　鍾耆德養正錄字體一

卷　夏太和性理千字文一

卷　鄭旭初學提綱一卷

戴膺眞草隸篆千字文二卷

高瀔隸書論一卷　陳廉篆隸孝經一卷

曹學佺西峰字說　黃景昉叠韻補一卷

韋際明詩韻字考一卷

國朝宮中琰韻法指南　曹雲從字韻同音辨解

林霍滄湄學韻一卷　雙聲譜一卷

李光地榕村韻書　王之珂佔畢音學

闔音必辨　莊亨陽河防算法書

乙部史

雜史類傳記史論年譜附

唐沈崧存篋小史十卷　黃璞閩川名士傳

五代陳金鳳外傳一卷

宋曾公亮英宗實錄三十卷呂夏卿唐書直筆新例

曾慥通鑑補遺一百卷　呂夏卿古今系表

黃祖舜歷代史議十五卷黃邦俊史論四卷

張讀宣室志十卷　中興會要二百卷

傅伯壽文編史記　高宗實錄五百卷

孝宗實錄五百卷　光宗實錄一百卷

袁樞通鑑記事本末　劉夔唐史薦論

陰興期綱鑑補遺三十卷施澤深史觀十二卷

李棄許訂史鑑　　王士奇諸史節略十卷

鄧林瑞史論三卷　　趙彥慧靖節年譜二卷

明鄭珞十七史補遺二十卷李騏國史補二卷

朱鑑年譜一卷　　蔡清虛齋年譜一卷

陳琛紫峰年譜二卷　　鄭建平鄧冦散錄二卷

謝賁後鑒錄三卷　　林廷機平會①一本敘一

卷　　黃光昇歷代紀要

昭代典則　　趙恢國史拾遺八卷

李栽明代論世八卷　　吳文華讀史隨筆十卷

校注：①曾

蔡宗禹史記一家言　蔣輔爾史圖纂要

黄鳳翔嘉靖大政類編四卷

嘉靖大政編年二卷　李廷機通鑑節要仕蹟一卷

趙世顯芝園史快一卷

劉剡宋元資治通鑑節要　曹學佺野史

余文龍史異編十七卷　李楨家藏年譜

戴廷詔歷代帝王紀　林學魚讀史抄評

蘇茂相讀史韻言　蔣德璟中興一統鏡一卷

林茂槐讀史決疑

黄道周神宗實錄　興元紀略

韋際明官制考　黃景昉國史唯疑十卷

林志遠歷代史白　黃士珍讀史一得錄

張士楷儒林列傳

國朝王夢鰯綱鑑紀要　林忠順史評

吳之楷史運一卷　陳允錫二十一史緯三

百三十卷　黃鵬揚讀史吟評

史辨　李鍾倫歷代帝王歌訣

施琅靖海紀　平南事實

李光型彰德人物志　陳湛通鑑綱目緜蕘六

卷

地理類

唐林諝閩中記十卷

宋蕭思恭曲江志十二卷　林通長樂圖經

林頤洛陽圖疏　林光建安志

林世程續修閩中記

明張岳安南圖大略　惠安志

黃光昇泉郡志二十二卷　地圖經傳

林廷棉江西通志三十七卷

鄭世威長樂乘八卷　黃鳳翔泉州府志二十四卷

林謹夫鄉賢傳

林燫福州府志三十六卷劉世揚林炫福州府志

袁表黎平府志　謝肇淛百粵風土記

北河記八卷　支提山志七卷

黃文炤九日山志　南臺志

謝憲時四大洲圖說　周嬰東番記

沈光文臺灣輿圖考　田賦齊山志

黃克晦岱錄　陳鳴鶴閩中考一卷

朱子訓崖州志　徐𤊹榕陰新檢八卷

郭造卿永平志　九邊要略

碣石叢談十卷　陳應奎武彝紀遊

林材郡乘詹言　曹學佺蜀中風土記四卷

蜀漢地理補二卷

蜀郡縣古今通釋四卷周廷鑨水經注鈔

盧若騰方輿圖考

國朝林嗣環嶺南紀略　阮旻錫粤滇紀略

黄煜環海內外編　潘鼎珪安南記一卷

陳倫炯海國聞見錄　黄任鼓山志十四卷

林正青小海場志

政刑類

宋劉敏求律令新書　許伯翊便民錄

呂中治迹要略十四卷

明黃澤浙江采風錄　嚴烜齊魯日記

謝士元敦化勸學表忠三圖并詩

翁堯英聖諭教民影　黃克晦觀風錄

李楨宦中獨鑑　陳玉輝文江政紀

六曹經制　鄧鋼戶册易見册

鄧捷春楚南推心編

國朝林忠順蘇浙棠音　陳大玠宰鄴治譜

食貨類

宋呂惠卿建安茶用記

明謝肇淛八閩鹺政志十六卷
郭遇卿漢玉考一卷　高淮劍譜一卷
蘇濬酒經　吳載鼇記荔支一卷
林欽八閩海錯疏六卷　林坌番錢錄一卷
游及遠樹藝錄四卷
國朝陳元登海錯贊圖

儀制類

宋劉詵續因革禮
明張茂家禮節文　黃光昇昭代典則
李文纘冠婚喪祭禮　黃芹家禮易行

王寅撰譚禮　鄭守明家禮儀節

唐濵翟訂孔顏廟典六卷薩琦增訂文公家禮四

卷

國朝李光地朱子禮纂　喀爾吉善陳宏謀福建

祀典

簿錄類

宋蒲宗孟省曹寺監事目格子四十七卷

明羅泰福建書目

徐㶿徐氏家藏書目四卷林章述古堂書目二卷

曹學佺蜀中著作記十卷

丙部子

儒家類

宋曾恬上蔡語錄　王力行朱子傳授支派

圖　文公語錄

熊禾文公要語　鄭儀孫性理字訓

潘植理性書　楊至天道至德聖人至

敖兩圖　陳知柔古學並圖

高登家論等篇　盧孝孫性理大全發蒙

十卷

明林同正學錄　黃春性理綱要

陳琛正學論　紫峰言行錄
張岳聖學正傳　邱瑗通書正蒙解
高淮竹所老人書　陳省得閒子四卷
黃喬棟無益子集　薛天華誠意解
翁堯英太極圖說　林叢槐止修養氣二說
太極圖注釋　通書注釋
正蒙注釋　課程切問
楊道恒譚眞子　張治具諸儒辨旨
沈大易勸學質疑　正學傳習
郭偉崇正錄　黃文炤太極圖解

王道顯性理抄　林學魚語錄箴銘

張維樞語類纂　蔡獻臣仕學潛學講義

蘇茂相先覺要言　正氣編

陳儼子擷菁丹子二卷　林孕昌悌經一卷

鄭宇明讀書記　劉廷焜閩學宗傳

浙學宗傳　許朱功過格

蔡烈道南錄　朱子晚年定論

大儒粹言　讀書錄

林一陽論學口義　林經省身錄

鄭棨道原錄　郭奇逢齊家嚴訓

曾汝檀心源問辨錄　陳九敘心源錄

國朝粘本盛導養忠孝全書蔣敏生小學正蒙

鄭得瀟人字圖說　李光地榕村語錄

二程遺書　李登鄉勵行語錄

陳遷鶴小學疏意大全　鄭文炳性理廣義

李開葉教學纂述　教學源流

雷鋐自恥錄　聞見偶錄

張鵬翼理學入門　警世格言

童能靈朱子爲學考　五倫說

羅孔裔集漢唐宋明諸儒說

亟近漢西銘口義

雜家類

宋李沂五運圖太玄義訣　林之奇楊子解義

黃埜南華法經解　陳簡能註列子四卷

明鄭𤍠寓言子一卷　黃喬棟老子解

蔣奕芳老子疏因二卷　莊子內篇解二卷

蕭景腆天倪子　郭宗磐老子解

莊子解　蘇希栻莊子注抄四卷

陳榮選莊子註　李光縉南華膚解

韋際明淮南子二卷

國朝陳有年陰符經解　陳允錫諸子鈔

李光坡離騷注　李清藻莊子彼是天倪

兵家類

唐黃碣安南奏凱記

宋曾公亮武經總要四十卷曾公奭軍政備覽一卷

林光兵論　呂夏卿唐兵制三卷

明張暐太乙統宗陣圖　何宜籌邊錄二卷

張岳歷代兵鑑　趙建郁陣法

續武經總要十卷　康朗止戈成略

黃克晦百將補遺　陳玉輝備邊稿

禦倭稿　劉夢潮孫子十三篇註

釋　鄭宇明陰符經注

車寧諭蠻錄　陳有年陰符解二卷

邱懋煒兵恒奏疏　謝憲時八陣圖說

國朝

李光地握奇經定本　施烺靖海紀二卷

萬正色平海跡議三卷　陳　水師輯要二卷

說家類

宋曾慥說類五十卷　呂夏卿唐文獻

林之奇道山紀聞四卷　許衍田舍墨記四十卷

李詵叢談　陳粲補鍾幢嘉話

金發林崇安瑣語

明張岳交事紀聞　家世遺事

石磐菊徑漫談十四卷　魏文焲石室私抄

林炫芻蕘餘論　蘇士濳蘇氏家話

李楨梅苑談藝　蘇茂相定亂紀畧

林孕昌在茲堂會語一卷

李龍鳴擄梧談畧　韋際明世說新語一卷

傅啓光河西瑮言　林世璧小窻紀聞

謝肇淛紀餘四卷　麈餘四卷

陳復熙浮沉小說　林爀茂苑雜記

莊夏典故備記五帙　沈光文草木雜記

流寓考　嚴登藍閣逸纂

徐𤊹堪輿辨惑　邵捷春治園暇筆

李元徵羣言液　陳名世雜記三十卷

紀許國丁史三卷

國朝黃中通嶺外隨筆　永江紀日一卷

黃煜在璇迂談　黃晉良井上述古

陳元登讜言　羅登標竹牕雜記八卷

李日景盤嶼備言　至誼堂實紀

吳英行間紀遇　謝勵傭石印霞語

蔡義年老中筆談　李鍾倫菜園遺書

林汪遠燕回閒史　富允諧臨池博覽

九百備談　郁永和僞鄭逸事

藍鼎元東征記　平臺紀略

黃允肅萍遊偶記　黃夢琳韞齋筆記二卷

雷鋐讀書偶記　校士偶存

何瀚平遠詩說　林正青榕海舊聞

榕海詩話　鄭方坤五代詩話

全閩詩話　本朝詩鈔小傳

林衡竹窗筆記　　博古錄

鳴書　　吳應造海錄碎事

張鶴年後槎隨見錄　　張鵬翼芝檀雜說

天文類

宋林霆致日經四卷　　蘇頌渾天儀象銘

林文韜歷集四十卷

明余文龍天文祥異圖說　　謝憲時天文圖說

陳魁士天文節要　　連登岸天文志

鍾誌日干論

國朝李光地歷象本要

醫類

宋何希彭刪訂太平聖惠方一百卷

蘇頌本草圖經二十卷　楊士瀛醫家眞詮二十卷　活人總括十卷

明陳士賢經驗良方十卷　徐德成全嬰寶鑑十卷

國朝伊元復醫學集註

藝術類

唐黃徹神占經

宋黃撥沙相冢經　費道寧續沒骨圖

丹青絢采法

明鄭宇明西學凡一卷　羅經解一卷

黃中通柳元山水譜一卷鄭昭甫畫原一卷

周文靖畫中八法論　劉布印史辨微

曹學佺蜀中名畫記

國朝黃煜子平四字錄二卷　子平十千論一卷

黃元襄梅軒印品一卷　李鵬雲齋印選二卷

林如臯花陰館印譜五卷顏超西疇印譜一卷

陶碧印義圖譜一卷　林在峩硯史

釋道錄

唐李頭陀傳

五代僧行修語錄

宋佛燈和尚鏡妖記　僧宜粲詩

明謝杰太上感應篇恒注四卷

卓晩春寤言錄　翁興賢參同契二卷

曹學佺蜀中高僧記八卷　蜀中神仙記十卷

隆琦語錄十卷　靈濤集

王志美金丹指南　黃潤中金剛經注解

國朝王命岳感應篇引經徵事二卷

阮旻錫金剛經說　續佛法金湯

李光墺黃庭二景互注

丁部集

別集類

唐陳嘏詩文集　歐陽秬文集

謝翛文集　陳元光玉鈐記

王虬集十卷　王轂詩集三卷

黃滔集十五卷　盛均文集

沈崧錢金集二十卷　蔡如金尊師傳一卷

宋劉昌言文集三十卷　劉燾靈泉山人詩集

王言徹郎甫集　瑯琊集

鄭褒集十卷　胡靖弓牙等十賦

宋程文集　郭咸拙庵雜咏集

潘慎修文集五卷　黄彦臣文集

謝伯景詩集　蕭宗孟文集奏議

曾懷文集三卷　黄偉文集

謝伯初詩一卷　蘇紳文集奏疏

蘇頌集七十二卷　林子充指南集三卷

俞咸熙文集十卷　李撰文集五十卷

湯莘叟詩集二卷　沈得衡東崖樵唱集

蔡確元豐司農敕令式十七卷

呂惠卿文集一百卷　謝履雙峰詩集

謝文龍詩集　　　　呂陶集六十卷
石賡文集　　　　蘇隨詩集
方文宋文集十二卷　　方略詩一卷
黄公懋和泰隱君詩　　王獻臣卧龍翁集
林棐詩文集　　　　郭拙汾陽集
陳一新奏劄　　　　詩詞雜文
黄允龜峰集　　　　黄冠詩集
顔棫內外制奏議詩文四十卷
郭崇遺藁六卷　　　蕪松文集
張伯玉蓬萊詩　　　林光迂論

黃洽文集十卷　奏議八十卷

楊煥宦遊集　徐鳳十箴

內制　林夔孫蒙谷集

許應龍東澗文集　儲敦叙玉泉集

王凱虛凝居士詩集　黃翰文集

趙必庴茹芝集　東陵集

楊宏材覆瓿集　楊景升鳳山集

林允中草堂集　梁克家文靖集

施實德瑶林閒居集　楊寅翁文集

楊剛文集二十卷　黃晞歔欷瑣微論

許衍本論二十編　陳世德殖軒集
陳洽遺稿　陳宗道詩集
趙汝騰蓬萊集　鄭性之端平奏議
蘇思恭省齋文集　張應辰雜著
傅天驥埜齋集　劉元剛雲麓集
李炳草堂後集　李訦臞菴文稿
黃龜文集六卷　黃坦詩集
徐璣泉山詩稿　陳必敬詩文集
陳泚竹溪詩集　梁公蘐詩集
趙彥慧古錦囊詩　韓雲瑞耕烟小集

翁定瓜圃詩五卷　蒲仲昭詩集

元孫彥方桐華新稿

陳信惠退翁中齋集　王翰友石山人稿

謝子龍文集

明陳亦言潛齋集　郭居敬百香詩集

劉嵩中齋集　廖仲南游集

鄭旭咏竹稿五卷　石應岳疏草文集

張顯宗遺集　伍晏一龍文集

楊曜宗桐月山房稿　陳道曾吳下集

筠陽集　濡須集

朱鑑願學稿　何祐儋州遺稿
田嵓詩集　莊鵬遺稿數卷
李源再徵堂集十卷　顧珀新山文集
黃河清蓮峰稿　黃淑清曉江集
林潮文集　黃春晴溪稿
王宣一臞文集　林鉞詩集
林纘振海雲館集　鄭賜聞一齋集
徐九思新豐集　楊應詔敬所小稿
楊旦紀行錄　南都錄
黃澤旂峰詩集十四卷　高瑶松塢集

鄭瑛玹齋集一卷　童昱東臯集
賴世隆玉堂遺稿　葉元玉古崖集
郭楠奏議遺稿　陳琛紫峰文集
史于光筍江集　張岳載道集
邱養浩集齋類稿十八卷
林希元次崖文集十八卷
莊一俊八石山堂詩稿
八石山堂文集　陳蕙文集
張志遠行吾摘稿　莊有賓詩文集
胡舉蹇庵集　鍾文俊石屏彙稿

孔廷詔東渡漫稿　三晉集

寓賓集　歸田集

郝鳳升詩集　梁珍書寒泉集

黃益純采窩集　菉竹居集

郭履鏡湖淸唱四卷　鄭關石室遺音六卷

鄀齋集四卷　陳登石田集一卷

陳航溪山集一卷　王肇蒙齋集一卷

陳叔剛絅齋集八卷　陳叔紹毅齋集一卷

劉汝楠存筍稿　温成翁梅窗集永集

鄭普海亭文集　傅夏器錦泉文集

康朗碧峰存稿　趙恒忠愛堂稿
文集　林樞驪歌集
一噱篇　周天佐蹟山奏疏
陳岦漁山稿　薛天華在官疏議
史朝宜詩文集十二卷　朱梧琬琰清音
詩集　程實說劍集
陳熙歸間①吟稿　蕭福毅齋吟稿
朱汶碧瑘詩集　陳鳴志機詩集
趙楲鼈正集六卷　張子初嘯餘集
謝廷桂雙湖集十卷　前邱生行已外編六卷

校注：①閒

丁戊山人集十二卷　拘墟集五卷

傅汝楫卧齋集四卷　高瀫霞居子集

廖淳瑯琊集　盧寶炊玉編

蛩吟錄　葉甘茂石渠遺稿

楊楷郢斲集十卷　羅一鶴義重集

鄒時泰秉燭集　楊廷器宦遊草

王若文園集　陳復熙問天集

愧先集　江一鯉草堂詩集

黃大本紫雲詩集　莊應楨芝園摘稿

洪朝選芳洲摘稿　歸田稿續歸田稿

朱昭小園抱甕錄　黃伯善菊山文集

菊花詩集　李春芳白鶴遺集

蔡煥詩文集　莊國禎陽山集

林叢槐明農集　劉應蕙一畝宮存稿

王會兆雍春陵歸田集　林田選竹田集二卷

林廷玉南澗文錄七卷　鄭渭望川存稿

林文纘漱芳集　林春澤人瑞集十三卷

林鉞平崖集　吳益夫古迂集十卷

陳維裕友竹集五卷　林塈雙松集八卷

陳本一隅集二卷　黃鴐政餘集一卷

林如楚碧麓稿　少峰集
徐柳徐令集　田一儁鍾台文集
郭奇逢鶴峰詩文集　燮質錄
居鄉寶鑑　林懋舉心泉文集十卷
楊拭鐵山集　林鍾桂餘言稿
王天策繭雲集　顏同禹蛩鳴集
黃槐開天寶山人集十二卷
在齊草二卷　落花雁字詩一卷
揭詩教詩文集　戴一俊石室藏稿

鄭一濂北征稿　東園稿

莊望棟仰止堂稿　洪邦光三則要言

張應星詩文集　莊高藩蛩吟草一卷

池浴德居室稿　詹仰庇詩文集

張宇鳳岡存稿　陳用賓達意草

張經半洲集　陳聯芳青田集

陳省幼溪集六卷　武夷集四卷

薛廷寵諫垣奏議四卷　鄭蘊中菜根集四卷

葉邦榮樸齋集十二卷　林恕西橋集二卷

黄欽望紫竹林稿二卷　盧日龍斗孺遺稿
伍峻箕踞齋集　莊履豐梅谷集十八卷
郭惟賢三臺諫草　二儒集
三忠集　王三陽擬古閩聲
蘇希栻拾存三草　陳崇德偶存集十二
卷　鄭世威岱陽彙稿六卷
劉鵠翔南崿集　李廷機指南集
陳壐守魯集二卷　陳籥竹居集二卷
陳玉龍峰集四卷　文錄二卷

陳良貴南坡集四卷　曹世盛方坡集四卷
林垠野橋集六卷　黄日謹金鑑錄
唐文燦鑑江集　王志遠吸鏤稿
傅道唯行野集　蘇濬得得篇
吳龍徵若脫集　技藝集
卮螺集　莊履朋盍庭詩稿一卷
楊道賓文恪文集　李懋檜奏疏文集
黄國鼎奏疏詩文集　楊翟崍栖霞全集續集
劉宏寶諫垣遺稿　詩集

史繼偕奏議四卷　雲臺藏稿十六卷
怡雲草　蔡守愚百一齋稿
梁朝挺剪江蠕應集　蔡獻臣清白堂稿十七卷
王志道曲江集
邱萬驥鼎樓集　雷濱環堵集
鄧干蘓習靜山居集　賴道寄甲乙稿五卷
王之麟斗寤齋集四卷　伍福綴户山集二卷
陳元珂家居集四卷　陳暹撈瓴集四卷
陳時範獅江集二卷　陳則清在滁集四卷
蘓茂相撫浙疏草　户部疏草

東征行稿　浙草淮草葵雲草
王畿樗全集八卷　陳玉輝適齊齊鑑鬚
集　蔡邦藩文集
林甫任感省集　王際達玉柱草
太嘉草游蜀草　蔣德璟敬日堂集十卷
視草十卷　奏疏十卷
詩文集　石桃丙舍稿
陰維標白雲草十五卷　蔣德瓚瑶山集一卷
李世輔杞言二卷　邱應登西園稿四卷
郝沅白石集　施澤深五陵閣集

郝溙瀲江集　茗溪集
葉顯柳賀集　馬天根聽鶯集
施澤嘉香硤集　羅欽詠中貞集
巫近斗長恨集　騷餘集
勉廬集十卷　陳喆十笈樓集
陳牲合璧樓集　鄭遷山房存稿
鄭煸竹翠軒存稿　鄭銘得閒堂集
張煒操縵集五卷　翼雅集五卷
江干集五卷　邵傅樸巔集二卷
康彥登代奕篇二卷　林春秀麗堂集二卷

王杲樵父集一卷　陳巖户筆山集一卷
薛夢雷彩雲編二卷　林材天恒疏草四卷
陳一元漱石山房集十六卷
何九轉繩菴遺稿　何九説計部遺稿
楊景辰文集十二卷　鄭之鉉克薪堂集十三卷
陳如松百篇詩老來吟稿
葉向高綸扉奏草三十卷
周仕階天寧集
黄文煥館閣詩文稿　頻留集
林先春河上篇二卷　陳鳴鶴泡菴詩集

許豸春及堂詩集　商家梅種雪堂詩集

盧乾亨秦遊集　陳應標雜跖集

鄭士鳳詩文集　熊銓元退隱集

黄昇昉制詞六卷　東崖詩稿四卷

鹿鳩咏二卷　孫幼牧蠶樓清音集一卷

莊際昌栖霞藏稿五卷

薛荔館小集一卷

莊烈只怡篇　鄭元麟詩集

王龍震威香集　許朱客客軒詩句一卷

韋際明駢語前集後集

十六卷　　蜚遊集三卷

粤吟一卷　　周維京園居草

周廷鑨三山草　　去來草

頤園草　　顏同禹蛩鳴集

李應元百鶴亭集　　崑崙集

炖顯方晃巖集　　南叅集

林熼都荔山房詩集　　林焌南再草

松鱗草　　吹映草

林巖初詩集一卷　　傅啓光紀行詩集

郭士騰文集　　王嘉賓恒言集

莊鼇獻葵山文集　張璀蕘對草

邵捷春劍津集十卷　黄道周浩然堂文集

駢枝別集　榕檀問業

大滌山問業　明誠堂問業

北山藏草　李端和眞猶居集

張國經南都草　嶺表吟

張若化磊菴存草　張若仲梅花草堂稿

游及遠小竹林草　高國定雪濤集

郭岱山彙古萃玉集　林喬枋秋霞子集

蔡嗣襄汗漫篇　洪垣星井園詩集
何運亮草間集　蘇文昌詩文集
蘇國璸滄螺集言韻集　紀許國名山集
　拂塵集　郭之禮旅吟詩集一卷
黃開泰澹寧居詩文集　傅景星寶研齋近唫一
　卷　賴垓文集
黃欽集涵室遺集二卷　劉鰲築居詩鈔
許宰醫夢草一卷　林古度茂之集
何其偉濤園集　胡上琛飛玉齋集
張利民田中集　徐英鳴劍集

張士楷樸鉏山人集
蔡鼎萬遠堂稿十卷

國朝黃晉良和敬堂集
徐延壽尺木堂集

邱夢鯉澹園集歸來草
陳箴晚簾詩文集

官于宣雪湄集
王命岳奏疏二卷
耻躬堂集二十卷

黃中通敬亭詩集三卷

王夢鼎梧吟集詩賦
張汝瑚賢賞堂集

匏野文集二十卷
林嗣環鐵崖文集

過霞詩
榕村詩回雁草

陳寶鑰鐵園山堂集
陳有年文集三十卷

詩集四卷
黃中㸐念菴遺集

醒談集　紀夢集

黃中琰容齋詩草　富鴻基詩文集

龔錫瑗郵亭草　陳常夏江園文集

陳祖虞葛亭集　徐鍾震雪樵集

富中琰臯羹集　燕遊草

林霍詩文集　許其鏐詩文集

蕪纘頵晚香堂稿　黃虞稷詩集

蔡起旅吟集　蘇鐸詩集

范奇超時務要略二卷　吳方臯尺鱗亭詩文集

林逢震詩集　蔡璿孕萃園秘集

黃知白詩集　楊六盧詩文集
周奇焻躬行堂詩文集　趙新冷然草
林士雋敦山園詩文二卷張崙晚香堂集十二卷
邱嘉穗東山草堂詩文集三十卷
許琺鐵堂集　品月堂集
蕭震蟄菴存稿　陳正黼斗軒集選
李時茂遊踪詩草　陳兆藩樹劍齋近咏
吳朝弼捫虱軒餘草　葉筠詩文集
林夢賚力餘草　陳子威嵩山集
郭天錫津輟草一卷　吳澆題華堂集三卷

輪山詩稿

幔亭遊稿

李爲觀瀚園集四卷

王恊濤君集

李基盈孚瓜集

鄭亦鄒遂志錄

李丹桂詩文集

陳膺思可園詩文集

王復吉悠然堂詩文集

何龍文春星草堂集

林榛詩文略

黃君庸岸園集

王之珂款餘編

黃中球燼草詩集六卷

黃志璋璞園集五卷

黃志瑣留耕堂文集

得閒堂詩草

林華昌靈洞講堂草一卷

黃道泰不自棄亭詩文

集　周斌詩文集
周文驥約軒詩集　駱儼寄遊八景集八卷
陳允錫半千集一卷　三征草一卷
天心草一卷　近草一卷
陳善學詩一卷　林星杓衎遠堂詩稿六
卷　蔡仕岳灰餘稿六卷
苦卓吟　觸笋吟
南歸集　黃鵬揚友雷編詩集
林麟焻玉巖詩集　星查草
中山竹枝詞　郊居集

黃轍白桃屋集　程甲化拂秋堂詩集

余佺小蘆集　鍾豫肯亭集

林洲瓶城集　林翼五樗樓集

林楨菊淙集　林一璘懷樓詩文集

林丙春硯山詩集　林侗久中樓集

林佶樸學齋文集十卷　樸學齋詩集十卷

余甸星槎樓詩文集　丁煒問山詩文集四卷

丁焯滄霞詩集　傅爲霖賜谷詩集十五卷　文集五卷　別集六卷

紀令書白怡集十卷

黃而輝詩集　陳暉詩集
傅璞詩集　黃覲光橋山集一卷
黃元驥省齋詩集四卷　黃良佐清源山房詩集
六卷　鄭纘緒質墨集
致齋集　樂賢堂集
石倉集　鄭纘祖泥雪集十七卷
周宗滉桐露隨箋　雩舫吟
方今泰倣洛草　李道泰纓溪文集
籜書十八卷　響草
剩園四草　南州耳鳴集

滇行草
周澎移亭集稿四卷
鄭洴鷗齋小咏一卷
李日昇郎零集
山對稿
霞村詩集
謝青鍾詩詞文集
林朝薦潛山樓詩文
李肇慶教忠堂遺稿
施世倫潯江詩集三卷
李鼎塵松編
燕吳遊草
匡廬近草
徐瀬玉川詩集
施世騮南牕燕草一卷
施世驥淸峰詩草二卷
施世騋東園詩集二卷
陳應奎淸音文集
李宸鏗栖蒙偶吟
周宗濂浸餘集

池繼溥然齋詩草四卷　何秉忠管蒯集遺一
黃際昌蘭江雪詩集一卷　蔡增勤魚野詩集
陳萬策近道齋文集六卷　近道齋詩集四卷
蔡仕舢貌村文集六卷　曳蟬集
捲蛛集　破蟀集
夾谷啼鶯集　虛白堂集
楊宗澤詩文集　李光坡臯軒文編
黃元高稗谷外編三卷　蔡驥良日閑齋稿
李光坊詩集　蔡世遠二希堂集十一
卷　何維嶽任齋稿

李光北伏窓詩集　何紹栗聞庵詩稿
李光墺濟餘詩文集　陳俞侯滇蜀草
東行草　北行草
金陵雜詩　欒社詩草
黃孫馨續火集　林泉植軒勞勞吟
蔡仕麟鶯蜨集　白峰詩集
李清載榕齋詩草一卷　張對墀同江集十二卷
張贄宗澹若齋前後編　井桃集
餘狂集　張星巖詩文集
李清植詩文集　李清藻詩文集

林嘉楠晨葩閣詩文集　黃簡響山堂集
吳士熺瀹齋集　林滋謙退齋集
陳仁鐵硯齋集　林霍蒼湄詩集
鄭開天鏡樓集　康珣石崖集
方元俞峩雪堂詩文集　林元之香草草堂詩集
康崑葯莊詩略　柯潮學愚外草
林琅玉烏石樵唱集　陳湛白水漁影詩集
黃彬介石軒詩草　藍漣采飲集
謝道承二梅亭集　潘鼎珪詩文集二十餘
卷　黃朝陽瞻岵齋存稿

瞻岷齋詩一卷　黃允肅文集

陳朝璋便亭詩草　李[illegible]江待行詩集

陳紹芳詩文集　陳石鍾詩文集

許學衡詩文集　陳大玠文詩集

許均雪村集　吳文煥劍虹詩集

林緒光閩中雜咏一卷　餘齋存稿一卷

許璟寧我堂集　萬際昌瀾亭詩草文集

萬際璜研齋詩草　吳鍾善近村詩集

方少韓蓼匪藏稿　李振聲寶陸堂詩集

徐洪錫集陶軒近體　陳秉樞借雲集

休鐸蔡園集　黃邁琮鋤餘錄
吳應鵬居易堂集　陳棟羊城草
柯誠詩草　丞近漢待質集
匋廬詩稿　劉坊天潮閣詩文集
上官周晚笑堂集　黃愼蛟湖集
黎良德漫遊草八卷　羅光漢草草亭詩集
姚黃甲詹詹草　鄭錦標荊亭集
伊元復焦桐集　鍾夢瀛灤雪娓莪草
林在峩陶舫集　陳大範詩文集
何琪枝詩集　何琦文集詩集

施憲章紫帽山人詩集十六卷

彭山草堂集一卷　陳夢林游臺詩

紀遊草一卷　黃元璵龍山文稿十三

卷　龍山吟十五卷

陳廷選紅崖草　李麟光海外集

鄭文炳省心堂集四卷　黃任香草齋集六卷

王元芳詩文集　黃夢琳霎舟詩集

黃叔達坳堂詩草　張振華存耕堂詩鈔

鄭士仁蒨香居偶箋　廖必琦荔莊詩鈔六卷

嚴夢雨貽縠堂詩集　王鷟來友鷗堂詩集

林榮芬浪谷集　葉矯然龍性堂詩集
許遇梅巖集　鄭三才參亭詩集
金潮海翁集　王山草堂詩
林衡草廬詩文集　王應元植三堂遺草二卷
　王朝屏述堂詩鈔一卷
曾日唯半石居詩集　王道鹿臯詩集
鄭方坤讀文劄記　蔗尾集
林正青辦[1]香堂詩文集　吳濂竦筆軒詩鈔
李開葉崇雅堂詩鈔　何瀚粤東草
李夢箕穩卧軒詩文集　吳履泰少箬詩集

校注：①瓣

莊元春齋詩文集　林其茂穀音集

山陰集　李思哲擷芳集

謝亦驥浩園詩　丹陽集

劉勃寄園文集　修廬類稿

林長楠留經堂枕書四卷　曾益灑園集

林士愚梅窗小草　陳喬長蛩吟詩集

范民譽實溪詩集　吳孫逢桂林閣詩文集

顏岱青巖集　鄭任㷍萊川詩集

陳學孔道山堂詩文集　劉敬與困愚集

雷鋐經笥堂集三十五卷　莊亨陽秋水堂集

黄虞于山晚翠集一卷　墻東王氏詩錄王寶僖庵集等

共十八種　陳先春文集一卷

徐時作閑居偶錄十二卷

總集

唐黄滔泉山秀句集三十卷

宋曾慥宋百家詩選五十卷　百家類纂六百二十

餘種　方頤孫黼藻文章百段

錦

明三山鄭家集三卷鄭映鄭珞鄭亮

閩中十才子詩十卷林鴻　鄭定　王褒　康泰高棅　王恭　陳亮　王偁

周元
黃元

王氏文獻詩集十卷 王褒 王譚 王肇 王希旦 王亶 王昺 王佐 王杲

江田陳氏詩系 陳仲進 陳維裕 仲完 聯芳 登 大濩 全航 省

林希元古文類抄十二卷 方樸末貴等壺山文會集

張峰古文全集六十餘卷

古文典選六十餘卷

全詩彙抄三十卷

陳元珂三山詩選

朱克誠韜門十詠二卷

李廷機秦漢殊言四卷

黃憲文元明詩雋

徐瀕諸子片玉

戴養河西曹秋思一卷

韋際明古文選三卷

八大家六卷　明文十六名家四卷
黃景明比事類函六卷
國朝
明八大家文選　明十二名家文選
陳龍巖鴻爪草合刻二十四卷
李光地古文精藻　歷代詩選
蔡世遠古文雅正　鄭文炳古文明倫前後
集八卷　郭植國朝諸家詩略
鄭帝眷經史彙珠　林從直閩詩選
鄭方坤嶺海文編　嶺海叢編

鄭任鑰古文正宗

解詩類

明黃用中注駱賓王詩集十卷

黃光昇陶詩註解　杜七律解

黃喬棟杜詩五律集解　趙建郁杜詩註

謝杰杜詩箋言二卷　劉鶴翔王右丞詩箋六卷

李廷機李杜詩選

商家梅那菴古詩解十卷

國朝

陳學夔杜詩註解　魏憲詩持

池顯方李杜詩選　蔡堉孕分類杜詩選

阮旻錫杜詩三評　鄭際熙杜律篇法二卷

詞賦類

唐卓雲律賦

宋張元幹蘆川詞一卷　潘牥樂府一卷

趙以夫虛齋樂府二卷　陳經國龜峰詞一卷

陳德武白雲遺音一卷

明黄伯善詞對雜體四卷　陳第屈宋古音義一卷

國朝黄夢閣詩餘一卷　丁煒紫雲詞一卷

周宗浞夢還詞一卷　施世綸倚紅詞一卷

黃元璵龍山詞對一卷　郭人麟藥村詞譜

林長楠詞鴿　陳祖虞離騷哀江南賦

注釋　閨秀莊九畹秋谷集一

卷

福建續志卷七十六終

福建續志卷七十七

藝文二

疏

上欽宗乞復李綱舊職疏　　宋　陳　東

臣等聞任賢勿二去邪勿疑者社稷之主也奮不顧身死生以之者社稷之臣也姤賢嫉善妨功害能者社稷之賊也陛下聰明英睿獨智旁燭賢邪判然天下戴以爲社稷之主而在廷之臣奮勇不顧以身任天下之重者李綱是也所謂社稷臣也其庸謬不才忌嫉賢能動爲身謀不恤國計者李邦彥白時中張

邦昌趙野王孝廸蔡懋李梲之徒是也所謂社稷之賊也陛下斷然不疑拔綱於九卿之中不一二日任爲執政中外相慶知陛下之能任賢矣斥時中不用知陛下之能去邪矣綱任而未專時中斥而未去復相邦彥邦昌之餘又皆擢用何陛下之任賢猶未能勿二去邪猶未能勿疑乎今又聞復罷綱職事臣等驚疑莫知所以綱起自庶官獨任大事邦彥等疾如仇讐恐其成功因綱用兵小不利遂得乘間投隙歸罪於綱然一勝一負兵家常勢小勝固未足爲喜而小挫亦未足爲辱況示怯示强奇謀秘計豈可遽以

此傾動任事之臣臣等竊聞邦彥時中等盡勸陛下他幸見事有急各各陳乞親黨外任遣家屬隨之遠去豈身爲大臣不能以一家死社稷之難其意止欲倉卒之際各保妻孥耳諸大臣一鼓而倡之百官有司羣起而和之遂令京城之人閧然騷動弗安其居若非綱爲陛下建言則乘輿播越在外廟社已爲邱墟生靈已遭魚肉陛下將有棄宗廟社稷之名賴聰明不惑特從綱請中外聞之雖愚夫愚婦莫不舉手加額仰嘆聖德之盛綱之力豈曰小補之哉是宜邦彥等謟謗忌嫉無所不至臣等伏見邦彥等享高爵厚

祿爲日最久視天下之弊未嘗肯發一言以圖補報至如王黼童貫蔡攸其興北師唯鄭居中力爭以爲不可輕舉而王安中等力贊其役邦彥等畧不可否於其間實陰輔黼以貽今日之禍陛下新卽寶位遽有變亂之處邦彥等不引咎歸己自求貶放而偷偃蹇固位忌賢嫉能陛下若聽其言斥綱不用則宗社存亡亦未可知且敵旣和之後尚敢縱兵肆掠屠我畿內其性急則搖尾緩則跳梁聞陛下任綱自知滅亡無日請和必更激烈而邦彥等乃得藉口以阻成謀綱罷命一時士大夫失色兵民騷動至流涕相弔

咸謂不日爲敵擒矣則是陛下罷綱非特墮邦彥等計中又墮敵計中也聞邦彥等尚執前議必欲割地與之曾不知祖宗土地得之甚難況河北實朝廷之根本而三關四鎮實河北之根本若棄三關四鎮是棄河北若棄河北則朝廷復可都大梁乎自眞仁兩朝以來北敵蓋有割地之請矣朝廷寧屈已增幣以塞其欲至於土地一寸不肯與之今陛下即政之初邦彥等便欲棄祖宗境土不知割與太原中山河間以北十有餘郡之後邦彥等能使敵人不復叛盟乎綱孤立無助天下共知其可大用臣等請爲陛下言

其一二頃歲京師大水自宰相大臣下及百官爭占
舟船或結筏爲避水計獨綱慷慨爲上言之至爲奸
臣譖逐數年不用前日邊報初至宰相骨肉盡皆出
京獨綱妻孥未嘗遷徙陛下方深北顧之憂而左右
無一人爲陛下請行者綱獨奮然而以身任之綱之
用心可見矣陛下何忍信朋邪之計而斥正人端士
乎若以綱用兵少挫遂當廢罷則童貫剏開邊隙以
貽今日之禍近又引兵數十萬以事雲中之役幾於
隻輪無返者朝廷曾不議罷何綱少挫而加罪乎一
進一退在綱爲輕在朝廷爲甚重今日宗社安危在

此一舉幸陛下即反前命復綱舊職以安中外之心付种師道以閫外之事陛下若以臣等言未足信試御樓呼軍民一問之行道商旅一問之試咨百官君子使言之必皆曰綱可用而邦彥等可斥也用舍之際陛下不可不審

請謚羅李二先生狀　宋　楊棟

竊惟欲治天下者先正人心欲正人心者先正學術學術不正則名實淆亂是非顛倒上無所折衷下無所則傚無所折衷故上聽惑無所則傚故民志亂民志靡定則遺親後君之俗興而天下之患從此始矣

故正學術以正人心誠當今之急務也恭惟聖朝天
開文治純公正公二程先生崛興伊洛之間聞道於
元公周夫子而遂造其至續孔孟大公之傳開萬世
可久之業本末一貫人已俱立堯舜復起不易吾言
嗚呼盛哉二先生歿傳其道者曰龜山楊文靖公龜
山楊文靖公傳之羅先生從彥羅先生從彥傳之李
先生侗時朱文公篤志講學求師四方後見李先生
聞所謂嘿坐澄心體認天理之說脫然知道之大本
在乎是也從遊累年往復問辨而卒傳先生之學由
周程而來其所傳授本末源流不可誣也陛下嗣登

大寶首宗朱文公之道以風天下其門弟子之賢者亦蒙褒表或賜美謚然朱文公之學實師乎先生獨未聞有以推尊其師者豈以其師著書不多不若諸人之論述詳而發明廣歟不然何隆禮於其弟子而反遺其師也夫天下之至善曰師師道立則善人多善人多則朝廷正而天下治且聖賢著述皆非得已孔子曰予欲無言孟子曰予豈好辯哉予不得已也顏子不著書實爲亞聖然而論語必以堯曰終篇孟子末章歷述堯舜至孔子而韓愈原道之作所謂以是傳之必謹擇而明辯者所以示萬世之公傳率天

下以正道觀朱文公所稱羅氏曰潛思力行任重詣極如公一人而已其稱李氏曰講誦之餘危坐終日以驗夫喜怒哀樂未發之前氣象爲何如而求所謂中者若是者蓋久之而知天下之大本在乎是也則朱文公所得於李先生李先生所得於羅先生者厥或在此而有出於文字詞義之外者可知矣今天下學士家有朱氏之書人誦朱門之語而其切要遠大精實中正得之心而見於行則知者鮮焉是徒誦文公所著之書而不知文公所傳之道若非明示正宗使天下曉然識所趨向以求造乎至善之地槺恐名

實淆亂是非顛倒文公之書雖存文公之道將喪矣故竊以爲欲明文公之道莫若尊文公之師棟濫將明措咨諏閩部實在羅李二先生之鄉而平生之志頗知景慕用敢列其事以聞欲乞聖慈採聖學之傳重師道之本以其所以尊崇朱文公者而推尊其師等而上之以及羅氏各賜美謚昭示寵褒表勵方來庶幾伊洛之學不淪於言語朱氏之書實見於踐行豈惟二臣潛德發揮其道光大而於損文華以崇德行正學術以正人心實非小補

崇祀理學真儒疏

明　石應岳

題爲崇祀理學眞儒以光道化事臣恭覩皇上即位以來親賢問道稽古右文得堯舜湯文之正傳爲仁義禮樂之宗主邇者允禮臣言將已故儒臣章懋祀正學祠吳與弼陳獻章胡居仁各專祀於其鄉一時搢紳章縫之士欣欣然喜動顏色以爲聖主崇尚理學眞得褒往勸來之大機臣鄉先儒布衣臣陳眞晟年十七八時即能自拔於流俗而拒絕異端耑心儒業嘗應有司之薦就試省闈聞有司防察苛密無待士禮遂辭歸不復以科舉爲事篤志聖賢從事理學初讀中庸做存養省察工夫覺無統緒繼讀大學方

知爲學次第乃以大學爲據及讀朱子主敬之説又
知敬者大學之基本及求其所以爲敬見程子主一
無適之説又於敬字見得親切嘗語人曰大學誠意
章爲鐵門關難過主一二字乃其玉鑰匙也故身心
動靜一以居敬爲主本源澄徹義理精明躬行古道
卓然自信嘗曰寧自見毁於世借毋一得罪於先王
此其槩也天順間倣程頤故事詣闕上書冀行所學
其書名程朱正學纂要首採程氏學制次採朱子論
説補正學工夫次二圖一言聖人心與天同運一言
學者心法天之運次立明師補正學輔皇儲隆教本

數事以終上文圖說之意疏上未行而歸家居見英宗皇帝勅諭學校中有主敬窮理修己治人敦尚孝弟忠信等語喜曰此學校正教也然學校崇正教而科舉不定正考雖有正教弗行因採勅諭中要語參以程氏學制呂氏鄉約朱熹貢舉私議作正教考定會通定考德爲六等考文爲三等各有案例可據而行晚年徧遊名山博訪同志聞江西吳與弼名欲往質之繙修張元禎止宿扣其學所得大加稱許曰斯道自程朱以來唯先生得其眞吳許二子亦未是遂①鎮海初聞中雖多讀書學術猶未正自眞晟與其

校注：①留

徒周瑛倡明理學而趨向始端雖已知向學禮教猶
未明自貞晟與里人李文舉講行家禮而風俗始化
遠邇聞風感發興起莫不以貞晟爲準的而願依歸
之蓋貞卹代之名儒天民之先覺也沒後尚書楊廉
編纂理學名臣錄凡十有五人首薛瑄次吳與弼次
即貞晟其稱贊之詞有曰端默沉潛暴白如愚持守
有餘和靖之徒百年公論於此可見雖已經提學姚
鏌舉入漳州鄉賢祠中然不過與俎豆之列尚未見
特加尊崇且貞晟與與弼獻章一時同志理學齊名
雖獻章亦自慨慕其人以爲寥寥僅見今與弼等俱

蒙專祀而眞晟未與似爲未舉之典臣愚伏望勑下
禮部查議如果臣言不謬將眞晟比照與鄉等例行
令原籍建祠專祀庶先哲幽潛得蒙褒揚於既往而
後學景仰亦思勉厲於將來不惟臣鄉里後進私自
厚望至於海內宿學人士亦所同然懇惟聖明特賜
俞允臣無任惓惓之至

進洪範月令儒行緇衣疏　　明　黃道周

原任詹事府少詹事翰林院侍讀學士今降六級調
外任臣黃道周謹奏爲奏繳職業事臣於去歲九月
二十六日爲司經局頹壞書庫無存請理庫局鈔錄

寶書以存典故倂稱五經書中有鴻篇鉅章宜別爲
圖錄以備留覽十月初一日奉聖旨東宮講讀循序
漸進這所奏經書各種黃道周職在宮僚着同詹坊
等官精心講求彙集成帙次第進覽司經局爲藏書
之處據稱歷有營繕錢糧如何任其傾圯以致書籍
無存并着查奏該部知道臣奉聖旨於今已九閱月
更大寒暑爲時不多職業罔效臣雖久離局事而明
旨如新詹坊諸臣同此惕厲已於六月修理經局書
庫二所倂諸經廂房除營繕司彙報外惟是各種經
書臣與詹坊諸臣集思分猷多未能竟臣所纂洪範

月令儒行緇衣四種已先起草稍有次第業形之奏牘欲繕寫進呈而值臣狂瞽冒荷優容引罪之餘宜自廢黜然臣思古人身蹈不測尚圖纂述以贖殊辜況臣受命在先豈得消藏以滋罪戾譬如蔗蓼終畝之下則情不忍荒又如曝芹靖獻之餘則誼不敢蔽用是冒昧將臣所纂完洪範二冊月令二冊儒行二冊緇衣二冊凡八冊四函先呈進覽臣理宜覓疇人大書重裝而臣居貧薄手書雙行以省浩費且去國日近不敢多營戀主微情聊存其嚮傳曰雖有絲麻不棄菅蒯詩曰采葑采菲無以下體臣荷罪愈深而

受知特甚幸托菅蒯葑菲之言無當土壤涓涘之實惟陛下鑒其辛勤存其憔悴不以人廢亦問察之心寧使過存亦蒭蕘之獲文雖無用尚有明旨之當遵臣雖不才不借他途以自進

上懷宗疏　　明　涂仲吉

南京國子監監生臣涂仲吉謹奏爲冒死以救清忠之臣捐軀以裨聖明之化事臣草莽書生何敢妄言況當天威震怒誰甘以身試法第讀書師古有志效忠每觀古忠臣義士捐一身以成君公之德如孔璋請代於李邕郭亮伏鑕於李固皆志本於誠死生所

不顧臣覽古論世未嘗不痛哭而起今適當其事正臣效忠之日故匍匐萬里請死明志幸陛下察而誅焉日者黄道周因薦被逮廷杖之日臣工飲痛童嫗墮淚以聖怒方殷無敢鳴其辜者幸一不怕死之葉廷秀昌言申救蒙杖一百天下聞之益爲驚心此真皇上從來未有之極怒諸臣從來未有之極慘自此人人自危無敢復言者矣夫人臣事君猶子事父母父母有怒撻之至死而不敢怨然父母之極怒終不忍死視其子觀其箠楚哀號之狀未嘗不興憐而思痛焉皇上好問好察過於古先哲王兼鋭意太平勵

精圖治思得一眞正人才而用之乃有一黃道周而
搏執修辱置之必死之條甚非海內之所想望也臣
觀道周通籍二十載半居墳廬自躬耕樵採而外稽
古著書晨夜不輟宗族憐其貧鄉黨推其孝孤蹤獨
立門無雜賓其一生學力只知有君有親幸以遭遇
聖明亦欲發抒所學雖其言嘗過戇而其志寔純忠
嘗酷暑萬里蹣跚就逮草屨徒行飲水啜蔬士紳挽
繫幾不能行道路見者莫不悲歎今聞喘息僅存猶
日讀書不倦未嘗不以囹圄圜扉爲皇上教育之恩
霜露雷霆爲天地裁成之德此天下大小臣工至於

兒童走卒莫不知之莫不傳之非獨臣草芥一人之私言也惟是天威方嚴陽和未布大臣緘默以雩時小臣蓄縮以全軀使皇上所以教育栽成之意不能大白於天下臣不爲道周惜而爲皇上天下萬世惜者也天下所以不治皆由臣子不清不勤墜其職業不忠不孝墜其家修皇上方嚴典引繩天下之不清不勤不忠不孝者若道周至清至勤眞忠眞孝而一旦顛蹶至此豈不傷天下讀書之心灰海內爲善之志乎今者天下之人謬謂殺道周以激奮樞輔而樞輔未必能奮殺道周以緘閉諫臣而舉朝久已卷舌

皇上必欲誅獨立孤介之臣則道周當死皇上必欲誅結黨敗類之臣則道周非其人昔唐太宗恨魏徵之面折至欲殺而終不果漢武帝惡汲黯之直諍雖出而寔優容皇上方欲遠法堯舜奈何智出漢唐賢主下讀史漢唐宋之衰也其賢人君子皆受黨人之禍盖惟君子有聲氣不謀而應求其不與於人類者則從而誣之三季之主墜小人之術皆以此摧士氣失人心我皇上方振中興昌明之運斷不宜以黨人輕殺學行才品之臣伏乞聖明詳察道周鑒其苦節赦其無辜保全忠清消除朋黨無蹈晚季之覆轍爲

小人所快心即殺臣狂妄寔得死所矣臣家有垂白之母堂有未葬之親殺身求仁雖死何恨將以愧天下之立朝行道見義不爲者謹席藳願從廷秀之後惟皇上幸炤察焉

蠟丸疏　國朝李光地

臣李光地謹題爲密陳機宜事臣自二賊搆亂以來遁逃山谷中賊遣人延致至於再三臣抵死固拒幸到於今未汙清節以辱　朝廷然蹤跡孱危尚未知草莽孤臣復能幸全要領以再瞻天日與否蟲蟻微命無足言者臣不敢自惜獨至於一隅安危大勢所

褻敢冒萬死蹈不測之禍希徹　天聽惟
皇上亟察焉臣惟八閩疆宇褊小糧稅稀薄今自二
賊蹂躪①兵革不休椎骨剝膚民以大敝而賊之勢亦
窮矣此時官軍誠宜以急攻為主不可留此一方曠
日持久恐粵東江右必生他變然所謂急之之道不
可不審也今耿逆方悉力於仙霞關鄭賊亦併命於
漳潮之界獨汀州一道與贛州接壤之處防備極疏
耿逆置守禦不過千百疲卒竊聞北來大兵皆於賊
兵多處盡力鏖戰而不知出奇以擣其虛此計之失
也以臣愚度之仙霞地連浙江衢州等處杉關連江

校注：①躪

西廣信等處漳潮連惠州廣城等處此三者本地經制之兵堅壁深藏虛張聲勢自足以控制羈縻之至於汀贛一道爲宜因賊防之疎選精兵萬餘人或七八千人詐爲入廣之兵道經贛州遂轉而向汀界贛州至汀州七八日耳而汀州至福州泉城來往非月餘不至比二賊聞知則大軍入閩久矣此所謂避寔擊虛迅霆不及掩耳之類也此時賊方悉兵外拒內地府州縣盡致空虛所在殘黎望大師之來正若時雨苟出汀州小道横貫其中則三路之賊不戰自潰①失漳州守臣黃芳度嬰城固守以待大師此不可以

校注：①矣

不急救而汀州漳州地界相屬接應尤極便易臣今乞
皇上密馳詔旨勅總兵官間諜虛實隨機取效仍恐
小路崎嶇更須使鄉兵在大軍之前步兵又在馬兵
之前庶幾萬全可以必勝臣今者雖已爲樊鳥湯雞
然葵藿之心晞見太陽尚幾幸於萬一倘有可采伏
乞　睿鑒施行緣在患難之中奏對失體仰惟
聖明照亮

陳海上情形疏　　國朝施琅

鄭成功倡亂二十餘年恃海島爲險蔓延鴟張荼毒
生靈故當時不得不從權折地絕其進取之路嗣而

皇上廣開德意招徠撫綏漸散其黨成功疑懼乃遁
踞臺灣以爲兎窟康熙元年兵部郎中黨古里至閩
臣備將逆島可取之勢面乞代奏復上疏密陳荷蒙
俞旨仰藉天威數島果一鼓而平逆孽鄭經逃竄負
嵎恃固去歲朝廷遣官前往招撫未見實意歸誠從
來順撫逆勦大關國體豈容頑抗而止伏思天下一
統胡爲一鄭經殘孽盤踞絕島而折五省邊海地方
畫爲界外以避其患況東南膏腴田園及所產漁鹽
最爲財賦之藪可資中國之潤不可以西北長城塞
外風土爲比倘不討平臺灣匪特賦稅缺減民困日

營即防邊若永爲定制錢糧動費加倍輸外省有限之餉年年協濟兵食向所底止又使邊防持久萬一有懼罪弁兵及冒死窮民以爲逃逋之窟遺害叵測似非長久之計且鄭成功之子有十遲之數年並皆長成假有一二機覺才能收拾黨類結連外島聯絡土番羽翼復張終爲後患我邊海各省水師雖布設周密以臣觀之亦僅能自守若使之出海征勦擇其精鋭習熟將卒實亦無幾况後此精鋭者老習熟者疎何可長恃臣蒙

皇上逾格擢用荷恩深重分應滅賊以盡厥職每細

詢各投誠之人及陣獲一二賊夥備悉賊中情形審度可破之勢故敢具疏密將臺灣勦撫機宜爲我
皇上陳之查自故明時原住澎湖百姓有五六千人原住臺灣者有二三萬俱係耕漁爲生至順治十八年鄭成功挈去水陸僞官兵并眷口共計三萬有奇爲伍操戈者不滿二萬又康熙三年間鄭經復挈去僞官兵并眷口約有六七千爲伍操戈者不過四千此數年彼處不服水土病故及傷亡者五六千歷年渡海窺伺被我水師擒殺亦有數千相繼投誠者計有數百今雖稱三十餘鎮並係新拔俱非夙練之才

或轄五六百兵或轄二三百兵不等計賊兵不滿一萬之衆船隻大小不及二百號散在南北二路墾耕而食上下相去千有餘里鄭經承父餘業智勇不足戰爭匪長其各偽鎮亦皆碌碌之流又且不相聯屬賊衆耕鑿自給失于操練終屬參差不齊內中無家口者十有五六豈甘作一世鰥獨寧無故土之思但賊多係閩地之人其間縱使有心投誠者既無陸路可通又乏舟楫可渡故不得不相依爲命鄭經得馭數萬之衆非有威德制服實賴汪洋大海爲之禁錮如專一意差官往招則擒縱之權在乎鄭經一人恐

無率衆歸誠之日若用大師壓境則去就之機在乎賊衆鄭經安能自主是爲因勦寓撫之法大師進勦先取澎湖以扼其吭則形勢可見聲息可通其利在我仍先遣幹員往宣　朝廷德意若鄭經勢窮向化可收全績倘頑梗不悔俟風信調順即率舟師聯綜直抵臺灣拋泊港口以牽制之發輕快船隻一往南路打鼓港口一往北路蚊港海翁窟港口或用招誘或圖襲取使其首尾不得相顧自相疑惑疑惑則其中有變賊若分則力薄合則勢蹙於以用正用奇相機調度登岸次第攻擊臣知己知彼料敵頗審率節

制之師賈勇用命可取萬全之勝倘賊踞城固守則先清勦其村落黨羽撫輯其各社土番狹隘孤城僅容二千餘衆用得勝之兵而攻無援之城使不即破將有垓下之變賊可計日而平矣夫興師所慮募兵措餉今沿邊防守經制及駐劄投誠開曠官兵皆爲臺灣而設聽臣會同督提諸臣挑選習熟精銳用充征旅無事徵募動費之煩此等兵餉征亦用守亦用與其束手坐食於本汛孰若簡練東征於行間至修整船隻就於應給大修銀兩領收可無額外動支船未足用則浙粵二省水師亦爲防海設立均可選用

仍行該省督提選配官兵各舉總兵一員領駕協勦每船用慣熟澎湖臺灣港路柁梢數人即於福建投誠官兵內挑選分配不足則將投誠兵汰其老弱別募熟於海道之人補額因此見在額給糧餉不須分外加增無煩夫役輓輸安配定妥以候風期毋論時日風信可渡立即長驅利便之舉誠莫過於此者但水路行兵出海水深利用大船進港水淺利用小哨今當新造小快哨一百隻以爲載兵進港及差撥哨探之用又當新造小八槳二百隻每大船各配一隻①臺灣臨敵登岸之時可以艦載官兵蜂擁而上其

校注：①伺

小快哨每隻新造只用價銀四十兩小八槳每隻新造只用價銀一十五兩二項共該銀七千兩爲費不多若臺灣一平則邊疆寧靖防兵可減百姓得享昇平　國家獲增餉稅沿邊文武將吏得安心供職可無意外罪累一時之勞萬世之逸也

請蠲減租賦疏　施琅

臺灣沃野千里則壤成賦因地爲糧宜稱富足但地處汪洋之中化阻聲教之外彌山遍谷多屬土番雖知懷服習性未馴射獵是事徵供無幾所安於耕桑可得按户而問賦者皆中國之人於數十年前生聚

平其間及鄭逆擁衆盤踞兵即爲農農即爲兵兼沿海數省之地方人民有爲其所掠而去者有趨而附者非習於漁則與爲佃自臣去歲奉　旨蕩平僞藩文武官員丁卒與各省難民相率還籍近有其半人去業荒勢所必有今部臣蘇拜等所議錢糧數目較僞藩鄭克塽所報之額相去不遠在鄭逆當日僭稱一國自爲一國之用度因其人地取其餉賦未免重科茲部臣等奉有再議之　旨不得不以數目議覆臣竊見此地自天地開闢以來未入版圖今其人民既歸　天朝均屬赤子以我

皇上視民如傷率土咸被伏乞沛以格外之澤蠲減
租賦則恩出自
皇上不在臣下使海外諸國向聞　天威而懾服茲
輕賦薄歛益慕　聖德而引領如以會議旣定當按
數而徵在道府縣責成所係必奉行催科兼以鄭逆
向時所徵者乃時銀我之所定者乃紋銀紋之與時
更有加等茲劉國軒馮錫范見在京師乞　勅部就
近訊詢而知彼夫遐陬初化之人非孝子順孫萬或
以繁重爲苦輸將不前保無釀成地方之禍階乎至
時動輙更爲費更甚何惜減此一二萬之錢糧哉且

臣前之所以議守此土者非以因其地而可以加賦也蓋熟察該地屬在東南險遠海外之區關係數省地方安危既設官分治撥兵汛防則善後之計宜加周詳今所調守兵一萬乃就閩省經制水陸兵丁六萬五千七百五十名數內抽調兵無廣額餉無加增就此議定錢糧數目蠲減於寇虐之後使有司得以仰體

皇上德意留心安集撫綏俾四民樂業億兆懽戴至數年後人户盛繁田疇悉易賦稅自爾充盈斯時有增無減豈待按數而徵哉至於與販東洋白糖一項

歲定二萬石不足之數聽其在本省之內採買夫本省之去臺灣已隔兩重汪洋以臺灣所產白糖配臺灣興販船數固爲安便若就本省湊買白糖涉重洋而至臺灣方興販東洋則今四方蕩定六合爲一在臺灣可以興販東洋何本省而不可興販必藉臺灣之名買白糖赴彼興販此皆部臣蘇拜等慮①彼中之錢糧不敷婉爲籌度湊足良法可知臺灣錢糧一蒔未能裕足故也然在部臣及督撫二臣未至其地不知該地情形雖留心區畫難以曲盡以臣躬親履歷其於民風土俗安危利害無不詳悉天下事言之於

校注：①慮

已然之後不若言之於未然之前臣荷恩深重知無不言言無不盡知今不言至於後來或有禍患咎臣以緘默之罪臣又安所自逭况臣叨有會議之
旨故不得不盡披陳

請收拾遺棄人才疏　　施琅

竊惟我　朝定鼎以來凡屬投誠荷　恩錄用在在竭忠或膺提鎮或授副叅遊守千把等　殊典過優近准部咨康熙十三年以後凡投誠功加未至八等者追劄歸農奉　旨欽遵在案此就功分別用舍亦慎名器之要端然此等不無抱抑之歎蓋用人之道

用之不可以拘例棄之尤不可以驟促臣思閩省投
誠有係康熙十三年以前在外省墾荒爲題調從征
効力者有康熙十三年以後在本省効勞見補經制
遊守千總員缺著有功績者至於臺灣新附人員亦
有勇敢歷練者一旦棄置之未免屈其已効之力而
幸其歸命之心以臣愚見不若洪開格外隆恩勅下
督撫提將新舊投誠各官見在閩省者親行考驗其
中果老弱病廢無一技之長原係經任遊守千把者
准其原品致仕未經任事者聽其原籍安插歸農果
係年力精壯膽氣勇敢歷練戰鬬者酌定銜劄量給

俸餉令隨督撫標下効勞許以遇缺保題一二補用此中名數舊者如墾荒題調及本省効勞見補經制員缺航勦効力者驗選約計不過百餘員如臺灣投誠驗選不過數十員計朝廷之動給無幾從前海疆未靖年年調發飛輓費用不計今四方式寧各省溢額官兵槩經裁汰俸餉從此減省一年之中何惜一二萬金以養有用之人使新舊投誠老弱者遂安處之榮精銳者有功名之望若以功加未至八等循例而棄之已至八等循例而用之是徒循資格以待人臣伏見未至八等者其才畧未必皆遜於已至八等

之員已至八等者其才畧未必能勝於未至八等之員惟擇其精練勇敢者而蓄之則凡巨擘皆得遂其願効之懷自壯而老老而死安心於覆幬彼懦弱無長者亦恬然而自安不寧唯是見今裁兵之際更多游手游食窮窘無藉之輩負戴營生非其素志不能盡保其無異念觀此巨擘皆爲我羅而養之則若輩之祿祿因人成事者終無足有爲即爲亦無濟此寔籠絡人才羅其尤而衆心自戢者也且夫朝廷尚三年一試武塲不過欲廣搜天下人才然其中式者雖弓馬畧諳而未歷戎伍未經戰攻何若此等之赳赳

武夫慣精於疆埸用之較有寔效也昔漢祖當天下既定猶思壯士以守四方此深鑑用舍之得失茲萬國獻琛羣黎徧德各省亦有投誠不同而臣在閩言閩特舉此投誠之用舍盖措置得宜其於國家未必無少裨也況乎鄭克塽見蒙優加公爵馮錫范劉國軒見授伯爵國軒更叨天津總兵之任皇上之推心垂仁誠冠於萬古帝王又誰不傾心仰答者乎臣爲封疆籌與安至計非敢爲投誠人員自市私恩也

條陳學政疏

國朝　沈涵

題爲恭陳學政四條仰祈 睿鑒事臣蒙
皇上簡命督學閩省受任以來夙夜兢兢惟凛遵
御書至訓滌慮洗心冀圖報稱今歲科兩試俱竣現
在造册彙送部科臣至庸至愚毫無知識但據見聞
所及有事關學政者敬爲我
皇上陳之一理學諸儒仰求 宸章徧被也
皇上天縱聖神六書八法超絶萬古一切往聖先賢
靡不均霑 褒寵近於朱熹考亭書院 特賜匾額
對聯章往開來臣民倍深鼓舞惟是閩省理學始自
楊時親受二程之傳倡道東南楊時傳之羅從彥從

彥傳之李侗皆闡發聖言躬行實踐朱熹受業于侗始集大成則熹之學實賴諸儒開之也朱熹門人如蔡元定蔡沉父子參訂周易註釋尚書最稱高弟其他如胡安國註春秋真德秀註大學衍義羽翼經傳厥功並偉是熹之學更賴諸儒傳之也今尋賢生長之地延平府有楊羅李三賢祠建陽縣有二蔡書院崇安縣有胡文定祠浦城縣有真西山書院自宋迄今有司春秋致祭伏乞

皇上俯念諸儒有功聖道槩給　御書匾額輝煌廟
①皃斯正學益昌明於奕禩矣一舊衛童生懇復入泮

校注：①貌

原額也
皇上聲教誕敷遐陬僻壤靡不志切觀光閩省童子
應試有一縣至五六千人者屢屢攀轅求臣代　題
照江浙入學額數　臣以出自　聖恩不敢擅請但查
興化府舊有鎮海衛各照大縣進學十五名科第最
盛昔因海禁奉裁平海衛人俱就莆田縣考試鎮海
衛人俱就漳浦海澄二縣考試各縣素號多才加以
衛民徙居承平日久生齒日繁進取之途日窄伏念
皇上加意作人臺灣盡興學校鄉會類行廣額　天
恩汪濊不難增所本無是以輿情引領尤望還所固

有伏冀 睿慈准照二衛入泮舊額將莆田縣童生增取十五名撥歸府學漳浦海澄二縣童生共增取十五名撥歸府學則官吏不必另添而多士懽聲雷動矣一歲試新進武生宜就近科試也武童向有二弊一初考之時作文一人騎射又一人頂替難查一取進之後或轉賣他人每不赴省錄科即赴錄者亦地遠人多眞僞難辯不無張冠李戴之弊臣思
皇上文武並重將弁皆 親試內廷是以智勇競奮
臣仰體聖心不敢疎畧凡武童必先考策論後較騎射其射箭合式者即當塲面試或策或論數行驗其

文理筆蹟合原卷與否庶杜頂替之弊至撥臨各郡科試又檄歲進武生就彼處會課再與原卷校對優者即准入闈餘仍臨場赴省錄科兩經本郡考試耳目既已服彰筆蹟又難更換庶杜轉賣之弊但武生向無本郡科考之例 臣請嗣後除舊武生仍不科試外新武生就近科試著爲定例庶溷胥清而眞才勵矣一學租督催造冊請歸併藩司也閩省每歲學租共一千二百四十餘兩例由各縣徵收各教官領給諸生具報學臣造冊送撫 奏銷學臣不經手錢糧專主督催造冊法固善矣但學臣考校既繁巡歷又

廣且定例開科時不收文書候發榜後彙收每有州縣徵租報到而學臣已往他郡及再送他郡而學臣又開考遲收遂致徵完者仍復檄催拖欠者藉手延挨迨一奏銷届期學臣身在外郡去省城窵遠造册送撫動稽時日種種未便伏乞
皇上俯念學政繁重將學租照各項錢糧例槩歸藩司督催造册庶案牘清而職掌專矣臣從條陳學政起見字多逾格貼黄難盡伏乞
皇上俯賜全覽　勅部議覆施行

請禁三教堂疏　　　林枝春

奏爲崇祀非經仰請　勅禁以隆聖教事竊唯尼山
泗水至德與天地而並叅重道崇儒盛典邁　聖朝
而莫逾我
皇上道契時中心符睿哲　御極之初重新辟雍文
廟宫墻煥采俎豆增輝每歲春秋丁祭　鑾輅親臨
盥薦升香隆儀備舉是以寰宇之内咸知嚴師敬學
蓋　聖人道大德宏師表萬世　國家典崇禮重用
以展誠敬肅觀瞻倡導師儒風示畎庶俾躋於一道
同俗之盛非如二氏以因果修行立教誘貪利畏禍
者而趨之無論村僮市儈皆得範金合土刻桷丹楹

奉莊嚴而求福佑也臣恭膺　簡命視學中州歲科兩試九郡四州之內城邑村墟道途所歷凡有關於學校風化莫不留心體察加意激揚務期俗尚漸歸淳正無如積習相沿愚民難悟雖不至肆為奸慝而禮教文治所關甚鉅不得不請禁止者則如豫省三教堂之設甚非經而不可為訓也臣始按試彰德時即聞城內有堂之所規模寬敞中設佛老聖人三像附近男女時往瞻拜祈禱已屬可駭既而詢查各屬所在皆然如武陟一縣則有三十八處涉縣河內陽武臨漳次之安陽武安濬縣溫縣又次之商邱南陽

淮寧鄖城又次之總豫省合計凡爲三教堂者約五百九十餘處其堂或別稱殿閣稱寺而商城石洞尤爲宏敞其像雜用銅鐵土木石皆藻繪金飾釆色耀目其位次佛踞中老子聖人互相左右而畧小其身低侍旁側其奉祀緇流羽士而寧陵鹿邑永城信陽州住持率女僧尤汚穢媟慢無禮 臣既經聞見嗣復據各學詳報考其創始多由前明末造好事之徒設立名色既奉佛老以招引愚民復借聖人以籠絡儒士習熟見聞恬不爲恠故歷年以來素封之家不吝捐貲拓地無力之輩輒復募化重修間有心知其非

不敢阻抑恐反致流俗訾議而附會其說者又謂孔子覺世牖民亦佛亦老是以有皆古聖人之書有同歸一致之論不知其非聖無法邪說誣民尤莫此之甚者也至分位之凌替儀文之屑越又其小者不足言矣臣竊思 文明之代聖道炳若日星享祀之榮優崇關乎典禮在二氏援儒究未必歸儒而愚民尊聖正不免侮聖非特無知妄作①諂瀆不經將使茂典毀常淪胥莫挽仰懇 聖明勅諭禁止以崇正道而振頹風但聖像既成合計縣數百若竟付之椎鑿銷燬理亦未安查州縣學宮各建明倫堂尊經閣類

校注：①諂瀆

皆寬閒清閟可否卽令有司會同教職將遺像奉迎
安設其中一切額碑標示三教名目悉令撤①去現存
祠宇有僧道住持者仍改稱寺觀佛老像設照常聽
其供奉不必折毀驅除若向屬公地管領無人因而
葺之以爲義塾或作講明鄉約處所亦從其便併嚴
切曉諭俾各修術業毋得自取愆尤庶視聽不淆民
志有定於興道立教之意不無小補再豫省界連燕
趙秦晉　臣每按試邊郡詢其人情土俗知北五省風
氣相類三教堂亦所在多有惟南方則罕有聞者然
臣見僧道建醮陳設繪像輒以天尊菩薩之號謬加

校注：①撤

聖人見則詆惑愚俗誣罔不經諸如此類又未能保其必無也夫崇正道以啓愚蒙無分畛域革陋俗以彰禮治總歸蕩平若臣言可採伏乞渙發 絲綸一體諭禁令該地方實力奉行杜異學混淆之弊絕違制瀆亂之嫌則斯民秉彝好德不惑於岐趨而

國家重道尊師益隆於千古矣

請註銷遠年世職事疏　國朝楊廷璋

竊照閩省從前因有海上率衆投誠并攻克臺澎平復耿逆及勦平逆匪朱一貴等案內議敘功加世職人員甚多俱經頒給 勅書劄付以爲符券此誠

聖朝酬庸盛典本身故後原准其嫡派子孫按次承
襲酌量錄用詎各姓子孫因循不振於本人故後不
即具呈請襲又因有遺存　勅劄可憑並不將因何
不即請襲緣由隨時據實呈報存案歷今遠則百年
近亦不下數十年其從前議敘檔案內外各衙門內
多散失即子孫之現在有無故絕　勅書劄付之現
存何人收執均無從稽考迨乾隆十六年准部咨查
各省世職經前任督撫各臣將閩省所有世職通查
造冊咨部從此始有冊檔可查但世遠年湮其子孫
是否嫡派有無疎族遠房及異姓乞養頂認混冒更

或本家子孫不肖難以上進將所有世職　勅劄頂賣他人種種弊混難以究詰在地方官行查之時亦祗向請襲之人及族隣保長逐一查訊取結而伊等有心弊混不難串作一黨扶同揑冒即如造册咨部後承襲各世職内現臣臣查出林承武林大威鄭應元等三人或係無服遠族或係同姓不宗竟混行頂冒居然襲職支食俸餉現雖拏究伏法而册内未經請襲之職尚有數十員之多若不及早設法清釐將來年復一年為時永久弊益難稽倘不法奸徒將勅劄頂買影射冒名承襲承查之員稍不精細嚴密

鮮不墮其術中伏思當日　國家籙及微勳予以世職有子孫者自必即時請襲以圖報効榮身誰肯甘心暴棄不願仰承　恩澤冀圖上進其子孫未襲而至曾孫請襲者必是頂冒故絕已可概見今若任其輾轉滋弊是以　朝廷報功之典轉爲奸徒倖進之階殊非以整法紀而肅官常臣愚請將閩省造冊已經報部及從前間有遺漏未經報部各世職查明凡有伊等祖父未經襲職者無論有無嫡派子孫一概註銷永不復行承襲仍於大小各衙門明立文案并聲明註銷緣由出示曉諭咸使知悉致日久仍有膽

玩之人赴官朦混請襲者立即根究確實果無情弊
則勒令歸農若查有弊混即嚴拿從重究治如此設
法整頓不特頂替捏冒之弊可杜而奸匪自無從作
奸誆騙所全實多矣抑臣更有請者奸民鄒文郎子
位等假造勅劄散賣業經敗露質審明確將郎子位
等正法鄒文先經病故所賣僞劄雖已查出蔡保海
陳光陳喜林斌各犯供查該犯散賣有年恐所賣不
止此數此時雖無活口可究而從前被騙買劄之人
因鄒文已故無可追究意欲出頭自首又慮自罹罪
愆將僞劄仍行藏匿在官又無從挨戶根查此等不

滛之物豈容不消除淨盡容臣出示遍行曉諭凡有從前曾向鄉文買過勅劄之人無論祖父及本身所買均勒限壹月內將僞劄呈繳送官免其治罪如冥頑不靈限內不行遵繳將來一經訪拿從重治罪不少寬貸務使所賣僞劄盡行燬銷不使片紙遺留致滋日久弊混臣謹一併恭摺具奏是否有當伏乞

皇上睿鑒訓示

議

毀傷議　　宋　蔡襄

人之所以異於萬物也者以其禀行卓爾者也禀行

篤實本於至誠無用刻飾其唯孝乎事親以盡其恭事君以盡其忠以致其誠以正其命斯可謂孝之大節也歟昔大舜不得於其父母然二十年以孝聞者區區然全其身也後世稱孝之大者曾參其人也參之奉身也傷手足以有憂也其事親也徹饌則問其所欲故孔子因之談經首毀身之檢孟軻借以發論敷養志之美者以省夫遺體不出於害塗揚親顯名無淪於匪則至於加意甘享經神外物斯末也已矣今之民人父母有病輒炙股肉以啗之冀夫有瘳噫甚乎竊仁而稱教者邪厚親以食其養志乎毀已之

膚其愛身乎是二者其果孝耶其非孝耶牢畜之大豕且死不相嚗食其類況人者天性之貴乎況人之父子天性之厚者乎人有爲是者里白於縣尹尹白於郡若府按著令施酒帛以哀勞之凡縣與郡府之官屬凭於民者又書於伐愚民不知大本謂孝正當如是耳家有是人焉曰吾家之孝子鄉有是人焉曰吾鄉之孝子郡縣有是人焉曰吾郡縣之孝子推引陶習寖以成俗噫甚乎蠹仁而稗教者耶大舜孔子聖人也孟子曾參大賢人也彼聖與賢其所爲若是爲世之大教也由太子者服聖賢之教則正矣乃棄

其言而不由其心於殘忍曾牢畜犬豕之不若也非以法禁卒不可遏謹議

李丞相綱謚忠定議　宋　葉適

公自起居郎極論都城水災斥爲監當而抗直之聲震於天下矣及斡離不來寇在廷茫然將從乘輿以出獨公請與執政辯詰遂奪其議力守京師敵以退卻然其留割三鎮詔書擊女眞之歸而募兵以防其再至皆爲同列所排高宗中興命公首輔於是張邦昌以僭逆誅矣先事河北河東錄堅守者遣張所傅亮往撫接之乞幸襄鄧以係人心而無走東南使周

望傳雲通問二聖而無踵和約時中原尚未潰也公方除京輔亂政漸復祖宗舊法奏請施行數十事事多機要使稍得數年之頃則兩河不遂陷而敵不敢復鼓行入內地矣而讐恥因可報也不幸七十五日而罷去迄其後常疎外坎壈雖僅免顛沛而曾不少得其意焉自是禍難百出而南北竟以分裂此爲國家惜者所以哀公之志而深悲其相之不終士至有未嘗識公面而坐論救公以死彼豈有所顧望附托而然哉蓋公之賢自當時市井負販莫不喜爲之道說然而謗公者亦衆矣其尤甚者有罪公特以計取顯

位而已京師之禍公實使之嗚呼當是之時所與謀國者豈有他道哉避走而乞和譽敵人而卑中國爾以避走乞和譽敵人卑中國之人而議公之得失故其自許爲謀詳慮審而謂公爲畧而疎自以爲鎮重能消弭而謂公爲輕銳而喜事其恬視君父之侁畏死持祿甘爲世所賤惡而以公之能尊君以身狥國爲人望所屬者謂爲朋黨要結以自榮故主和者非致寇而守京師者爲失策矣則公之負謗於時固亦其理之所宜得也何足辨哉顧獨有可恨者夫是非毀譽之相蒙蔽必至於久而後論定是從古以然者

也公之歿五十載矣世之論公者卒亦未有以大異於前日也何與孔子曰微管仲吾其被髮左衽矣考公之行事而深察其志使要其功烈之所成就則豈有愧於孔子之所稱者哉悲夫謹按謚法慮國忘家曰忠安民大慮曰定請以忠定爲公謚

擬福安縣水患議　國朝　潘思榘

福安縣從車嶺卯脉起祖西南有峰曰仙嶺於車嶺爲庚方震庚納氣車嶺下起辰山形如負扆環縣後落平田再起如三台中曰鳳頂山稍低左曰銅冠右曰龍山如兩翅一垂一展枕鳳頂建縣治前起小阜

曰重金山學宮在焉舊令於縣治前鑿一沼則傷脉
矣城西南隅有阜曰龜湖山下有龜首垂湖中狀若
啖西向仙嶺盖仙嶺峰尖削有石班駁自縣望之勢
逼壓懼有水火之厄是龜向之形氣相生天然消納
非虛設也惜湖小將淤宜浚而擴之繞縣東西有兩
溪東溪自泰順合流而來西溪自壽寧斜灘而下滙
松溪政和泰順景寧諸山水源長數百里至縣治南
與諸溪合流一遇暴漲高輒數丈城內外咸成巨浸
城西之洋頭民居數千家首當其冲患尤烈誌載宋
紹興至明萬歷凡五見　本朝康熙三十八年迄今

歲辛未約歷數十年百餘年必受漫淹之害地復平衍水至惟登屋以避屋傾則人漂溺動以千百計禍民之慘酷未有甚於此者豈地勢使然抑人事未盡耶洋頭北有溪水攔入前人慮刷深改流築西壩禦之然水大發高過數丈壩在水底矣諸生來謁因論以增高城牌各門置鋪可免漫溢若城之外則宜於西偏厚培基址廣植竹樹以衛上流毋規雜糧小利有稅者以新陞抵免官爲厲禁杜剪伐積以歲時增長茂密雖有漲發足障大溜民廬可存人免覆溺亦避重就輕之法斯在守茲土者周視熟籌與紳士共

圖幷禦當别有良策余之所切望也

開沙合河條議　　國朝　林枝春

按郡志載晉太守嚴高遷城郭璞按圖定議其入城水道自西北來者經西河口三十六灣由西水關入城自東南來者經沙合橋三十六灣由水部門入城繚繞縈迴實抱中和之氣以故歷數百年來居民富庶人文蔚起此昔人經畫之深心也自宏治十一年鎮守鄧闍交通彝舶於上王地方鑿開新港遂致沙合橋河道淤塞嗣後強軍作亂揚帆逕出島夷連艦直逼城隈會城遂以多故嘉靖三年掌科謝蕡疏陳

六害經工部題覆詔下鍾巡塡塞莆田大司寇林貞肅公後立碑爲之記厥後新港被洪流衝决故道復湮天啓三年鄉紳大宗伯翁文簡公正春具揭當事勘驗施行舊河旋開新港復塞至 國朝逆耿入閩貪海船之利復開新港而沙合橋之水漸次就淤迄今竟爲平陸矣夏街以南直至中亭市廛狹隘汚穢堆積連歲回祿疾疫相繼皆由水衰火旺無河流以滌其惡故也去歲橋下又被火患而河心搭蓋浮屋日新月盛恐此後恢復愈難歷覽變更之故閩中父老莫不言之扼腕者今逢當事鉅公爲閩造福佇復

舊觀而懷挾私心者動造無稽之言假公濟私恐有過聽即至敗謀故鰓鰓過計先與分晰以關其口蓋事理灼然可一覽而知也

一舟楫便利查會城薪米悉仰給於上游自舊河壅塞上游諸船到省不得不下大橋趨新港繞道入城今沙合橋既開則上游重載徑由閩安關前循內河進水部門無橋灘風濤之險利濟顯然或謂下游之福清長樂亦多載貨入城由此稍遠不知海道貨物悉由稅澳進閩安鎮直抵大橋或小船裝載必向關前輸稅完稅之後即在中亭牙行起卸發市從來不

入此港衆所共知是新港雖存原無益於商賈實屬可廢且議開舊河此地更有不得不塞者蓋新港直接大江水流迅急舊河屈折而過水勢紆緩若新舊並列則潮汐灘壅半挾沙泥急者衝之愈深緩者推之不去勢必前功盡廢前代僅有沙合一河故水道深通船隻便利嗣因新港開鑿下流直洩而沙合遂淤是屢有明徵也

一經費足敷查開濬舊河工程自三①叉河口起至銀湘浦塘止計長若干丈濶五七丈至二三丈不等深一丈五尺至四五尺不等工程無多合以衆力原屬

校注：①叉

易舉而倡議煽惑者輙以動費數萬金爲辭殊不知
裡河非江海塘堰之比按丈計工鑿鑿可據前經前
閩邑令范候邑令陳勘估共應需銀若干兩何用萬
金之多耶卽欲從長估計以長二百十四丈濶勻作
五丈深勻作一丈開方計之應若干丈照前縣令核
估每丈應給挖土工銀若干運土工銀若干儘屬寛
裕亦祗應需若干現今捐數在冊者已有六千餘金
此外尚有各商樂輸因其零星未及登冊而居民爲
桑梓起見莫不踴躍從事源源而來以開濬舊河之
土爲塡築新港之需約計兩處工料雜費足敷動用

且義捐紳士皆係寔數並無浮冒工興之日當公舉殷寔數人親董其役仍造細數款項清册逐一分晰呈繳以備查核可無中飽虛糜之弊

一居民無累查河心淤地原有浮屋數十間均係有力之家搭蓋每間不過數椽每年出賃小民收其租息非有連①甍累棟驟難拆卸今官地自應歸官而屋料悉聽收回移蓋别所仍可出賃取息在彼原無虧損至賃住之人肩挑貿易本無長物就屋受租並非永遠以爲已業隨地可挪信宿已定於彼亦無不便唯其中自盖小屋居住有年實係無力者間有數家

校注：①甍

自應估計工價給與寬餘聽其運料别從紳士議捐之時即已計及此項鳩出公銀辦理同屬鄉隣何忍獨令失所即謂搭蓋之人拆卸有費受租之人挪移有費均當體恤勿致怨嗟亦統聽當事估值量給當官交明不致短少稽延當無不樂從者即如橋下搭屋最多如某某者彼已於舊臘具呈閩縣情愿拆卸批准在案其餘更無他辭可知是區處各得其平彼此均屬允愿斷無強抑之事亦無失業之虞

一舊案足稽查舊河兩岸原係民居河道疏通之時岸高水深無由覬覦近泥淤日久加以附近堆積河

心之土與岸平連遂致臨河各家貪緣侵占始而圍籬繼而砌墻始而河邊繼而河下界限莫清昇以倡議煽惑者動以拆屋數百間爲辭不知從橋畔而觀比屋連屬似難一律拆卸若畫出河心地界不與兩岸相混安有數丈之廣容得許多間架聊前數年紳士呈請拆屋經前閩邑令勘詳應拆浮屋若干至乾隆八年復經前閩邑令趙勘詳應拆浮屋若干屋後毗連小屋橋梁搭蓋竹棚共多少間均係卑薄浮店無碍民業應令拆卸等語是兩次勘詳均有成案可稽況去歲橋下被火延燒旁屋曾經駐防分府禁止

不許搭盖是目今浮屋册開俱係實數原無敢減損以聳上聽更有不辨自明者伊等起盖之時亦知官地難佔在縣受有地米以爲掩耳盗鈴之計今欲淸間數惟弔取遞年徵收地米册籍一查則多寡瞭如將來挪移津貼按藉議給亦可息衆口之呶呶矣

福建續志卷七十七終

藝文三

書

答胡康侯書　宋楊時

聖學不明士志於道者往往汨於世習而不知雖英才異禀卒能自拔於流俗者無幾也某嘗私竊謂學者之視聖人其猶射者之於正鵠乎雖巧力所及有遠近異否之不齊未有不至於正鵠而可以言射者也士之去聖人或相倍蓰或相什伯所造固不同未有不同乎聖人而可以言學者也辟之升堂奥者必

得其門而入乃可至過其藩墊然去之則終身不能至然所至學非難知所以學爲難甚愚不自量力之不足也妄有意焉思得朋遊共學左右提掖覬獲一至其藩乃今得康侯蓋知衰老之有望也

上宰相書　　宋　鄭樵

樵爲天地間一窮民而無所恨者以一介之士見盡天下圖書識盡先儒閫閾山林三十年著書一千卷以彼易此所得良已多而私必所不能自已者有其說有三故投老入京華載書詣相府其一爲樵暮齒餘齡形單影隻鉛槧之業甫就汗簡之功已成既無子

弟可授又無名山石室可藏每誦白樂天詩恐君百歲後滅沒人不聞願藏中秘書百代無湮淪之句未嘗不嗚咽流涕會茲天理不負夙心仰荷鈞慈果得秘書省授納遂山高逈自隔塵埃芸草芬香永離蠹腐百代之下夫復何憂焉其二為兵火之後文物蕩然恭惟相公撥灰燼而収簡編障橫流而主吾道使周孔之業不墮於地士生此時寧無奮發樵然也願討理圖書以自効使東南之遺書已盡古今之圖譜無遺余石之文鼎彝之志莫不畢陳於前前年五月十三日授納是月二十七日復蒙提省之辰特與嘉嘆

既而又嘗傳示鈞誨之勤舉行求書之說既而又嘗終歲會計指揮收入校讐之籍與先儒之書等嗟乎伯牙之琴爲審音而鼓馮驩之鋏爲知己而彈此樵所以甘心焉其三爲脩書省①自是一家修書之人未必能文能文之人未必能修書若之何後世皆以文人脩書天地之賦萬物也皆不同形故曰人心之不同猶人面凡賦物不同形然後爲造化之妙修書不同體然後爲自得之工仲尼取虞夏商周秦魯之文而爲一書語言既殊體制亦異及乎春秋則又異於書矣襲春秋之作者司馬遷也又與二書不同體

校注：①者

以其自成一家言始爲自得之書後之史家初無所得推自同於司馬遷馬遷之書遷之面也假遷之①而爲己之面可乎使遷不作則班范以來皆無作矣按遷之法得處在表用處在紀傳以其至要者條而爲綱以其滋蔓者榦而爲言後之史家既不能通馬遷作表之意是未知遷書之所在也且天下之理不可以不會古今之道不可以不通會通之義大矣哉仲尼之爲書也凡典謨訓誥誓命之書散在天下仲尼會其書而爲一書舉而推之上通乎堯舜旁通乎秦魯使天下無遺書百代無絕緒然後爲成書馬遷

校注：①面

之爲書也當漢世挾書之律初除書籍之在天下者不過書春秋世本戰國策數書耳遷會其書而爲一書舉而推之上通乎黃帝旁通乎列國使天下無遺書百代無絶緒然後爲成書後之史家據一代之史不能通前代之史本一書而脩不能會天下之書而脩故後代與前代之書不相因依又諸家之書散落人間靡所底止安得爲成書乎樵前年所獻之書以爲水不會於海終爲濫水途不通於夏則爲窮途劇論會通之義以爲中興之後不可無修書之文修書之本不可不據仲尼司馬遷會通之法萬一使樵有

所際會得援國朝陳烈徐績與近日胡憲例以命一官本州州學教授庶沾寸祿乃克攸濟或以布衣入直得援唐蔣乂李雍例與集賢小職亦可以校讐二萬卷與直秘書亦可以博極羣書稍有變化之階不負甄陶之力噫自昔聖賢猶不奈命何樵獨何者敢有怨尤然窮通之事由天不由人著述之功由人不由天以窮通廢著述可乎此樵之志所以益堅益勵者也去年到家今年料理文字明年若無病不死筆札不乏遠則五年近則三載可以成書其書上自羲皇下及五代集天下之書爲一書惟虛言之書不在

所用雖曰繼司馬遷之作凡例殊途經緯異制自有成法不蹈前脩觀春秋之地名則知樵之地理志異乎諸史之地理觀羣書之會紀則知樵之藝文志異乎諸史之藝文觀樵分野志大象略之類則天文志可知觀樵謚法運祀議鄉飲酒禮系聲樂聲之類則禮樂志可知觀樵之象類書論梵書之類則知樵所作字書非許謹之徒所得而聞觀樵之分音韻字始連環之類則知樵所作韻書非沈約之徒所得而聞觀本草成書爾雅志詩名物志之類則知樵所識鳥獸草木本於陸機郭璞之徒有一日之長觀圖書志

集古系詩錄校讐備論則知樵校讐之業於劉向虞世南之徒有一日之長以此觀之則知樵之脩書斷不用諸史舊例明驗在前小人豈敢厚誣君子雖然林下野人而言句散落在人間往往家藏而户有雖雞林無貿易之價而鄉校有諷誦之童凡有文字屬思之頃已爲人所知未終篇之間已爲人所傳况三十年著書十年搜訪圖書竹頭木屑之積亦云多矣將欲一旦而用之可乎嗚呼功業雖成風波易起深恐傳者之訛謂擅修國史將安所容焉

答林正甫湜書

宋朱子

景仰高風固非一日中間雖幸夤緣再見然苦匆匆不得款奉誨語至今以爲恨也歸來抱病人事盡廢無由奉寄以候起居每深馳跂茲楊逼老來忽奉手誨之辱假借期許既非愚昧之所敢當而執禮過恭尤使人恐懼蹴踖而無所避也雖然高明所以見屬之意豈若世之指誓天日而相要於聲利之塲者哉况在今日而言之尤足以見誠之至而好之篤是以不敢隱其固陋而願自附於下風焉蓋嘗聞之先生君子觀浮圖者仰首注視而高談不若俯首歷階而漸進蓋觀於外者雖足以識其崇高鉅麗之爲美孰

若入於其中者能使真爲我有而又可以深察其層累疊架之所由哉自今而言聖賢之言具在方冊其所以垂教天下後世者固已不遺餘力而近世一二①所覺又爲指其門户表其梯級而先後之學者由是而之焉亦宜甚易而無難矣而有志焉者或不能以有所至病在一觀其外粗覘彷彿而便謂吾已見之遂無復入於其中以爲真有而力究之計此所以驟而語之雖知可悅而無以深得其味遂至半塗而廢而卒不能以有成耳竊計高明所學之深所守之正其所蘊蓄蓋已施之朝廷而見於議論之實於此宜

校注：①先

不待於愚言矣然既蒙下問不可以虛辱而熹之所有不過如此若不以告於門下以聽執事者之採擇則又有非區區之所敢安者是以敢悉布之可否之決更俟來教熹所虛佇而仰承也通老在此相聚甚樂比舊頓進知有切磋之益惜其相去之遠忽起歸興而不可留也從之孫逢吉字從之龍泉人聞以牙痛爲庸醫所誤投以涼劑一夕之間遂至長往深可痛惜然此亦豈醫之所能哉德脩劉光祖字德脩簡州人崎嶇遠謫令人動心然聞其平居對客誦言固每以此自必乃今爲得所願然所關係不淺矣有寫其記文以來者已屬

通老呈白想亦深爲嚬眷太息也元善詹體仁字元善浦城人
寓霅川殊不自安旦晚必歸子宜徐誼字子宜平陽人今日方
得書也熹氣疥不能久伏几案作字草草且亦未能
究所欲言臨風引領悵想無量惟高明察之

白同寅　　宋　陸秀夫

日食晝陰波翻浪浩上天如此震怒海猶不容何以
圖復不肖實不忍言所終矣心傷時棘哀切呼號用
代面布一字一淚伏惟公鑒秀夫頓首

告侍從二書俱出活水亭陸氏講錄之以補史闕　　宋　陸秀夫

身豈秀夫所私有哉天下之事之所寄也今事既如

此念國之有忠義猶天地之有元氣天地非元氣不運國非忠義不立秀夫惟知忠義以立國而已闔闢①旋在乎天地秀夫不以身爲私有也秀夫謹白

與龐大參　　明　鄭紀

士君子之處世有如閉户者有如纓冠者時之所遇然耳生歸掃山中休疏再上固不宜於纓冠矣然宋之大儒有言小民冤抑勢或可言則爲言於上與之求直是君子之居鄉又不顯於閉户也竊以今閩人冤抑未有憖於軍伍之一事去歲兵部勘合有逃軍十分爲率清出三分之例是盖剔廢警惰作新軍政

校注：①斡

之術非直謂不問久近逃亡概以三分齊之也邇者郭繡衣按閩欲立奇功以徼顯擢故將十年里老加以必死之刑或婦翁丁盡則報其女子名曰女婿軍或籍前軍後則考其譜圖名曰同姓軍或買絕軍田產則受爭田之人告首曰得業軍朝煆夕煉務足三分用是小民只顧目前性命不計日後禍胎有將已子預作軍身父名簽作長解者有姪作軍身叔爲長解者有兄弟二三名送爲軍解者俱捏作鬼名塡批起解鬼軍一名軍妻顧覓盤纏縻費遠衛用銀六七十兩近不下三五十兩俱是該管里老鬻田賣子以

求一時之生就中有出門而縊死者有中途而病故者有到衛而隨逃者批文未銷而淸勾已到郡邑矣夫始欲苟延性命則揑鬼爲人終而旣登案籍須要以人代鬼歲往年續循環不已併里老之家丁户俱盡而根株猶未息絶此延建汀漳諸府長樂閩淸沙尤諸縣皆將椎牛結甲以彝鄧茂七之故習幸而郭以病去其幾稍寢嗚呼危哉雖然郭之慘徧施於他邑獨未及於僊遊郭去而應同知於莆僊二縣悉行郭公他郡之法而加慘焉且以父子叔姪兄弟迭爲軍解者悉依鬼名造冊齎繳每日照名偪打起解道

路鄉村哭聲振響以故俟執事拔莆謂今日當道惟執事可以聞此言今日居家惟生可以此言進匍匐相率踵生之門而哀訴焉生查國初編籍僊遊一縣六十四圖六千四百餘户時抽充軍役計一千九百九奇大約四分之中一軍而三民也永樂宣德以來賦役重併虎瘴交災人户消磨十去八九至正統景泰間只有一十二里天順間又將外縣流民附籍增爲一十四里今合軍民二籍僅有一千百有餘户若以國初一千九百餘户之軍責備於今日雖闔縣人民盡解爲軍尚少五百餘户况果如是則一千百有

餘户又能保得幾年而不盡絕耶生處閉户之時而受纓冠之託者不忍寃抑之民無與求直圖生也是以忘輕躁之罪而取汚賤之名亦所不恤惟執事其亮之倘肯采納一二承天恩浩蕩之後許其自首前日揑鬼之愆改正文冊從實清查則非惟一邑之幸實八閩之幸也非惟一時之幸實萬世之幸也臨楮汗顏不備

答陳眉川中丞　國朝李光地

明府厲行清脩得儒者淡泊寧靜之要而且克廣德心以教人成物爲念移榮來茲真九郡士民之福也

前翰垂問未有以復蓋教化風俗四字自明季而不
講禮義廉耻自士大夫犯之讀書者荒於業而不檢
於行齊民亦惰於游而習於奸風聲日下殆非旦夕
所能還返也司士者學使司民者郡縣令　聖上特
重其選意有在矣明府莫若引學使郡縣諸君與之
上下議論學校則清貨賄絶請謁以外如何可以成
材興學郡縣則謹簿書飭簠簋以外如何可以厚俗
移風令之各盡其心而各條陳所宜行者明府虚心
採納而實意鼓舞之精誠聳動之下自然有風草之
勢比之就士民而家喻户曉者萬不侔矣區區老生

嘗談聊以備高明之擇惟栽教之至書院師長一席在宋元間實與當路者相扶持誠得其人造就不淺非歸途見南浙江右所延致者粗讀書不放蕩耳求稱其任難之又難閩中先正流風久已墜歇學植淺薄者固無以服衆即稍有聰明聞見而實爲華靡無高志遠識者羣居終日其誤學者更深也漳浦蔡翰林世遠有嘐嘐慕古之志與俗下秀才一片名利心者不同所讀書又知以朱程爲宗經史諸家漸能涉獵所見紳士未有過之者明府君欲引與共事更盡前輩切劘之義庶幾於斆學交收其益也弟抵里來

見自家子弟及鄉黨間習染深重未暇與之語上聊爲立規約數條望其去太甚者知懷刑守法而已謹錄呈記曹非望推行他處但恐將來有頑梗負恃非懸車里老所能化者須藉威重加之積猾故願豫知之也吾輩受　恩深重砥礪同心倘有教誨無悋嗣音不勝顒望

復周又文憲副書　黎士宏

弟短轅倦羽息軌荒廬然未嘗不願得大人君子而事之昨拜清光便深企仰適蒙下詢民生疾苦避客開函感愬交並老公祖既高尚博攬審之風賤子亦

何敢不敦任棠置水之誼大約倣郡俗樸民窮經賊焆兩番焦頭爛額祗以田畝未荒屋廬僅在遂不幸有沃土之名弟昨面老公祖所謂如江次官舟丹漆其外其中則久不任斤斧矣不任斤斧而又有丹漆之累長年三老固欲其出層波凌巨浪偶不柁折帆摧而遂謂俱可長征而利涉焉不終至湣沒而不已矣不意目前重有運糧一事連歲輸將民力已竭爲征餉大故何敢告勞查長汀秋糧額載八千有零舊例秋成納官原以供本地兵馬之需自兵少糧多而乃以其餘者解省爲數僅千耳今忽行欲以八千餘

石盡運漳城其本地養兵之糧候發庫餉收買民間無論民力不能一歲兩輸兵馬嗷嗷令其舍現在而求補撥亦甚非事體所便漳汀相去千里有餘險嶺崇山皆老公祖所親見者計夫一名運糧三斗往返道路當一月有餘是一縣出夫千名纔一月之力僅運糧至三百石而止何啻百鍾而致一鍾其間道路饑寒逃亡死喪既運而不得至於運所者且無問官役價廹之嚴威尊如鬼伯到次收受之勒指遠若天閽事緒萬端難可指數民間氣力秖有此數既令出米又令僱夫既須完糧又須辦課在老公祖清威坐

鎮自可長保無虞脫不意一二官司奉行不善使墪糧之兵脫巾而噪於中運糧之民走險而呼於外汀之爲汀所憂者不在賊而轉在民可不爲寒心過計哉伏望老公祖俯察情形立商當事當事仁心仁聞定復惻惻垂恩或用一緩二或止照舊例以其餘者折解軍前一言之下澤槁回枯昔邵堯夫先生熙寧之間每謂在今日寬一分民受一分之福弟謂在今日寬一分民便受百分之福矣從來芻蕘腐論皆言於不得言之時大賢救世熱腸必爲於萬難爲之日惟老公祖之留意也若在官狐鼠黨里魁豪似非今

日所急况弟新歸萬里又更一無所知者乎差足力
索回函敷布殊無倫次干瀆尊嚴祇有悚息

再與總督滿公書　國朝蔡世遠

聞大兵由澎湖齊發載
聖天子之威靈稟制閫之節度長驅入鹿耳門遂據
安平鎮乘勝由七鯤身轉戰皆捷北路兵由西港登
岸進克臺灣府賊窮蹙潰散臺地悉定閩人抵掌相
慶世遠前書所謂賊不足平者今果然矣又聞閣下
先期諭飭將士凡村莊城郭有掛　大清旗號者即
爲順民諸邑人等但有寫　大清二字帖縫衣帽者

即免誅戮此自離其黨之要計也且所全活無慮數萬人也遠前書所謂曹武惠復見者又不爽矣是役也不患臺寇之未平而患山寇之竊發自閩下鎮廈門以來威靈所播事事咸服人心故能內安外寧迅速至此何也承平日久大兵所至動多需擾民未若賊而先苦兵閣下調發三省會討臺灣在道人不知兵既至市不改肆此其大服人心者也兵眾既多米柴菜蔬之用動以萬計若科及民閒好亂之民藉以為名閣下調發有方州縣奉行惟謹此又其大服民心者也又聞諸路兵之下郡也天氣炎蒸人人撫摩

而噢咻之纖物必周既至澎湖又令貿易者多載菜蔬魚肉供其買用兵機神密七日而果大捷今沿海郡縣不論黃童白叟皆曰此番非總督不能成此功總督非急至廈門不能成此功本事而務之有由然矣世遠更有陳者夫平臺匪易而安臺實難臺灣五方雜處驕兵悍民靡室靡家日相鬪聚風俗侈靡官斯土者不免有傳舍之意隔膜之視所以致亂之由閣下其亦聞之熟矣今茲一大更革文武之官必須愼選潔介嚴能者保之如赤子理之如家事興教化以美風俗和兵民以固地方內地遺親之民不許有

司擅給過臺執照恐長其助亂之心新墾散耕之地不必按籍編糧恐擾其樂生之計三縣縣治不萃一處則教養更周南北寬濶酌添將領則控馭愈密爲
聖天子固海外之苞桑爲我閩造無疆之厚福惟此時可行亦惟閣下能行之安集之後常懷念亂之心是區區之發恤也不宜

代覆制軍臺疆經理書　國朝藍鼎元

十月既望接到憲檄內開臺疆經理事宜八條冀日又奉諭札再加四條具見未雨綢繆爲臺地蒼生謀善後之策職等自當遵命次第舉行亦有胸中未能

悉達不得不略屬僚奉上之文而講質疑問難之誼伏惟憲臺少加垂察臺灣海外天險治亂安危關係國家東南甚鉅其地高山百重平原萬頃舟楫往來四通八達外則日本琉球呂宋荷蘭暹羅噶喇吧安南西洋諸番一葦可杭內則福建廣東浙江江南山東遼陽不啻比隣而處門户相通足爲藩籬之限非若尋常島嶼介在可有可無間値茲寇亂風災之後民生凋瘵大異本來富庶面目然風俗尚多澆惡奸宄未盡革心網密則傷網疏則犯治安之政宜嚴而不宜寬將安將治之民宜靜而不宜動伏讀憲諭羅

漢門黄殿莊朱一貴起事之所應將房屋盡行燒燬人民盡行驅逐不許往來耕種阿猴林山徑四達大木叢茂寬長三四十里抽籐鋸板燒炭砍柴耕種之人甚多亦應盡數撤回蓬廠盡行燒燬檳榔林爲杜君英起事之處鄉嶠爲極邊藏奸之所房屋人民皆當燒毀驅逐不許再種田園砍柴來往以上四條防患拔根至周至浹職等再四思維一人謀逆九族皆誅亂賊所居之地雖墟其里可也惟是起賊非止數處數處人民不下數百家則亦微有可慮者人情安土重遷既有田疇廬舍室家婦子環聚耕鑿一旦驅

逐搬移不能遍給以資生之藉則無屋可住無田可耕失業流離必爲盜賊一可慮也其地既廣且饒宜田宜宅可以畜民容衆而置之空虛無人鎮壓則是棄爲賊巢使奸宄便於出沒二可慮也前此臺地何人非賊國公將軍而外僞鎮不止千餘今誅之不可勝誅俱仍安居樂業而獨於附近賊星之人田宅盡傾驅村衆而流離之隣賊之罪重於作賊三可慮也臺寇雖起山間在郡十居其九若欲因賊棄地則府治先不可言況瑯嶠並未起賊雖處極邊廣饒十倍於羅漢門現在耕鑿數百人番黎相安已成樂土今

無故欲蕩其居盡絶人迹往來則官兵斷不肯履險涉遠而巡入百餘里無人之地脫有匪類聚衆出沒更無他人可以報信四可慮也錫板抽籐貧民衣食所係兼以採取木料修理戰船爲軍務所必需而砍柴燒炭尤人生日用所不可少暫時清山則可若欲永遠禁絶則流離失業之衆又將不下千百家勢必違誤船工而全臺且有不火食之患五可慮也疆土既開有日闢無日蹙臺地宋元以前並無人知至明中葉太監王三保舟下西洋遭風始至此未幾而海寇林道乾據之顏思齊鄭芝龍與倭據之荷蘭據之

鄭成功又據之　國家初設郡縣管轄不過百餘里距今未四十年而開墾流移之衆延袤二千餘里糖穀之利甲天下過此再四五十年連內山山後野番不到之境皆將爲良田美宅萬萬不可遏抑今乃欲令現成村社廢爲邱墟設爲厲禁萬萬不能亦可慮也曩者諸羅令周鍾瑄有清革流民以大田溪爲界之請鳳山令宋永清有議棄瑯嶠之詳今北至淡水雞籠南至沙馬磯頭皆欣然樂郊爭趨若鶩雖欲限之惡得而限之職等愚見以爲人無良匪教化則馴地無美惡經理則善莫如添兵設防廣聽開墾地利

盡人力齊雞鳴狗吠相聞雖有盜賊將無逋逃之藪
何必因噎廢食乃爲全身遠害哉今竊議於羅漢內
門中埔莊設汛防兵三百名以千總一員駐劄其地
瑯嶠亦設千總一員兵三百名控扼極邊一帶三六
九期操演之外准其自備牛種就地屯田以爲餘資
雖險遠而弁兵便焉檳榔林在平原曠土之中社君
英出沒莊屋久被焚毀附近村社人烟稠密星羅碁
布離下淡水營內埔莊汛防不遠無庸更議至各處
鄉民欲入深山採取樹木或令家甲隣右互結給與
腰牌毋許胥役需索牌費一分一釐聽從其便伏讀

憲檄添防之制宜速議定以便　題覆夫今所宜更
議者惟羅漢門瑯嶠而已矣外此則移八里坌汛千
總駐劄後籠為半線淡水適中之地及添設文員諸
事尚未舉行其餘俱經遵照憲檄於南路添設下淡
水營守備帶兵五百駐劄新園設岡山守備帶兵五
百駐劄濁水溪埔扼羅漢門諸山出沒實徑北路添
設半線守備一名帶兵五百居諸羅淡水之中上下
控扼聯絡聲援以諸羅山守備駐劄笨港增兵二百
名添設下加冬守備一營兵五百郡治添設城守遊
擊一營兵八百與鎮標三營相埒再加羅漢門瑯嶠

各添設汛防兵三百則全臺共計增兵三千六百名較憲檄前指之數止多一百但此三千六百之兵必須請旨額外添設就內地各標營分額招募按班來臺如往例三年一換然後內地不至空虛無顧子失母之病諸羅地方遼濶鞭長不及應劃虎尾溪以上另設一縣駐劄半線管轄六七百里鹿仔港雖口岸扼要離半線僅十五里不用再設巡檢將巡檢設在淡水八里坌兼顧雞籠山後笨港設巡檢一員駐劄笨港佳里興巡檢仍還佳里興駐劄帶管目加溜灣移典史歸諸羅縣治南路鳳山營縣雖僻處海邊

不如下埤頭孔道衝要然控扼海口打鼓眉螺諸港乃匪類出没要區當仍其舊不可移易添設鳳山縣丞一員駐劄搭樓稽察阿猴林篤佳等處彈壓東南一帶山莊下淡水巡檢一員不許留郡仍令駐劄下淡水稽察淡水以南各莊及諸海口臺鳳諸各縣各練鄉壯五百名在外縣丞巡檢各練鄉壯三百名無事則散之隴畝有役則修我戈矛鄉自爲守人自爲兵此萬全之道也伏讀憲檄營伍操練宜勤虛冒舊弊宜除塘汛分防宜變通三者皆極切當時弊有兵不練與無兵同兵不能識將意將不能識兵情是爲

烏合器不與手相習手不與心相應是謂生疎職每誡諭臺屬標營定以三六九日按期操演三令五申如臨大敵又爲之捐造帳房鎗炮火藥以足其用其分防外汛之兵大汛每駐一二百人亦令如期操演查足器械塘兵專遞公文多人無益每塘只定三名小汛之兵不上數十人分作兩班赴就近大汛操演不許懶惰有操期不至者大汛記名逐月造冊報查又不許無故擅離汛防凡有逃亡事故立卽報移內地調補不許在臺招募一人以滋弊竇違者叅革員弁務使地皆實兵兵皆可用前此虛冒名糧之弊盡

數廓清獨將弁書識一項未能遵諭革絕蓋緣武人
不學者多鮮有親造翰墨而兵馬錢糧文移册籍非
可全凴口說且自古軍中字識名將不廢若用其人
而不給其糧情理亦未甚協不揣愚憒妄爲酌議臺
鎮中營遊擊及各營守備應各予書識八名外營遊
擊各六名千把總雖係微員亦不可全無一字應予
書識各一名水師副將南北二路叅將各予八名總
兵書辦十六名使粗足備具文書不至如從前冒濫
將伙糧盡行禁革可謂節嗇至矣未審憲臺以爲有
當否臺地少馬無以壯軍容而資衝突今擬鎮標三

營城守一營各設馬兵六十名南路北路二營各設馬兵八十名共該馬四百疋郎在添設三千六百兵額之內請　旨配撥先自內地帶馬來臺以後換人不換馬或有倒斃方就臺地孳生買補踦或孳生不足亦向內地採買以來則無苦累民番之處伏讀憲檄除奸務盡附和倡亂之徒非脅從可比應將黨惡懲創黥其左面同家屬押逐原籍拘管稽查復承列單開出名數深得火烈民畏鮮死之義臺網久漏吞舟民不知國法爲何物安逸而思爲亂階甫平而又圖復起所以九月間舊社鹽水港六加甸等處奸民

職等不敢不便宜行事梟斬四五人杖斃六七人以
定民心而固疆圉今尚未及三閱月復有石壁寮羅
漢門一二亡命布散流言欲燃死灰聚黨二十八人
遂豎旗爲孽職等分遣搜捕立獲爲首莿瓜成蘇清
高三楊美王教五人現今蹤衆搜山八面焚烈務必
盡絕根柢不留種類除莿瓜成一名係朱一貴僞國
公應解憲轅聽候　題達正法其餘蘇清楊美及續
獲諸賊職等又將於軍前權行專擅竿首藁街使莠
民喪膽東土永寧其潛通奸匪附和接濟之人照憲
檄處分押回原籍惟是黥面雖羞畢竟一藥即去似

不如馘耳之不可復續較便稽查其五月間舊賊已散爲民者非奉憲行及他有所犯槩不問及所以開更新之路使安靜而不自危也伏讀憲檄要口設備議建鹿耳門砲城水陸分守竊謂鹿耳砲城止用修築不必從新建造盖其港牆礁淺深渺茫紆險非有顯然門户可以遵道而行故須設立邉纓標記指引迷途毫釐偶差立見虀粉雖不建炮城固亦未易入也前此癸亥平臺海潮驟漲巨艦連𦨴而入今夏大師進剿潮水亦高數尺皆賴朝廷洪福海若效靈遊魂喪魄夫豈砲城之故哉且臺賊多自内生鮮由外

至倘賊來自外則郡治兵將雲屯未易侵擾若賊起自內雖隆砲之城至於天非徒無益反爲漳泉內地之害職等所見不廣以爲因仍補葺厥功已多此刻物力困憊俟他日另議可耳郡治栽竹爲城價廉工省職等謹遵憲檄會同勘度地勢環萬壽亭春牛埔將文武衙署兵民房屋沿海行舖俱包在內種竹圍一周護以莿棘竹外留夾道寬三四丈削莿桐坤地編爲藩籬逢春發生立見蒼茂莿桐外開鑿濠塹但臺地粉沙無實土淺則登時壅淤深則遇雨崩陷多費無益止可畧存其意開濠廣深六七尺種山蕉木

濠內枝堅莿密又當一層障蔽沿海竹桐不周之處築灰墻出地五尺高可蔽肩爲雉堞便施鎗炮開東西南北四門建城樓四座設橋以通來往量築高舖十二以當炮臺如物力不敷城樓未建植木柵爲門兩重亦可暫蔽內外茲會委臺灣署令孫某量明丈數擇日興工每十丈令設竹簽一桿栽於地中高五尺廣三寸編千字文爲號即於某字號下寫管工某人姓名照天地青黃次序不許錯雜統計全城共幾號管工幾人先造一冊呈送以便稽查每丈需竹幾株桐幾柯濠幾工每種竹一株需錢幾文揷桐十柯

需錢幾文開濠一丈需錢幾文舉一丈而全城價值①瞭然胸中不可欺誑工有勤惰按號查核竹有榮枯按號栽補可無彼此推卸含混侵漁三年之後叢生茂密雖未及石城堅好然亦已牢不可破矣郡縣既有城池兵防既已周密哀鴻安集匪類革心而後可施富教而臺灣之患又不在富而在教興學校重師儒自郡邑以至鄉村多設義學延有品行者爲師令朔望宣講上諭十六條多方開導家喻户曉以孝弟忠信禮義廉恥八字轉移士習民風斯又今日之急務也若夫征臺將弁雖効微勞俱是臣子分内當爲

校注：①值

之事臺地員缺無幾安能人人升擢況蒙憲恩格外
獎勸雖有躁進之心未應不肖至此此何足煩憲臺
諄諄遠念哉

論臺鎭不可移澎湖書　國朝藍鼎元

臘月望三日連接憲翰五函及馬守備安遊擊口述
鈞諭令某暫駐臺灣不可遽爾班師竊惟此時臺中
大定署鎭黃總兵足資彈壓以某越俎久淹自顧亦
覺無謂況當宁已議臺鎭移澎更設副將是一總兵
處此尚嫌其多而某又爲蛇足獨留不去竟似貪戀
雞肋殊堪羞慚裁營減兵之說臺人聞知頗有囂囂

竊笑者某告以廷議未定必待督撫提臣遵依具奏方可施行茲奉憲檄減兵及裁囘將弁名數某尚秘不宣露望早晚或有變更若果臺鎮移澎則海疆危若累卵部臣不識海外地理情形憑臆妄斷視澎湖太重意以前此癸亥平臺止在澎湖戰勝便爾歸降今茲澎湖未失故臺郡七日可復是以澎湖一區爲可控制全臺乃有此議不知臺之視澎猶太倉外一粒耳澎湖不過水面一撮沙堆山不能長樹木地不能生米粟人民不足資捍禦形勢不足爲依據一草一木皆需臺廈若一二月舟楫不通則不待戰自斃

矣臺灣沃野千里山海形勢皆非尋常其地亞於福建一省論理尚當增兵易總兵而設提督五營方足彈壓乃兵不增而反減又欲調離其師於二三百里之海中而以副將處之乎臺灣總兵果易以副將則水陸相去咫尺兩副將豈能相下南北二路叅將止去副將一階豈能俯聽調遣各人自大不相統屬萬一有事呼應不靈貽悞封疆誰任其咎以郭子儀九節度之師而不立元帥統攝尚且師徒潰散況今日耶澎湖至臺雖僅二百餘里順風揚帆一日可到若天時不清颶颱連緜浹旬累月莫能飛渡臺中百凡

機宜鞭長不及以澎湖總兵控制臺灣猶執牛尾一毛欲制全牛雖有孟賁烏獲之力總無所用何異欲棄臺灣乎臺灣一去漳泉先爲糜爛而閩浙江廣四省俱各寢食不寧山左遼陽皆有邊患某庸愚無識以爲此土萬萬不可委去若遵部議而行必悞封疆某杞人妄憂中心如焚特爲桑梓身家之慮惟望恕其狂瞽且賜明示俾解惑焉

論海洋弭捕盜賊書　藍鼎元

國家東南環海萬里汪洋舟楫利涉爲民生之大利其間宵匪潛伏出没行刼亦爲方隅之隱憂盛京一

帶灣岸向來爲洋盜避風之所今旗順口水師足資彈壓山東洋面冷落非賊所戀一年之間不過偶一二至江浙閩廣則自二三月至九月皆盜艘刼掠之時今天下太平非有所謂巨賊不過一二無賴饑寒逼身犯法潛逃寄口腹於烟波浩蕩之際而往往不能廓清歲歲爲商民之患則以商舡不能禦敵而哨舡不能遇賊之故也原賊之起其初甚微止一二人容約三五人潛至港口窺伺小艇附岸徑跳登舟露刃脅舟人駕出外港遇有略大之漁舡則詐稱買魚又跳而上再集匪類至十餘人便敢公然行刼此粵

東所謂踏斗者也出遇商船則亂流以截之稍近則大呼落帆商自度無砲火軍械不能禦敵又船身重滯難以走脫聞聲落帆惟恐稍緩相顧屏息俟賊登舟綑縶賊或收其財物將船放回或連船劫駕他往雖不願從亦暫相依以冀旦晚叔換一入其黨則與之化日久日多遂分爲一二船勢漸以大此等小輩無他伎倆但使商船勿即惶恐下帆又有炮械可以禦敵賊亦何能爲乎愚以爲商船皆有身家斷不敢思爲匪以自喪其身家性命而且一船下水必有族鄰鄉保具結地方官查驗烙號給與護船牌照方敢

出外貿易此等有根有據之人豈不可信而必禁攜鎗砲使拱手聽命於賊若以族鄰保結不足憑則不應給與牌照既可給與牌照則可聽其隨帶防船器械倘得請

旨勿爲拘牽弛商船軍器之禁則不出數月洋盜盡爲餓殍未有不散夥同家者也哨船之不能遇賊皆謂萬頃渺茫從何捕起風濤險惡性命可虞不知賊船在近不在遠沿邊島澳偏僻可以停泊之區試往搜捕百不失一盖彼雖名爲賊未嘗不自愛其生旣遇颶風未嘗不自憂覆溺各省匪類性雖不同然皆

必有垵澳可避風颶乃能俟商船之往來必待天朗風和乃敢駕駛出洋以行刼其貪生惜死之心同則哨緝之方堵截之候無不同也向來各省巡哨實心者少閩海經臺灣變亂有懲羹吹虀之思稍異從前積習其他不過奉行故事而已每欲出巡必預張聲勢揚旆徐行一二月未離江干又於舟中①旦暮鼓樂舉炮作威是何異呼賊船而使之避也若使巡哨官兵密坐商船以出勿張旗幟勿鼓樂舉砲作威過賊船嚮邇可追即追不可則佯爲遜避之狀以堅其來挽舵爭據上風上風一得賊已在我勝下我則橫

校注：①旦暮

逼賊舡如魚比目並肩不離順風施放炮火百發百
中兩舡既合火罐火藥桶一齊拋擊雖百賊亦可禽
也所有銀錢貨物盡賞士卒勿許將弁自私自利首
功兵丁拔補把總將弁以次陞遷無得掩抑則將士
之功名財利俱在賊舡將不遑寢食以思出哨也抑
愚聞在洋之盜十犯九廣則弭盜之法尤宜加意於
粵東粵俗悍鷙貪頑不必財物豐多但殺一人可得
銀五錢則欣然以為勝者一家自潮洲沿海而下千
有餘里半以攘奪為生涯水務習熟往來如飛而廣
惠肇高深山聚處之民往往集衆操戈載大纛以出

劉掠富商大賈地方官不敢過問或家人衙役爲其所擒黥面截耳亦佯爲不知而姑息焉彼此相蒙幸免盜案參罰將來流毒不知其何所届此則杞人之隱憂詎可以其天涯絶域置爲荒遠而不足介意哉海洋相通無此疆彼界之殊朝粤暮閩半月之間可以周歷七省防範驅除萬難稍緩愚所以敢抒狂臆願與七省商民慶萬里澄波之須也

與荆璞家兄論鎮守南澳事宜書

藍鼎元

南澳爲閩廣要衝賊艘上下所必經之地三四月東

南風盛粵中奸民哨聚駕駛從南澳入閩縱橫洋面截刦商船由外浯嶼料羅烏紗而上出烽火流江而入於浙八九月西北風起則捲帆順溜剽掠而下由南澳入粵刦獲金錢貨物多者各回家營運卒歲謂之散斗刦少無所利者則泛舟順流避風於高州海南等處來歲二三月土婆湧起南方不能容則仍駕駛北上由南澳入閩所以南澳一鎮爲天南第一重地是閩粵兩省門户也鎮南之法以搜捕賊艘爲先今承平日久將卒疲玩大帥養尊處優不肯輕身出海將弁奉命巡哨泊船近岸沉湎樗蒱以爲娛樂遷

延期滿揚帆回汛賊夥連綜刧掠莫過而問或上
督責不得已稍稍出洋則大張聲勢揚旆徐行又於
舟中日暮鼓樂舉砲作威惟恐賊船不即遠避賊亦
若相體諒不來衝突自於他處行刧倖而失事之處
隅屬他鎮地方則此鎮自相慶賀以爲賊不敢犯吾
境若是則今日沿海水師之通病也吾兄前在温州威
望素著提捕賊船如探囊取物海島亡命之徒望風
遠遁浙江提督吳公總制覺羅滿公僉謂兩省將才
無出兄右
皇上眷兄勞績一年之中超遷大鎮又使官於家鄉

叠錫殊榮則所以上報　國恩下酬知已增宗族鄉黨之光必有其道矣凡人困抑下位每不憚艱難險阻思建功名及功名既成身家爲重無論追風逐濤出入水天茫淼之中非其所肯即求一二留心海務督責將弁亦難言之盖富貴之氣移人最深養尊處優盡改前轍固其宜也上偷安則下怠惰營伍廢弛則士卒弱將帥素尸則盜賊滋自古及今必然之理前人有言曰官怠於宦成詩曰靡不有初鮮克有終願兒無以開府滿盈常如新進之日抖擻精神勤勞哨緝一洗向來鎮弁積玩逡巡畏縮之習夫昇平小

醜有何難治海洋雖寬得其要如一室耳去援賊之人賊勢自然窮蹙練兵丁選死士精器械愼機密搜醜類而殲之治其標也平日恩威並濟必有大服軍士之心雖使赴湯蹈火亦無所避又當知弭盜之源在乎民風士習課農桑脩學校以養以教自然不爲盜賊治其本也鼎元不敏敢抒管見略陳數事先民有言詢於芻蕘惟吾兄察之

謝鄰制府兼論臺灣番變書　　藍鼎元

得潮州家報具知憲駕臨潮存問鼎元之家賜米盈倉嘉殽旨酒羅列滿庭重以手書慇懃稱許逾量捧

讀之下惶恐殊深自念窮陋廢員饑寒乃其分內兩
載土民供給已覺赧顏繼以全郡同寅上官周恤又
逾一載正在慚恧無地欲爲還鄉之謀何期西江之
流激自天外憲恩廣厚一至於斯夙夜思維不知將
來何以爲報也東望三山再拜稽首匪敢言謝用誌
隆情近聞臺北土番復有崩山等社猝至彰化縣治
騷擾作孽此曹不知寬大之恩欲以毛髮試洪爐之
焰自速其死無足矜憐冬春沙轆之變兵威未振招
撫遠行竊已疑爲非計謂當消釁未萌免動兵戈則
可既已勞師兩月弗能取勝然後招之使來似不怯

弱養成驕恣罔知不能無復起之患也爲今之計宜大震軍威連根撲滅使他社番藜知　國法蔑不可犯然後一勞永逸臺鎮請兵三千之意想亦如此似當稍假便宜使之奮勵立功多繼砲火以足其用更製木盾以禦藥箭焚山烈澤直搗幽深廓清亦易易耳但飛咨內地調兵三千似覺招搖耳目或滋宵小之疑不如在臺招募土兵倣戚繼光分號編號一日成軍之法召疾易而成功速蓋山谷崎嶇官兵不如民兵之利選擇精壯雷厲風行隔海千里不如就地取材之捷也或以事平之後有易集難散之虞則北

路地方千里兵力本弱安居無事尚且宜議增防況
今逆番出擾已有明徵亡羊補牢寧能稍緩彰化上
下四五百里僅委之守備一營四五百之兵此當改
設遊擊增兵五百無疑也去歲閱邸抄有淡水同知
移駐竹塹之議不知張宏昌失事何以乃在沙轆必
竹塹未墾無村落民居之故耳竹塹居彰化淡水之
中距彰化縣治二百四十里一路空虛上下兵力俱
皆不及宜移同知駐此以扼漳淡之要聯絡數百里
聲援然後臺北上下血脈相通似應請
旨特設參將一營兵一千同駐其地碁置村落招民

閒曠計竹塹埔至鳳山崎寬平百餘里可闢千頃良田向以無民棄置致野番出沒爲行人患若安設官兵則民不待招而自聚土不待勸而自闢歲多產穀十餘萬爲內地民食之資而野番不能爲害矣二處添設之兵皆當另募然後內地防汛不至空虛宜一面奏聞一面募用先得新兵一千五百名協勦番逆廓清更易古人搏鼠亦用全力不肯以其小而忽之部覆准行之後即以分防兩營照在臺各營例年滿內地撥換或將竹塹一營屯田俾立室家作土著與各營班兵爲主客相維之勢尤防範之最密者也

方今西陲用兵　宵旰廑念東方海外微茫琉球以
大舉速滅爲要不可欲圖省事反覆蔓延大人妙算
神威必有出人意外非屬員所能窺測但感佩盛情
不覺自忘其固陋欲奏抒千慮一得之愚惟大人諒
其心而恕其罪則幸甚

福建續志卷七十八終

藝文四

序

書義序

宋　楊時

古者左史記言右史記動書者記言之史也上自唐虞下迄於周更千有餘年賢聖之君繼作其流風善政可傳於後世者具載於百篇之書今其存者五十有九篇予竊以一言蔽之曰中而已矣堯之咨舜曰天之歷數在爾躬允執其中四海困窮天祿永終舜亦以命禹夫三聖相授蓋一道也貴為天子而以天

下與人窮爲匹夫而受人之天下其相與授受之際豈不重哉而所言止此仲虺之誥稱湯曰建中於民箕子爲武王陳洪範曰皇建其有極然則帝之所以帝王之所以王率此道也故予以一言蔽之曰中而已矣夫所謂王者豈執一之謂哉亦貴乎時中而已時中者當其可之謂也堯授舜舜授禹而不爲泰湯放桀武王伐紂取而不爲貪以至爲臣而放其君非篡也爲弟而誅其兄非逆也聖人安然爲之而不疑者蓋當其可也是堯典之書爲讓舜而作而其名謂之典言大常也蓋當其可雖以天下與人猶爲常而

已後世昧執中之權而不知時措之宜故徇名失①流而爲子噲之讓白公之爭自取絶滅者有之矣至或臨之以兵而爲忠小不可忍而爲仁皆失是也又烏足與論聖人之中道哉國家開設學校建師儒之官蓋將講明先王之道以善天下非徒爲浮文以誇耀之也以予之昏儒不肖豈敢自謂足以充其任哉姑誦所聞以行其職耳然聖言之奧蓋有言不能諭而意不能致者也諸君其愼思之超然黙會於言意之表則庶乎有得矣

丞相李公奏議後序

宋　朱子

校注：①寳

嗚呼天之愛人可謂甚矣惟其感於人事之變而廹於氣數屈信消息之不齊是以天下不能常治常安而或至於亂亂然於其亂也亦未嘗不爲之預出能弭是亂之人以擬其後蓋將以使夫生民之類不至於糜爛泯滅靡有孑遺而爲之君者猶有所恃賴凴依以保其國是則古今事變之所同然而天之所以爲天者其心固如此嗚呼若宣和靖康之變吾有以知其非天心之所欲而一時人物若故丞相隴西公者所謂能弭是亂之人非耶蓋聞政宣之際國家之隆盛極矣而都城一日大水倖至舉朝相顧莫有敢以

變異爲言公獨知其有夷狄兵戎之禍上疏極言須①
有消弭於未然者不許藩官以去而期不七年虜②騎
薄都城公於此時又方以眇然一介③放逐之餘出負
天下山嶽萬鈞之重首陳至策而徽宗決內④禪之計
繼發大論而欽廟堅城守之心任公不疑⑤遂却強虜
然自重圍既解衆人之心無復遠慮而爭爲割地請
和之說以苟目前之安公獨以爲不然而數陳出師
邀擊之可以必勝與其得志再入之不可以不憂則
讒間蠭起遠謫遐荒而不數月閒都城亦失守矣建
炎再造首登廟堂慨然以修政事攘夷狄爲己任誅

校注：①須　②虜　③放逐　④決內　⑤遂却强虜

僭逆定經制寬民力變士風通下情改弊法招兵買馬經理財賦分布要害繕治城隍經理所撫河北傅亮收河東宗澤守京城西顧太原南葺樊鄧且持益據形便以爲必守中原必還都城之計然在位纔七十餘日又遭讒以去其在兵興因事獻言亦皆畏天恤民自强自治之意而深以議和退避爲非策懇切反覆以終其身蓋既甍而諸子集其平生奏章得凡八十卷其言正大明白而纖①微曲折究極事情絶去雕飾而變化開闔卓犖奇偉前後二十餘年事變不同而所守一說如出於立談指顧之間今少傅丞相

校注：①纖

福國陳公序其篇端所以發揮引重固已盡其美矣公之孫晉復使熹書其後以推明之熹謝不敏而其請愈力不得辭也顧嘗論之以爲使公之言用於宣和之初則城都必無圍廹之憂用於靖康則宗國必無顛覆之禍用於建炎則中原必不至於淪陷用於紹興則旋軫舊京汛掃陵廟以復祖宗之宇而卒報不共戴天之仇其已久矣夫豈使王業偏安於江海之濵而尚貽吾君今日之憂哉顧乃使之數困於庸夫孺子之口而不得卒就其志豈天之愛人有時而不勝夫氣數之力抑亦人事之感或深或淺而其相

推相盪因有以迭爲勝負之勢而至於然歟嗚呼痛哉昔蒯通每讀樂毅書未嘗不廢書而泣安知異時有不掩卷太息而垂涕於斯者哉雖然今天子方總攬策以圖恢復之功使是書也得備清閒之燕而幸有以當上心者焉則有志之士將不恨其不用於前日而知天之所以生公者豈非偶然矣因次其說以附於八十卷之末使覽者無疑於福公之言云

文公家禮儀節序　宋　楊復

先生服母喪參酌古今咸盡其變因成喪葬祭禮又推之於冠婚名曰家禮既成爲一童行竊以逃先生

易簀其書始出行於世今按先生家鄉侯國王朝禮專以儀禮爲經及自述家禮則又通以古今之宜故冠禮則多取司馬氏婚禮則參諸司馬氏程氏喪禮參之司馬氏後又以高氏爲最善及論祔遷則取横渠遺命治喪則以書儀疏畧而用儀禮祭禮兼用司馬氏程氏而先後所見又有不同節祠則以韓魏公所行者爲法若夫明大宗小宗之法以寓愛禮存羊之意此又家禮之大義所繫盖諸書所未暇及而先生於此尤拳拳也惜其書旣亡至先生沒而後出不及再修以垂萬世於是竊取先生平日去取折衷之

言有以發明家禮之意者若婚禮親迎用温公入門以後則從伊川之類是也有後來議論始定若祭禮祭始祖初祖而後不祭之類是也有以用疏家之說若深衣續衽鈎邊是也有用先儒舊義與經傳不同若喪服辟領婦人不杖之類是也凡此悉附於逐條之下云

贈監察御史朱公挽詩序　明　于謙

山西大叅朱君用明之父則文甫與其配陳氏皆以子貴封贈監察御史及太孺人雖卽世頗久而縉紳大夫莫不傷悼而哀挽之聲嗟氣歎如出一口是果

何以致此余觀御史公當搶攘之季乃能以身代①父之命卒之强暴感悔兩全其生而太孺人又能齊美比德孝感神明而致白金之賜經曰孝弟之至通於神明信哉至於周貧乏恤遺孤罄其所有畧無顧惜是皆人所難能而則文夫婦爲之易易世有臨患難遇事變而視骨肉如塗人與輕義重貨而甘爲守錢虜②者視則文夫婦亦可以少媿矣縉紳大夫所以傷悼而哀挽之者匪直爲斯人亦爲世道勸故也則文之于大叅爲御史時與余爲同官暨來山西余忝巡撫游處最久熟知其人廉明公恕能而有文卓然

校注：①贖　②虜

爲時名臣蓋亦有所本歟三復之余①書此爲挽詩序

送給諫邱君使琉球序

明　李東陽

國家統一區宇掃乾盪坤滌濯萬物逮於百年化洽功成五服之內藩臬郡縣之所治出賦稅共使令者弗論暨於海中外風殊界別以國稱者萬數邇者先沾遠者後被冠纓椎髻詩書甲冑梯高航深四面而至充中庭溢下館禮部繁於奏納鴻臚勤於奉引象胥勞於通譯自有中國以來無若是盛者若琉球國在海東南諸國大小遠邇之間烟火相望順颸利船七日而至然其始俗以盈虛爲朔望以草木爲冬夏

校注：①餘

粤自古昔未通中國時雖或窮征黷討而賓服無□①及我國家號令所到嚮風奔附遂封爲中山王齒於圖版奉職貢者日涵月照潛移暗革被服冠帶陳奏章表著作詞賦有華士之風焉成化庚寅其王世子當嗣封遣其長史來請命天子封中山王賜璽書冠服遣正副使二人致命中山户科都給事中上杭邱君宏寔充正使之選賜朱衣一襲以行六科諸給事皆爲行餞徵辭翰林東陽於給事君同年進士言在不讓曰於戲給事大丈夫入則居諫爭出則承使命誠所願爲今聖天子在位賢大臣在列嘉惠於彼外

校注：①闕

國中山王謹畏孝順不墮臣節以俟我威命而給事
身負荷之國體之所繫小邦之所瞻後世之所稱頌
胥此焉在給事身其克自重慼慼厲精發山動海立以
宣達天子威德國家之典章式俾小邦君長陪從暨
於閭巷明識逆順保其初心惟億萬世服事罔敢斁
亦罔敢肆於戲豈不真大丈夫哉給事君起曰使者
職也敢不勉於是諸給事驩曰使哉使哉乃尊上供
張三爵而後别

送萬廷器之僊遊序　　明　鄭紀

宏治甲寅天官卿簡國學生需詮曹試補縣令宣城

萬廷器與簡榜注吾邑時予適奏績於京張榜之日予先陛辭出郭不得與侯遇及還南都侯亦便道過家旣而復來謁予①因別之任且詢訪政俗甚勤予告之曰吏之治民猶醫之治疾也侯知醫道乎內傷者固其本外感者治其標固本莫善參苓治標莫先薑桂此醫家之律令東垣仲景所以垂令名於無窮也吾邑有宋盛時文物衣冠八閩稱首國初猶有六十四圖主客户以數萬計永樂已後逋耗極矣宣德間縣令王公彝漸次培植民方蘇息今所存里圖僅得五分之一皆王之遺民也然俗尚侈靡驕惰家無甔

校注：①予

石之儲而屋宇服器務求美麗男女互相誇張子弟恥耕作生徒恥從師春田茂草夏案生塵用是家家逋負動以千計數科不第一人此內傷之疾然也且以寡弱之良民而夾强大之鄰敵乘機窺伺吞田索貨連綿其券不陷之以人命則誣之以軍丁吏緣而羅織不竭資產以賠償之不止也兼以郡隸搆差百色誅求几有催科擡一作十小民一年勤動不足以供一月之費而典田宅鬻子女纍纍相繼此外感之疾盛也夫以壯實之夫兼以內外夾攻之証尚無可望其生况羸弱之人乎所喜者去古未遠故家遺俗

猶有存者據予耳目所逮而言之張德源之好施陳履素之敦龐林孟光之野朴鄭德安之古淡後生小子猶能誇頌而向慕之侯茲往也和易以親之懇切以諭之播勤儉之風以節其驕奢之習驅游民使歸田畝誘倦學使就師儒則農有餘粟科不乏人而參苓之功奏矣剛不吐柔不茹刁豪之來禮貌以消之威嚴以鎮之禍可嫁而民不可虐石可下而法不可紊則宄豪斂跡良善安生而薑桂之功收矣就中積習既久薰蒸融液安知張陳林鄭不復見於今日也巽①時侯爲遷大邦吾邑之民不奉侯以配東湖之祠

校注：①異

而歌之以爲偃遊東垣仲景也耶

新里甲月錄序　明　鄭紀

士君子之生世也出則憂乎天下處則憂乎鄉邦濟時澤物之心未嘗一日忘也紀家食幾二十年歷觀前代取民之制什一法壞春秋變而稅畝秦變而口錢漢變而算賦唐變而兩稅宋又變而青苗寬剩費出無經徵斂無藝而民之不堪命也宜矣國朝賦法民田不過五升官田不與征役視什一之法則又輕矣何民百家之中衣食於稱貸者什凡七八農家銍艾在手釜甑已空顛覆逋亡版圖日削豈知其由近

偶得里甲目錄而觀之縣令黄嵵每甲值一日用銀

二十餘兩十六圖一歲計之用銀三千餘兩悉皆庖

厨之共妻妾之奉與夫過客來使權門饋贈之需而

已至於祭飲科貢物料之類國典所載者率以一科

十歲又千兩有畸夫以百六十户之民而共三四千

金之費欲免稱貸逋亡之患不亦難乎是雖黄流禍

之慘然當時里正雄長射時吞噬亦不能謝其咎也

今縣令彭君下車之初一念仁慈正吾民息肩之地

弟民風土俗未能周悉乎弟今年備名里正因會集

同事㮣神滌慮議定供應事目萃爲一錄自聖壽祀

飲而下至於役夫什廩之微量輕酌重分條類目上
可以給公家下可以舒民困歲計用銀不滿五百每
甲一歲出銀不過三四兩視諸往年則七八分之一
也錄成呈白縣堂隨與里甲百四十户合盟以堅之
以爲一歲共需之則而田野之民欲永其傳請于題
其篇端予嘗攷吾邑盛衰之蹟唐宋之盛譜誌所載
不必言矣國初富庶不減於前尋直虎寇爲災民耗
大半宣德閒縣令王公以救焚拯溺之心爲政絃易
轍之政起塗炭之民於枕席之上吾民立碑建祠報
頌不衰近年則自枕席復推入塗炭之中是又猛於

虎而虢於寇者矣同一法制也同一品秩也同一土地人民也趨向之不同如是亦獨何歟孔子論治國曰節用而愛人邵子有言諸賢能寬民一分之力則民受一分之惠愚敢舉是爲山坻祝

政經序　宋　王邁

西山先生眞文忠公心經一書行於世至徹禁中端平乙未夏五公薨後兩月從臣洪公舜俞洛夔在經筵上出公心經曰眞某所書朕乙夜覽而嘉之卿宜爲序洪公退嘗與邁言至相顧隕涕旣而洪公亦告瘁不知是書嘗序與否也今所謂政經者乃先生再

守溫陵日所著邁時分教睢邸鄉友趙時棣宗華爲法曹朝夕相與親炙琴瑟書冊之側遂得此經實在四方門人之先而四方門人亦未必盡見之宗華令大庾鋟梓縣齋以一帙見畀序於帙端邁竊謂天下之書多矣然有之無所補無之靡所關者亦多先生所著之書鑿鑿乎桑麻穀粟之不可闕者也惟心經所以爲開天理廸民彜之大本惟政經所以爲續天命救民窮之實用心經可以接伊洛之正傳述朱張之遺學政經則自體以達用舉而措之事業小則爲程純公晉城縣譜次則爲富文忠公青州郡譜大則

爲韓忠獻公司馬文正公嘉祐元祐之相譜嗚呼國步斯頻民亦勞止有民社者嘗於心政二經佩服而力行之則民瘼庶其有瘳乎國脉庶其有禆乎

贈總戎戚南塘公平倭序　明　郭文周

夫天下安注意相天下危注意將惟今時爲然自倭奴入閩六七年間孤人子寡人妻獨人父母其僇辱執質之苦抄掠焚燒之慘抑又甚焉遂屢陷城邑戕命吏蹶上將蹂南閩諸郡不有橫嶼之捷敝邑尚有孑遺耶盖自歲已未虜始陷福安辛酉再陷寧德遂屯據於寧德之橫嶼嶼四面臨江虜乘潮出沒東撼

福寧南掠連羅古田諸路北據倣邑尤劇軍門滾溪
游公乃不得已乞糧於浙請將於朝聖上感動乃勅
總制梅林胡公以戚公涖斯軍焉乃壬戌八月癸丑
大軍至福寧犒師休氣越三日下令曰吾期以一鼓
殄此而朝食於是閱將領兵以遏其奔逸懼其海竄
則又分布戰艦以扼之爲盡敵計庚申遂進兵臨嶼
適潮落泥淖不可涉公命人持一莽投淖遂履若平
地先是公已間渡奇兵繞出敵後至是援枹而鼓之
兩軍合擊萬炮齊發呼聲動天地兵皆殊死戰虜錯
愕投及斬首就戮無一得脫乃返𢿱虜者千餘人其

業已從賊即禿而能投來降者皆勿殺一不崇朝而收全功遂乘勝引兵而南以臨福清福清益大定乃振旅還浙適興化告變天子乃拜公總戎事公至尋定興郡於指顧閩人信公為飛將云余未一睹公然每誦公教令及聞嘗獲睹公所往來翰札率純誠冲虛藹然可掬異時勒鼎銘彝固不為異矣余聞今中丞二華公方抱奇節通材來撫閩服協之以公皆極一時之選閩人其有瘳乎故於邑尹蒼梧黎雙泉君之來謁也喜而叙之云

重修蔡虛齋先生祠引　　國朝　李光地

昔明之中葉士大夫講學論道之盛比於宋南渡時維時北方之倡者著於河津而月川涇野之徒前後相望焉南徼學者則康齋發其端其徒餘干白沙相與張而大之然二子者同遊康齋之門而所學迥然絕無毫髮肖似其後遂有姚江王氏標新立異一時靡然宗之其聲華遊從之盛又非從前諸子之所及也吾閩僻在天末然自朱子以來道學之正為海內宗至於明興科名與吳越爭雄焉曁成宏間虛齋先王①崛起溫陵首以窮經析理為事非孔孟之書不讀非程朱之說不講其於傳註也句談而字議務得朱

校注：①生

子當日所以發明之精意蓋有勉齋北溪諸君子得之口授而訛誤者而先生是評是訂故前輩遵巖王氏謂自明興以來盡心於朱子之學者虛齋先生一人而已自時厥後紫峰陳先生次崖林先生皆以里閈後進受業私淑泉州經學遂蔚然成一家言時則姚江之學大行於東南而閩士莫之遵其掛陽明弟子之錄者闕無一焉此以知吾閩學者守師說踐規矩而非虛聲浮談之所能奪然非虛齋先生其孰開之今經學久晦士大夫好尚趨向龐而不純浮華之徒轉相夸毗獨至蒙引存疑淺說通典諸書則行於

海內家習而人尚之翕如也故嘗以爲吾閩之學獨得漢儒遺意明章句謹訓詁專門授業終身不背其師言者漢儒之學也師心任智滅裂鹵莽者近代之學也是二者孰古孰今孰淳孰薄後之君子必有辨之者自鼎革至今吾閩苦於兵亂學士呻唔僅以應舉先正淵源之學荒焉地竊不自量方將以山林餘服與同志之士誦鄉先生之遺書蹈前修之典刑庶幾那與卒章之志同官莊子素思適以書來厚相諄曷默有感於予心三復之餘愾然永歎其後以蔡祠見燬告且曰顧與子倡而新之子宜弁數言以質士

友余唯斯文之運無往不復吾鄉積亂之後必將復有嗣音者焉紹續正學如宋炎興明成宏時然則表章先烈使來者有所觀瞻其事誠不可已願與諸友勉之

南溪書院志序

國朝　李光地

尤溪者子朱子所生處也朱子本婺源人先公羈宦生朱子於閩而遂家焉少因依劉氏兄弟居於建陽而學於崇安後之人不忘其生處故尤溪有韋齋朱子之祠及所謂毓秀亭者南溪書院則宋理宗所賜額也光地嘗一再經此邑登陴望文公山窪突畢肖

堪輿書又載其在婺祖墳術者豫占之曰當生一大
賢聰明如孔子然亦知其遠去家鄉而自他有耀嗚
呼豈偶然哉舊有南溪書院志紀其地山川奇勝朱
子幼所嬉遊長而往來事蹟以逮祠亭廢興列代至
於斯而紀詠者并其譜傳据摭成編乃崇建所未備
其苗裔族居此者亦多令奉祀博士及祠廟勅額
天子推恩建陽與婺源等獨文公山蹤跡光地曾承
問及之奏述頗悉前撫臣道覲代　賜扁符命揭尤
溪祠宇而仍留建陽蓋尤溪辯非孔道將命者訪問
未的而身亦隨彫沒也今大吏又據邑文題請

新賜且將修葺祠亭表厥故址而攝邑事通判楊君旣獨新龐秀亭又討論南溪志而損益重刊之楊君篤志正學今爲政有德於民而尤勤勤文獻若此司馬遷自謂明易象春秋本詩書禮樂之際是以至東魯入廟堂高山興慕低徊不能去千載上下有志之士不有同心哉以余適里居來索言余故樂爲序之

靖海紀序　李光地

韓淮陰指畫東征形勢及料楚漢成敗卻指諸掌諸葛公校計孫曹强弱圖荆益之利定鼎足之規皆先搱①算於前而操劵於後司馬仲達不足道也然其平

校注：①握

公孫淵量敵計期不差時日岳忠武剿魏公定擒楊么八日而捷書果至蓋古之重臣宿將其於天下大勢一隅要害未嘗不熟籌深曉制其短長之策故一旦應機迎刃而解此固非冒利趨險迄無成謀苟焉以國家民命爲試者也東南之苦海患六十餘年

聖朝受命恃其險遠踞島嶼乘風潮出沒爲梗自戊子以來攻圍破陷郡邑者三跨有粤閩邊地曠日而後平者一己亥之役浮長江犯金陵則中原腹心爲之震動議者割棄沿海田廬延袤數千里而又歲資隣省軍糈動百萬計蓋毒生靈糜國藏不可勝數此

豈鱗介之倫不以衣裳易者比哉靖海侯施公自其
先任樓船則以疏言賊可滅狀乘傳陛陳言之彌切
天未厭亂留心宿衛十有餘年而後出竟其志時異
勢殊而公前二疏所陳者無一不酬於後自奉
命專征至於受降獻俘籌畫措置連篇累幅又無一
不符於前吾以是知公計之熟料之明知己知彼算
定而後戰故能役不輸時而成不世之功所謂上兵
伐謀者於公見之矣國家之難在用兵用兵之事莫
難乎滄波巨浪之中與遠夷爭舟楫之利珠崖南交
漢明所以屢征而不服遼左日東唐元所以僨師而

不再彼數君者皆以遠畀窮兵積用弗底今鄭氏境內逸寇托足孤島爲濱海無窮之憂　皇上憫惻殘黎赫然誅討天佑　皇仁風波助順而公以國賊家難忠孝交逼於中憤不顧身義形顏色仰仗
皇上委託之專無復疑貳掣肘遂克受事報成宣威絕徼航海之勳稽古莫及焉然則公之智勇蓋公之誠爲之而非
皇上救民伐罪內斷於心任公勿二如議者舉棋不定之口其不潰成者幾希耳閩之人取公前後章疏彙萃編刻而請序於余余惟公之功

天子褒之史氏紀之其所以爲百世戎臣師者吾無
綴乎爾故復稱道古今以見遠圖之不可事黷兵之
非得已以及
主之仁明臣之忠孝著厥成功之自覽是編者攷閱
事之終始尚將有以論其世也

吳將軍行閒紀遇後序　國朝李光地

我　國家誕受多方集命旣固至我　皇上而內鉏
畔亂遠拓疆索雖在窮島之中絕塞之外阻滄波限
大漠爲兵威之所不至使命之所不加莫不遣發專
征親煩　六御羈縶組前後致之闕下稽近代文

德武功之盛未有如是之赫然巍巍者也大勛既底九域乂安　聖明不自以爲神武之力推恩酬勞久而彌篤其在元庸眷念滋甚蓋歷指三十餘年之間名績昭章如古之登於册府圖畫者不過數人而吾閩水師提帥吳公其一也公自壯歲從戎兩浙即值三逆變亂當是時滇廣之寇度嶺嶠越江湖其勢猶遠而耿賊之兵則已出仙霞而駐衢發勞散於江西沿海以分我師海孽助之結連搖煽如浙江不守則東南財賦之地有呼噏之危故議者謂三衢用兵獨此爲門庭之急其後亦以衢關不守耿鄭破亡滇粵

遂以次誅滅則此其明效顯證也公是時初佐戎耳
且以閩人之故頗有讒構之者而能以忠勇自著使
王將軍制府提帥以下皆推誠任之無所疑猜公又
所向摧鋒績效驗自卒能披海道之窾以先震嶺之
師用區區裨貳之職而姓名功次洊聞於　朝大吏
元戎爭先進達公之邁迹行間固已奇矣及爲總兵
閩中正　廟堂經畧海事之會時則自重臣宿將至
於道路之口言海可平者百無一焉靖海侯施公既
銜　命而來乃亟引公自助公於施公里戚也言無
不盡而施公亦委心聽之自有明天啓初載而海患

萌蘗至是六十餘年矣四世相繼樹本深堅又旣據臺灣之遠扼澎湖之險舟檝便習風潮飄忽嘵嘵者大以爲非官軍之利及二公斷以不疑以六月發銅山衆又以爲天時地利蓋兩犯之然二公算旣定謀旣合自始接至於破敵僅七日間盡燒其舟船奪其島嶼海之驍桀精銳一朝殲焉又復大開恩信縱釋陣俘使之還諭兵民動以禍福爲傾巢進取計賊窮廹無所奔竄遂稽首納欵舉土降附斯役也論者謂自古海外立功蓋至我　朝僅見也　天子嘉悅公功晝接殷優賜賚重叠以東南旣靖俾帥於西控馭

巴爾夾氏帖服既又以濱海重任非公不可水陸二閻公歷專之泰遇山海清晏　九重以江淮氐庶爲憂間歲南巡察視河務公與南服制撫朝覲　行宮恩禮便蕃彌加於昔公於是感眷顧之隆循平生之蹟以暇日記憶成篇題曰行間紀遇以地爲枌榆親串使以數言跋其後地披讀終篇其成功於艱危萬死一生之狀足令觀者驚愕悲喜而至於今日寵命始終備極渥注則又使人慨然於功名之際而益知聖朝之盛德爲難名故公此述不曰紀功而曰紀遇蓋上以自幸千載之遭而下以無忘當日羣帥知待

之雅尤古人所謂勞謙君子厚之至也用是應命而謹書之

禮記手抄序

國朝黎士宏

國家治亂興亡之故豈不在禮樂哉原其所以久安而長治者則莫不迂濶而多事其所以速亡而易亂者則莫不直致而徑情昔者三代之治惟周爲情文備至情文者禮樂事也故自唐虞以至三代惟周之得年最長秦之興也以法吏爲師薄儒者焚書記可謂簡易無事矣歷數漢魏以來以兵力取天下而不能守者亦唯秦之得禍最烈是非用民之淳而秦民

之弊也譬之若飲食焉將專與人以粱肉而食者未必歡加之爲燔炙爲酒醴而食者恒意滿夫燔炙酒醴非必異粱肉也其喜怒不同者蓋耳目隘則計較生曲折多則意致盡也周則不惟食之以燔肉酒醴而益之以俎豆秦則不惟不以粱肉而又剪其嘉種焉周安得不治秦安得不亡哉或者曰漢何以不亡也當高帝起自田間不十年而定天下自謂得之馬上安事詩書爲至其後稍厭煩苦而叔孫制禮遂爲一代典章文景以來相沿不廢則是漢方興而能變秦至亂而不知也夫有禮則安無禮則危如得食則

生不得則死今必曰禮樂待百年而後興是猶謂飢渴者曰俟秋熟食爾俟雨降飲爾吾恐秋不時熟雨不時降飢渴者且枕籍於前而不可支矣禮者固已飢之餱糧而止渴之漿露也始於郊廟達於妻子及於童僕被於蟄蟲先王蓋曰天下有履蟄蟲而不忍傷待童僕而不敢無禮吾又何憂君父哉昔唐開元之間通事舍人王巖上疏欲刪去禮記舊文而宋儒又詆其多出漢人附會附會與否不可知但使迂濶足以救亡直情足以速亂則君子何爲惜一迂濶之名以延百姓之命而必欲徑情而直致使古天下父

老使兵革相循紛紛不已蹈亡秦之故轍而後已也

寧化縣志序　國朝　黎士宏

康熙二十二年癸亥

皇上誕敷文教允廷臣請纂修一統志先檄直省所在有司呈稿彙進下史局閒山川里道不合屢煩嚴

旨切責一時奉行期廹多因仍固陋太史公云文不雅馴薦紳先生難言之矣寧化泉上李元仲先生舊學通儒爲海内人文領果不交州府者四十年前令何公束書載幣以邑志請先生辭之再數請乃可書未就而何公遷去及書就前令王公急欲梓行又不

果令戊寅祝使君來治寧化見是編而再三歎息謂非一邑一人之書而天下古今所通共之書將以副功令詔來者非我其誰任僉謀於學博謝君及邑之紳士父老咸韙是舉度工選匠不數月而刻告成予得俯首卒讀信哉祝使君所謂天下古今所通共之書而非一邑一人之書也寧雖望邑志殘缺者將百年發凡起例非有故府足因也摘辭辨體非有羣材足藉也先生以一心一手經營數千年之事無飾言無曲筆識其大者舉一端而古今上下治亂倚伏之故無不詳樹一論而源流升降補救損益之計無不

備識其小者而山川里道邱陵陂澤岡巒岩壑無不掌指而縷分斯固釋法顯之所不能既其詳核鄰道元之所不能爭其奇麗者也後有作者蔑以加矣夫郡縣事至冗雜錢穀刑名之司日救過不暇視邑乘廢興無關緩急即有意修舉而或所任非所賢所賢非所遇世之淵雲遷固之筆使名區勝蹟魁人傑士湮沒而不得傳者何可勝計視使君之爲是舉也固甚慶乎國有人焉得以一邑之書見於天下又得毋更致慨乎國有人焉而僅以一邑之書見於天下也汀州府志之缺亦五十餘載郡伯鄢公賢大夫也雅

意重修將專車延先生定論今先生亦遂老矣年八十有二倘天假緣便獲見成書推廣一邑者及於一郡以一郡者漸及於天下先生將無有意乎予受業先生之門何敢附游夏一辭之贊特歡祝使君任事之决而識政之大也敬記一言於簡端

重修上杭縣志序

黎士宏

纖省郡邑之志與國史相表裏體裁大小不一而義意則同史主勸懲志專實錄史獨難於斷而志則兼難於修凡修史立局總裁校勘皆定專官進退黜陟備呈乞覽卽權貴不得以力爭至郡邑之志非生長

其地者人與事不相習勢不得不屬之一二里黨能
文章熟掌故之士然宗戚交遊親串所在往往闒茸
濡毫遷延嫌怨稍賖則速索米立傳之譏槩刪又不
免陶範挾私相臨之懼遂至兔園夫子亦黜文壇椎
髻布裾盡標淑媛流傳四方指爲口實志之濫也匪
獨有心者不願爲且不欲竟讀也是非地方司牧貟
心強力任是非勤採擇而又具良史之才者斷不能
成書而垂後若今璞山蔣使君所修上杭之志蓋亦
僅矣上杭爲臨汀赤縣有明三百年間藪澤數警特
設憲司節制其地川陸三百里人文山水甲於諸州

志之缺者百有餘年而未補豈能文操筆者遂無其人抑以宗戚交遊親串之所在懼於速尤府怨而有所不敢耶抑豈一時司牧文章政事不必兼長而任是非勤採擇又有力有不力耶蔣使君蒞治八年政通人和急急乎恐文獻之不光爲懼聘名士分部家心手勾稽兼時積月今讀其書數千年間一邑之治亂興衰若可手輪目數細及里語方言蒐羅放失至官司人物出入進退毀譽所不得摇愛憎所不得奪又何其斷斷如是昔韓昌黎推避史事柳州貽書相督謂其褒貶是非不肯任將來不敢爲御史大夫生

殺予奪更有重於此者則并不敢爲宰相今使君奮然執筆而不爲愛憎毀譽所揺奪是御史大夫宰相之心也然則蔣使君豈僅才勝一邑其所成書又豈僅一邑之志哉郡志殘缺有年當事屢以相屬逡巡而未有以應倘得盡如寧化志之博麗自爲一書上杭志之明辨而有體則庶幾踵事增華事成功半然終逡巡而不敢以應不繳之嘲固已遠慙柳州近復抱愧於賢使君不少也

赤嵌集序　　國朝　萬　經

中原地盡媧皇之補無功絶島天浮精衛之填奚術

沃焦暘谷茫茫蜃市蛟宮弱水扶桑沆沆蜑人龍戶田橫已逝血積纍花徐福不歸啼聞鷓鳥蓋臺灣郡者歷代聲教所不通前王版圖所未隸也聖朝化行率土威被無垠鑿溟涬之乾坤雕題入貢闢鴻濛之日月卉服來王城列赤嵌官紆黄綬則有龍眠才子孫楚名流岸幘澎湖諭裸邦以禮樂揚舲浯嶼變斥鹵爲桑田而乃積畝勸農之餘偏工體物榕陰聽訟之暇不廢緣情渺衆慮以爲言揮八極而成韻華詞璀璨擷珊網之千枝異采焜煌落鮫珠之百顆是則潁川渤海儒術斐然開府參軍風流卓絶矣豈若兒

闘挾冊者課吏治而迂疎鳳尾批箋者薄新詩為小道也哉且夫夸陳山海縱壯浪而難工雕飾禽魚毋形容而易俚若其留不盡之響於言外狀難名之景於目前大言小言亦騷亦雅倒天潢而屈注百谷皆鳴持月斧作文斤五兵非利耳悽目駭性寂情移將使子厚柳州未足記其巧坡公海外無以喻其奇此赤嵌詩集為人間未有之書而漁洋先生有創獲必傳之語也嗟乎吟篋隨身錦囊貯句苟非好事未易言懷①至於挂席隨雲乘風破浪問程孤往歷島樹之迷離擊楫還歸與黛帆而上下鯤魚夜吼則山鬼皸

校注：①懷

吟颶母朝飆則爰居屏跡鐵沙排劍迴車九折非難針路飄萍擊水千盤似夢而使君乃枕樓舒嘯官閣援毫海月鑒其呻唔天風助其激盪捧函色動不數張融賦海之章掩卷神飛勝讀郭璞遊仙之句感瓊琚之投贈媿糠粃之簸揚宜播雞林共貽鸞羽

安海詩序　國朝蔡世遠

皇帝誕敷文德敉寧武功歷數綿長版圖式廓數天之下覆幬涵煦罔不率俾其有阻疆自雄傲虐不共則赫然奮雷霆之師擣其區域畏威輸欵爭為臣僕臺故紅毛地也鄭氏竊據三世

皇靈遠播命姚公啓聖施公琅削平奏請置一府三縣四十年來休養生息衍沃富饒顧土著鮮少火耕草闢多閩粵無賴子弟地廣則易以叢奸民雜則易以召亂加以重洋浩淼官吏有傳舍之思兵役更番不盡馴性制撫控馭阻於鞭長康熙辛丑夏四月二十三日羣不逞之徒叫號嘯聚蹂我民人賊我總帥安平副將許君雲遊擊游君崇功北路參將羅君萬倉各率偏裨血戰死之賊遂據有全臺服優衣冠相稱以名號文臣逃遁澎島賊勢益張五月五日制府覺羅滿公聞變投袂而起別母夫人曰兒不剪滅此

兒無日矣晨夜疾馳軍於鷺島大泊樓櫓調八郡之兵剋期進取提師施公先已提師駐港滿公素知南澳鎮調餉佐軍總兵藍公忠勇機以副之將校卒伍分路責成撫軍呂公調餉佐軍不科井里應時而具部署既定合大小戰艦六百餘艘兵萬六千餘人滿公釃酒臨江天氣霽朗義聲昭布將一其心士百其競覘知賊將內訌頒發文告設幟懸賞賊棄逆效順自相攻擊六月十三日癸卯自澎湖齊發丙午施公遣其裨將林亮董芳乘潮入鹿耳門諸軍銜尾繼進兵已過險人懷必死之心乘勝克安平鎮轉戰七鯤

身賊衆尚數十萬藍公率精鋭由西港登岸繞出賊背紅礮鎗裂賊遂大奔溥至官寮悉衆相拒復大敗之走塗墼埕又連敗之癸丑長驅直入府治悉定先是滿公未至廈門時邊郡洶洶城市山村惶惑轉徙米價沸騰訛言流布旣至汎舟之米四集平糶輒好市不改肆人不知兵羣策畢張紀律大肅衆於是知賊不足平也向使滿公不蚤鎮廈門則內地山莽四伏鷺門盡逃澎湖將潰施公雖激厲三軍而兵少餉詘其能浹旬奏績乎卽滿公駐廈門不檄藍公同征亦未能成功若是速也三旬治兵七日奏績宣

天子詔縛其渠魁撫其脅從不殺而威不令而行此皆由
皇上知人善任
皇天眷佑篤生良傑同德一心式遏亂略豈偶也哉吾漳處最濱海囘思鄭氏之亂海孽山妖同時並作酷餡焚巢言有餘痛今茲之喜不啻口出作爲詩歌用誌永久名曰安海者謂是役非徒平臺邊海郡縣皆安之也既安於臺警方熾之秋必能安之於臺地克定之後溯厥亂源選用廉能布昭德教芟其莠民漸次更始我閩人實世世食德孕育蕃息歌詠於靡

躬[1]也世遠忝在史氏有採風之責因與陳君元麟張君福和郭君元龍彙摭篇什以付之梓焉

鼓山志序

國朝沈廷芳

七閩之名見於周職方其山川紀載闕如也自漢武帝時武彝始載祀典又僻在下邑而福州實爲全閩都會羣峰疊巘劃海襟江其爲之鎮者則鼓山也在形家有右旗左鼓之說然出雲降雨外窮東溟内抱崇墉特立瓌瑋覺武彝之清峭幽深則如東山之視泰岱矣剏際

聖朝薄海内外民物暢遂官斯土者祈

校注：①窮

天祝

聖恒於斯勞農請雨恒於斯以之發舒山靈歌咏亹

澤歲新月盛則鼓山之志誠不可一日而鈌顧山開

自唐末向爲禪窟靈嶠神晏後先輝映雖興替不恒

而嶽光波影萬古如一日迄今登峰涉磵摩挲蘚壁

若蔡襄燕度李綱趙汝愚諸賢其題名悉可指數是

山得人而顯人藉山以傳若兩相待癸未九月予與

嵩山山長吳崑田編修偕生徒作鼓山遊披尋喝水

巖靈源洞忘歸石諸勝又同登屴崱峰覩朱子天風

海濤磨崖字惝然而思悠然以遠雖目力易窮其浮

螺點黛隱現於紫瀾碧瀲中者又若可以髣髴而得也旣下宿白雲堂住持遍照禪翁以黃丈莘田新輯鼓山志見貽簡要明潔足備兹山掌故予惟兹山之雄乃海天之望凡鮫人龍伯來琛而向風者莫不指山爲圭臬舳艫相啣稽顙恐後卽泰山喬嶽未之或先也其內則千陬壯麗閭閻殷富隱隱隆隆氣象萬千又不可以殫述復有學士大夫因其餘閒登山林延眺聽指化人之宫爲憩息之所仰承
聖學近法晦翁將後之覘今其一吟一咏且與武彝之櫂歌並傳矣是志也豈特爲象教云乎哉卽以象

教諭而遍照能振其宗風興頹舉廢續古佛之燈是端足志也因其請於是乎書

國朝吳嗣富

石門不跨偏多蠟屐之人磵水長枯大有挈瓶之智由來古德何妨坐斷聲聞在後擅那一任宣揚聖教此靈源初集所以衍祖燈而山志續編因之以延慧命也從教話墜清淨身不礙當機既歷耳根阿闍國自能再現境由靈著地以人傳況乎宰官上士每範水以型山下至遷客騷人亦拈花而補草鼓山鼓有竅皆喝雲峰雲無心不斷較諸洛陽伽藍之記豈徒

金碧相宣擬諸西竺耆闍[1]之林不漏龍天呵護而已自有此山鎮茲閩海原爲祝聖之道場億萬年永瞻佛日即屬布金之法界恒沙數莫喻化城乃有禪師遍照者談往知來日積貝多之葉從來算壞寫來白氎之書叩高士以參稽綜羣言而壽梓誠法門之盛軌爲象教之金湯僕也來閩獲觀斯集喜卧遊之有具性海通源緬先哲之餘風仁山眞體固紙皮筆骨之所不及箋且讀嘆宣揚之所不克遍者也若夫忘歸有石垂露惟松撫八極而廾遊循三山而共信牛眠獅吼永鎮山門鳳浴鵬翀

校注：①闍

遠淩霄漢莫須饒舌棘栗裏非無坦途試讀標題名教中自有樂地請從而後於是乎書

國朝黃任

歷代志乘遞相沿襲莫不各有所倣三秦三輔黃圖決錄之屬倣於班氏之十志也十洲洞冥負臘佛國之屬倣於山海經也自是而支分派別一地一事亦各有著述洛陽伽藍建康宮殿襄陽耆舊汝南先賢雖尺帙寸楮亦蔚然自成一書迨非老退而山水滋於是有寰宇記有名山志有名勝志莫不發宇宙之瑰瑋而聚山川之秀靈覽者可卧遊而得焉吾閩之

鼓山去城三十里而近至唐而始顯僧神晏象敎繼
興宋蘇才翁蔡君謨朱晦翁諸君子各有題咏而名
人韻士之流連景光發爲歌吟者又不可以計數也
然則山志可任其殘脫不修乎攷舊志始末僧善緣
著靈源集黄用中改爲鼓山志後謝在杭徐興公僧
元賢相繼纂輯及今復百餘年矣舊板漫漶不可辨
記載亦未備住持遍照和尚出元賢舊志乞余續而
成之因細爲編閱於舊志之逸者存之繁者汰之訛
者正之疑者缺之不分綱目統别八類非故立異究
亦何必盡同書成私自喜曰八十衰老之身不復能

杖履作謝康樂之遊猶得從几帙之餘㐲躬履其地
挹岁崱靈源之勝於縹緗研席之間山靈其不我遐
棄耶前者山寺頹廢遍師有重開㓞利再振精藍
之功余論志不必詳書

福建續志卷七十九終

藝文五

記

陳古靈先生生祠堂記　　宋　劉彝

元豐三年歲次庚申三月十有一日樞密直學士侍讀陳公襄捐館於京師天子聞之震悼遣使恤厥家而將其所乏賻贈有加焉朝廷公相卿大夫莫不爲國家惜其不大任也兩禁近侍共臨其殯哭之盡哀凡十有八人列奏稱其道德之重補維國家莫非先王之法生平恩例不奏子弟者三其所奏者皆先疎

族長子弱冠未沾一命天子愍賢之錄其長子守秘書省正字及其猶子外孫皆命以官一日御邇英經筵不見其侍讀也又嗟憫之遣使錫賚撫存其孤比葬於宜興又詔常州供應所闕公之生平以道德教育天下英才爲已任故以學業出入其門者無慮千人而齒於仕版輔大政親近侍列臺閣帥邊防者有矣守方州使諸路佐郡邑宰人民者所至多焉莫不知以仁民爲固國之本也治已爲際下之範也學古爲修身之資也事親爲行道之始也官於四方而民受其賜者皆公之所教也不止如是焉自始達及終

身凡聞天下之賢有學行者有吏能者有道德者有忠義者其才可以進之於朝以爲民庇及具表則者不必識其人也必書其實以遺於所部使牧守或執政柄者未登其賢而用不已也因之拔擢致身於亨顯而不知其出於公者衆矣是以其亡四方髦士及公卿大夫識與不識若喪其朋咨嗟靡息焉公之於學志在倣古以治其性爲本事君以建其忠爲業故雖燕居必持厥志謂暴其氣者不可以入君子之德是以雖家人臧獲平生未始見其不足之色始與鄉人陳烈周希孟鄭穆友善同志於道比仕則彝也又

以經術政事更相琢磨而銳於經綸天下大務尤能究盡古樂聞已過者於爲善而夙夜弗忘者詩與易也故其鉤考皆得姬孔幾微之藴傳註所至弗迨其藩籬矣乃能誠其言信其行所臨之民莫不允之仰以爲範焉至於圖形或寫其名位置於屋壁致誠以香烟餘二三紀而愈篤者其仁洽於民蓋如是浦城尤甚焉度量淵廣長於包荒樂於教民其職精於治體其政先於變俗其仁勤於濟衆其交貴於謙光故其出入中外裕裕焉弗以進退榮辱動其心焉每曰惟大人爲能格君心之非吾徒之事也其知諫知雜

言出至誠詳審有緒不爲激訐以求沃寵故雖譏病大臣補救時政上每嘉納而多留中人疑其必將大用也後進擬騰躍公以進者衆乃能安其素守不忘致君之志竭勞庶職益用勤瘁焉其與門人議論則曰欲致君如堯舜者莫若得大賢進之爲先焉其經綸國事欲致治如古者莫若采智識高者用之爲急也其購求賢才以永基祚莫若興起學校教之經術用其德行之爲要也故其初筮仕於浦城則搬學舍三百楹躬自講授從之學者餘五百士仙居河陽之學人雖不滿百而遂變其風俗常州之學宏大〇〇

於潮人才輩出世以其功比安定先生胡公焉公字
述古其先光州固始人唐廣明初巢賊亂中原豪傑
乘之蜂起善族往往避地遐遠故隨王潮入閩尋仕
於閩王審知乃居福州宋有天下公之祖既仕為椽
吏卒於東川有子五人長曰則之以儒術率諸弟皆
用學行名於鄉閭遂遷宅於候官縣之西南百里村
曰古靈耕且學而兄弟屢以賢能薦於春官公考侍
郎諱象遂以五舉入仕於閩王公十有八歲喪其所
怙二十有六始登進士第主建州浦城簿以文學政
事稱於當時高卓拔乎倫類矣遷台州仙居令以佐

著作知河陽縣移知彭州濛陽縣司徒鄭國富公入相仁宗進賢惟急首以文行詔公試秘閣校理判尚書祠部兩府奏立寺院度僧道於墳莊者三四人勑下祠部公執奏以爲社稷萬年公相無極人人胥効則盡天下之士歸於僧道矣朝廷惑於兩府之議移公編校書籍以遂其事焉出知常州入爲開封推官三司鹽鐵判官使北虜還知明州未至召修起居注知諫院管勾國子監御史知雜有旨候知制誥闕與試公疏曰陛下必以臣自內史過爲臺雜乃是下遷①爰降德音俾諭聖意然非所以使臣以義者也謹當

校注：①爰

夙夜上裨朝政下葺臺綱震肅百僚繩糾非法不知鈇鑕之在前矣所有詔命乞賜寢罷遂判吏部流內銓皆有所發以革宿弊天下稱之未幾召試知制誥公不就奏曰朝廷比以制置條例司改更常平新法中外之議皆以爲擾臣負憂責不得不言未能開悟聖心容令寢罷不職之罪不知譴所其有召試臣不敢當旋罷知雜直舍人院兼天章閣侍講復修起居注皆辭以爲言事不職不敢承命仍乞外補御批其疏近除知制誥卿以言事未遂懇不受命且求外補朕素臬卿經術行已深惜遠去故特還舊職庶幾左

有①經帷漸摩道義以釋所難開今覽來奏尚欲固辭豈不悉朕意歟今還卿來章當亟就職遂復修注判銓藹熙寧四年乃知制誥直學士院嘉謀嘉猷入告於后出稱其德能任方隆而疾之者繼以他事出知陳州未幾移知杭州再期移應天府留守未至復知陳州八年冬召赴闕知通政銀臺司遷尚書右司郎中充樞密直學士判太常寺兼禮儀事九年兼侍讀知審官院提舉司天監元豐元年奉勅修郊廟奉祀禮文兼判尚書省二年仁宗慈聖光獻皇后崩公爲山陵鹵簿使於時一身總判十局雖已瘦病而不敢

校注：①右

辭焉其創新規懲宿弊條析類舉皆中機要而彼受奉行者莫不以爲宜焉享年六十有四訃聞上下朝野莫不惜其志業之隆遇君之厚而終於散地也世以浦城爲難治者數大族在焉其仕於朝者累百而姻婭在宦途者倍之子弟爲士爲農不知其數也挾權營私虐其閭里下請州郡以廷縣吏使不能自存以立其政者歲常有之公爲主簿集其士弟子及庶民之好學者教於縣庠使孝于其親順于其昆信于其鄉任于其民由是爲其父兄者史①相刑戒不可以非禮干吾簿焉時有近禁大臣扶䕶②親喪還關衢州

校注：①更　②護

以南所過邑皆調民丁七百送其行李至浦城公曰農時方作雖王命尚不可奪之况以爲私耶乃令僦賃以役其境仙居之俗不知學之可爲也公率其子弟躬爲講教至有父爲吏於庭下而子爲士於堂上與其燕飲者翕然大變河陽亦然而謗之者曰以講教爲名而實取其齋貲也鄭公惑焉召以告之俾罷縣學公對之曰自反而縮雖千萬人吾往矣不恤不罷終化其俗爲鄒魯焉邑居臨阓盛暑公出家人間或垂簾納凉於廳事旣而其櫝失官緡錢二十萬守者以爲辭公不辯出已俸償之物議喧騰鄭公亦以

爲佔未幾盜獲於宅邑乃守櫝者爲之其厚重多類此河陽里胥運置酒材破蕩產業者世以爲病公命浙東從之學者張公謂以百金僦田兩夫募農師引沃水灌爲稻畦種以糯穀比其耕揷耘耨收穫也必躬蒞之而其往來皆用盛樂招集其民但觀稼穡之法酒材既足民胥効之瘠鹵之地遂爲膏腴荒榛故迹復生秔稌矣迨今仰焉常州運渠橫遏震澤積水不得北入於江以爲常蘇數邑民田之害者累世矣公以渠之丈尺對民田之步畝分授以浚深廣有制不月而成遂削望亭古堰而震澤積水乃克北流民

害以除而田旱有溉農穰歲登矣杭州海濱其地鹵①
鹵水不可食居民數十萬家皆市山泉以給日用公
按李長源舊迹砌石爲函接竹引西湖之水以注六
井散在閭里一城汲用有餘潤也民荷其惠焉生平
講求萬民利害雖非其職必錄於簡會其部使可以
立事者則以授之利及四方者又不知其數焉凡於
朝廷治體州縣養民之事必求其術之可以爲法者
鰥寡孤獨災傷水旱凶札疾疫恤窮安富養老勸農
治兵牧馬練將守邊積穀生財差役漕運之事莫不
夙夜圖營精審曲盡之術而又以詢於賢者明者能

校注：①鹹

者不憚謙遜屢求廣諮博訪既得一善則又稱其得之所自而推以授人此其生平存心凡四十年而弗懈也既亡葬檢其手書議及民政講求治道或以相授或以相諮凡餘百本或累至數十幅盈紙細書滿論得失則其以天下爲已憂也又如此使之大用豈可量哉其行藝及三代既請公卿爲之志銘葬惜其賢而志有不得發者既知其詳不忍默而無傳嗚乎觀於是則知吾哭之哀爲不徒然矣其既亡嗣子與弟皆以書來告予曰公之將亡數日默而無言恬愉自若妻子泣而環之求其誨諭之言乃命紙筆推作

先聖先師四字授筆而終嗚乎誄曰皇極有本兮性清爲先千載一獲兮幾終又傳躬遇聖主兮灼知其賢弗用而殞兮乃命在天泰者若是兮茅茹其連嗚乎姬孔兮寔寔弗宣志在先聖兮死而罔遷筆以傳聖兮忠仁則堅

永利倉記

宋　朱子

浦城縣仙陽鎮永利倉者故提舉常平公事黃侯靜之所爲也聞之故老其年黃侯以鄉人奉使本道奏立倉其里中歲時斂散以賑貧乏且使鎮官兼董其事行之累年近村之民頗賴其利後以兵亂廢熄無

餘歲或不收民輒告病於今若干餘年而吏部之調鎮官猶襲故號也中間知縣事王君鉛視邑之仁風諸里社倉頗有成效欲取其法以復此倉之舊而議不克合今知縣事括蒼鮑君恭叔之來乃復有請而使者吳興李侯牧深然之於是鮑君得致其役營度故壞粲倉若干楹不日告成畧如舊制遂移縣庾之粟若干斛以隸焉夏發以貸冬歛以藏一以淳熙某年社倉制勅從事蓋凡貸之所及者某里某都之人固皆有望於其後而無復凶年之患矣其所未及則亦欣然相告曰是倉息滋而藏羨其肯辛遺我哉鮑

君聞之以書來告曰邑人之情如此不可以無記也予觀黃侯當日之權足以制一道而其後爲此乃僅①足以恤其鄉鄰蓋未嘗不歎其心之仁而病其不廣以今推之則未必其勢之有不能也是安得以今日社倉之法告之哉若李侯總君之是役則既足使黃侯之心愈久不泯而又能承天子之詔以廣其患於無窮是皆可書也已獨後之人能推所餘以偏乎其所未及則有未可必者故特爲之書其本末而并以告焉庶乎有所考而不亡也

龍門精舍記

宋　黃幹

校注：①僅

度地居民爲城邑爲鄉井其居之安其生齒阜以蕃則其山川融結磅礴深厚宛委回復必有可觀者若夫萃爲中和散爲英華涵濡孕育爲哲人才士則其瓌偉絕特必有大可觀者焉蓋人稟陰陽以生川流山峙陰陽之大者其剛柔厚薄盈虛聚散宜悉相似也吾友林正卿所居之鄉山曰鼎峰水曰梅溪鼎峰之山析爲二支東西迭起仰而相向俯而相就巠而交互以相入梅溪之水沿山而流若往而復若低而觸若停而蓄莫知其所自出如是者十數里然後聳爲雙崖瀉爲三灘崖東灘駛嵂崒淵湃露怪呈奇不

可名狀蓋一鄉之屏蔽神龍之所潛也其鄉士友顧
而樂之結茆爲菴名以龍門屬其友黃幹記之幹未
嘗至其鄉獨嘗與其士友遊大抵廉潔削峻好義而
喜文則山川之氣實使然也人固稟于氣當有以充
其氣山之高水之深神龍之變化苟有以充之吾分
內物耳不然漁樵耕販往來其間者相踵也於我何
有焉

建安縣學田記　宋 眞德秀

建安縣故無學韓公元吉昉立廟以祀先聖王侯元
應又立講堂二齋學之制略具矣而亡以廪士猶未

始有學也寶慶丙戌秋清源留侯來謁款於廟顧學雖頗具而未完則命撤其蔽垣其闕楹以叢桂氣象一新矣獨廪給之費莫知所自出每春秋舍菜先期補弟子員賦以餐錢俾與厥事事已散去惕焉爲弗寧下車餘二年畢力經營得在官之田若干歲租僅百石悉舉而歸之學於是學之有田侯實始之書來諗予願有志于爲之嘆曰道二仁與不仁而已矣仁者視物猶已不仁者反是蓋凡與吾並生天壤間者皆同類也於其同類之中有位以爲之長饑焉而哺寒焉而衣夫孰非吾責況士者又同類之秀乎憫士

之窮而無以養此卽惻隱之心而仁之端也且公卿大夫者士之積耳養之以成其材厲其節使善人衆多而當世有所賴其仁不旣大矣乎世之爲吏者鮮克知之故常以學政爲弗急雖養士之田素具或轉而他用或浸不警省聽其侵牟於吏而奪攘於豪民今建安有學無田議者初不以咎今留侯於此迺獨明焉斷已隱憂朝思夕謀必如所志而後已推此念也其忍四境之內有一民弗獲其養乎予故曰此惻隱之心而仁之端也雖然侯之於士厚矣士之所以自厚者當何如耶昔鄒孟氏之門人有以不耕而食

疑其爲素餐者孟子曰君子之居是國也其君用之則安富尊榮其子弟從之則孝悌忠信不素餐兮孰大於是今士之廩於官者優游自佚不幾於無事而食歟吁養之厚所以責之深也夫用之則國安君榮雖既往者之任然培其可用之本獨不在今乎本者何孝弟忠信是也盖四者人之所以爲人而士之所以爲士者也一或失是且有愧於人而况士乎故聖門之教曰行有餘力則以學文操觚吮毫汲汲焉以徼利達爲事而本焉之莫知是則眞素餐矣有志之士盖亦竦然自勵修之身以及於家有位焉則推之

以及於國使人知君親臣子大義有殉而非渝是則
侯置田廩士之本指侯名元圭字某實三朝賢相衛
國忠宣公之孫云

三十五橋記　　宋　黄樵

皇宋慶元四年夏六月丁卯漳州由南譙門達于漳
浦造橋三十有五所越明年春正月甲寅咸告厥功
噫此百世之偉績也漳浦距城百二十里而遠崖谷
高下傾亞之勢谺然洼然斜川斷港湍注奔溢春霖
秋潦交流之勢益悍往來憧憧睨視咨嗟疇克拯之
太府寺丞傅公來莅州事內外修明百廢具舉期年

政治田里歡康益思所以利人於遠乃命龍①溪宰李
君鼎經度橋事或曰役衆費廣未易猝辦請發貲錄
木以濟公曰非所以爲後圖必伐石爲之乃可擇僧
徒之可任者分督焉不用官府文書科役百姓工酬
其直民勸而趨不競不譁談笑而集出州行五十五
里即漳浦界爲橋四曰亭垗曰桃李徑曰謝倉曰岑
垗惟馬口舊有大橋鈌圮而重修之自兩邑界至於
三古坑爲橋九曰赤嶺上下二橋曰冷水坑曰洋巃
曰李林惟三古坑其橋四此地灌莽聚石澗水旁出
故橋特多自三古坑至于邑爲橋十有三曰烏石徑

校注：①溪宰李

曰草履嶺曰吳徑曰芟蓼灘其壯大尤爲諸橋之冠曰新坑曰橡林曰黃林曰虎深坑曰陳壟曰横漳其橋二曰龍山莊曰焚坑其間又有小橋九不著名悉皆堅好共長九百五十尺有奇廣狹不齊隨地之宜橋既立矣復砌石治道夷其險阻凡一千二百餘丈糜金錢五百萬公節用愛人不事游觀每與官僚語及財賦惻然曰生民膏血也獨至於損利與民及爲民興利了無靳色曰州郡他無妄費則惠可及百姓矣行道之人去危履坦踴躍歌舞願紀其實以詒來者甘棠道周有石巍然幾世幾年可磨可鐫若有待

焉郡人黃標拂石大書視公之操如此石堅石不可朽公名永傳以濟巨川父老來觀相與告戒曰無愧召公勿伐勿拜

新建綏城驛記　宋　黃震

咸淳七年秋知邵武建寧縣程侯作綏城驛成走書囑余爲記余謂此固天理之當然而仁者之事顧非克去己私者不能爲之爾夫仁者以天地民物爲心故必欲無一之不得其所不特施於吾國者爲然雖其施於四方賓旅者亦莫不然如周禮之有候人有野廬氏皆發於一念自然之公而後世則不可以例

論晉以隸人之垣羸諸侯而人去及高大諸侯之館則衆附之此其崇飾勢不得不爲漢以乘傳達命令於天下唐以館驛使輸貢賦於中都此其程督亦勢不得不爲而又皆以國家之力而爲之雖未必果爲仁者之事亦何俟士大夫克己之私而後能爲之耶我朝自朝廷而監司而州而縣脉絡相通臂指相使不俟驛傳之督促無待使指之旁午惟在京置都亭驛置班荆館以待四夷來王之人州縣則一切惟其自置安然與天下相安此非廹於勢之不得不爲也承平日久財用日繁而縣令受煎熬之極治事之廳

燕寢之室風雨不蔽十或二三而況賓旅者此又窘於力之不暇爲也勢非不得不爲力又不暇有爲而猶爲之非仁者之事乎非克己之私以成其仁者能之乎盖程侯之事是已侯稽舊驛之不存閔至者之無歸而新其驛凡十楹計縣帑之乖罄覈浮鹽之有羸一毫不以自利而用以建驛者錢踰萬緡此三代設侯人設廬野氏之心而我朝分牧以仁民之心也侯之仁其民如是他可類推而他日之賛我朝之仁以仁天下亦從可預推矣豈特一驛之新云乎哉余敬悅而爲之書若夫存縣名之舊扁曰綏城廳曰滙

藏第一東曰必葺西曰欲留又中爲告新之亭而名其左爲願豐右爲所憇且爲一堂二內以附其後名見思巨麗翬飛甲於遠近此又特其驛之細侯名夢桂字月卿世居建安云

雙節廟記　　元　揭奚斯

皇帝元年江淛行省言漳州萬户府知事闞文興死其君其配王氏死其夫邦人既爲之立廟請加襃顯以慰邦人以爲天下後世勸乃下吏部定封太常議諡而封闞文興爲英毅侯王氏貞烈夫人廟曰雙節之廟今右司郎中范陽張侯士宏爲吏部侍郎時所

力行也新安鄭玉復持張侯命請暴其事於麗牲之
石謂闞文興不知何許人王氏金陵民家女至元十
三年從萬戶賈將軍戍漳州十七年八月望劇賊陳
弔眼夜率衆爲亂殺招討傅全及其一家官軍死者
十八九闞文興戰死其配王氏有美色爲賊所執逼
欲汚之紿曰我不幸至此豈敢愛身其願收葬吾夫
然後唯命賊義而許之得其夫亂屍中置積薪火之
遂自躍火中燒死後十八年始上其事連帥及部使
者以達行省又九年行省始聞於朝下禮部議部請
訪王氏旌里旌其門閭收卹其宗親仍以其事付史

館事下江淛求之六年無所得乃用漳守言表其故
營曰烈女之坊然無及文與者又二十有一年士民
言之不已以有今日之請於戲二人之死卓卓如此
猶歷五十有四年始獲五鼎之封雙節之錫且必待
張侯贊之人之伏巖藪沈下寮砥名礪操欲聞於天
下亦難矣況數十年之間有司之請朝廷之議皆爲
王氏而止王氏信莫及也闕文與詎亦可少哉天下
綰符杖節擁萬夫之衆鎮千里之地者不知其幾一
旦四方有急天子之命未及於境已閉閤稱疾者有
矣遂委衆而逃者有矣當是時變起倉卒使闕文與

弟守簿書期會之常負妻子踰垣而避人孰得而議之而蒙凶威蹈白刃奮不顧身之勇死而無悔者何耶蓋禍亂逼於前忠義激於內不暇擇地而死也至於王氏決死生於俄頃不辱其身烈丈夫有弗逮矣君子曰人皆死於危二人獨死於安以皆有苟免之道而不爲也然江浙之請雖堅中書之命雖下微張侯英毅必不俟貞烈之封亦不及而闕之死其君王之死其夫亦豈欲求廟食冀褒寵要譽於天下哉誠不忍棄君臣夫婦之義焉耳傳全閩門死難有司之請朝廷之議皆不及者武臣死事國有常典云其詞

曰世道升降視綱與常綱常弗紊國乃①吉昌化位闕侯夙佐戎幕匪予伊戢而簿書似托婉婉王姬來嬪於閩夙興夜寐惟警戒是監元有南土爰鎮於漳閩山巖巖以海爲嬲謂國既平謂德威既加弗戒弗備而內生孽芽盜夜䘖營侯亦戰死王姬不辱入火如水五十四年民請弗卻廟有新號而封有新爵載念厥初風教未立三綱如此命胡不集惟侯克齊而家而婦克配爾德生雖不融沒有遺則民心孔懷廟食孔②宜式昔刻辭爲臣妾之規

鄭公渡記

元 吳海

校注：①吉昌 ②宜

閩上游四州之水從高赴下既滙於洪塘遂經臺山帶郡城以東其别流則南循方山而會於長隘臺江古稱險連艫爲浮橋以濟行者元祐間始創石橋水道壅遏少有霪雨則暴流汎溢鳳岡百里以上皆爲巨浸壞廬舍損禾麻無歲無之而其勢日趨於南揚究漂激觸鬬噬齧江面益廣舊時臺江之險恐移於此水西水南諸埗視爲畏津而新愷陽愷實當江流廻斡之衝又有隧風不時摧帆折桅舟人相語爲戒並岸強獷之徒植黨專濟他舟禁莫得行要利不如意則詬辱百端偏舟葦如坐客與滿至不勝載而後

發少遇風濤卒多覆溺前後不可以計至正二十五年秋九月十二日舟覆新愷同死者一十八人餘以救獲免海北貳憲鄭公適寓瓜州聞而閔之白太府取巨木百章營二舟募村甿之習于水者操之一自白茆濟陽愷一自新愷置田二十五畝以給操舟者之食不足又將勸好義者益之舟既鉅無倉猝之虞濟甚利無邀阻之患由是遠近之人來往者莫不歡欣鼓舞而頌之曰江流濈濈孰濟鄭公我往我來惠我無窮又曰湯湯江水其深不極脫我魚鱉孰我几席匪舟也車匪川也途公功惠我不忘也且於是凡

歌咏之人與鄉人父老咸來告于予曰吾儂居水濱不能去舟楫然數十年間墊危者屢矣哀溺者數矣異時舟人怙利且忍視人性命若土芥然雖衆疾之而不能革自公建義渡以來居人絶行者之憂行者如在宇之安獨彼喪其利朝夕懷怏怏心略謀所以害而奪之者微鄭公之功其蔑有不廢者矣夫安其利者焉知去其害之難也請爲吾子記之然鄙人不知故聞昔鄭子産以其乘輿濟人於溱洧君子非之無乃爲公議乎予曰不然夫子産相鄭國躬秉其政而涉人于國邑之内於政誠有闕君子非之若公持

爾也道政不得行於此一鄉耳目所聞見遠①無惻隱之心不能拯之於先將圖免之於後蓋仁人君子之用心也夫田之薄不可以不增舟之敝不可以不葺公之心猶有以望於後之人後之人抑豈無公之心乎後之人無公之心則人之思公愈無已矣衆又曰聞古人有所建置而利不忘于人人多以其氏稱之若白公渠鄭公井穪公堤李長者陂之類廟刻石表曰鄭公渡則如何予曰宜衆咸曰諾遂爲記公名滔字彦昭新安人其居官有益於民者類如此所在時見稱云

校注：①興側

滄洲精舍記　元　虞集

國家提封之廣前代所無而自京師通都大府至於海表窮鄉下邑莫不建學立師授聖賢之學以教乎其人羣經四書之說自朱子折衷論定學者傳之我國家尊信其學而講誦授受必以是爲則天下之學皆朱子之書書之所行教之所行也教之所行道之所行也今郡縣學宮之外用前代四書院之制別立書院以居學者因朱子而作者㝡多建寧一郡書院凡七皆朱子之遊息或因其師友門人而立者也考亭書院在建陽城西五里其始末有熊禾①記陳義立

校注：①禾

事甚大而備然而賦入不充於廪稍而繕完不能無踈也至正元年辛巳通守劉侯伯顔至郡且二年矣文雅樂善以學校之事爲已任知無不爲文公五世孫炘以考亭之事告諸通守通守曰是吾職也乃撥羨積得中統鈔千五百緡以屬諸縣典史陳德敬共其事與山長朱汝舜直學張隆祖會邑人士而告以侯意咸曰此吾黨小子願執事焉於是翕然趨勸而新之首作文公祠堂炘以部使者太守之命來求屏山書院記遂併考亭之記焉蓋聞諸炘曰今考亭昔朱子之舊宅也其先吏部韋齋之言曰考亭溪山深

不可以卜居朱子不忘先君子之言盖至於晚歲而後能築室以承其志而終身焉於是百五十餘年矣意者精神魂魄之往來猶固懷於兹者乎子孫後進來學於斯者誦詩讀書求其志氣神明之所在齋蔬之薦執事有恪高堂虛室若有聞乎其音聲瞻前忽後若有見乎其儀形思其居處思其嗜好思其言語雨露之沾濡焄蒿之升降觀感而化之者冀斯之爲近也况乎鄉之遺老宿儒微言緒論家傳人道耳熟心存者誨言以相勉勗則深造有得而不自知其然者將以在於斯乎昔者鄒魯之風所以見聞於天下

後世則亦密邇聖賢之居云爾吾所幸於考亭見之

重建明倫堂記　　明　王　直

正統十五年四月乙卯泰寧縣儒學新作明倫堂成敎諭李卓以書來京師請於予曰縣學之有明倫堂舊矣其始在禮殿之東洪武初爲縣者以其敝也改作於禮殿之北隨其地勢而爲之充拓之不加計慮之不審殿堂相覆壓簷宇相蔽虧無閑達之觀而有鬱塞之嫌其中吟誦之舍肄習之所可以納日月之光者蓋無幾非特學者不以爲快達官顯人至是亦未嘗不嘆其陋而且逼也卓之始至甚病焉且以其

齋邇殿遊詩書之誦夏楚之施賓客之往來使令之人走集謳嘗之聲不絕于耳非嚴肅以妥神靈之道也況歲久復弊思一新之而未能邑之耆老來觀曰昔者堂構在東高大開爽山川之勝當乎前皆若效奇獻秀於茲堂者盖一邑之偉觀也是以前代之士之學於此者相繼魁天下聰明茂美之才亦累累有焉哉之縣志可考也改作以來七八十年名薦書者有矣取進士僅三人是雖本於學問之至與未至抑山川雖勝而茲堂僻絕不足以當其美歟若復從其舊則嘉惠敝邑厚矣卓遂以白於縣主簿黃瑞肖許

焉縣丞周士良力贊之皆出貲爲倡簪纓之家詩書之族好德尚義之人亦相率來助乃治其故基辨方正位聚財鳩工晨夜展力中爲明倫堂左右爲明德養正二齋知縣洪鏞後至協心一意數課工以相其成而總其大都者則邵武府判郭侯和以正統丙寅十二月興工五閱月而畢規制創建有加於舊凡諸俊秀皆悅而願學於斯堂之內者亦莫不稱其盛也是宜有記以傳於永久夫學校之設遍天下其祀先
聖則有廟而課士講道則在於斯堂之中盖所謂立教之地也君臣父子夫婦長幼朋友乃人之大倫有

仁有義有别有序有信其道之當然也明之則叙不明則斁天下之治忽繫焉舜之命契三代之立學皆以明此而已明之者何盡其道而已而道之行則又本於五者之德焉體之以仁而益於厚制之於義而盡其宜禮以謹其分之嚴智以辨其理之正而信則以實其心之所發也如是則倫明矣孟子曰人倫明於上小民親於下治化之盛將不與唐虞三代等乎泰寧邵武屬邑也其地多崇山峻嶺舟車之所不通物産富饒風俗淳美故民生皆足以自養而無①慕乎外其於人道之當然天理之本然雖或未能盡知而

校注：①無慕

盡行之然其于人心者未嘗廢也今茲堂既成復以明倫榜于上爲治之賢守典教之儒師皆可謂知本者矣來學之士誦其詩讀其書仰而瞻其名俯而思盡其道始於身行於家施於鄉黨州閭忠愛之誠積於念慮之微達於事爲之著又擴而充之至於無所不用其極則教學之功成若其文章之著見亦皆道德之菁華將可爲後世法豈但一時魁多士而已哉此任治教者之所以望學者之所當勉也誠能乎是則無負於今作興之志矣阜予同邑人嘗從予游蓋有志於道者故爲之記俾刻諸石以告焉

牧愛堂記

明 馮孜

天下都邑堂皆有扁匪直爲觀美蓋欲爲政者朝夕顧諟以自警若成湯之盤銘是已邵武郡堂初名宣德嗣政者嫌其同國紀號更曰宣政予朝夕懲其下心竊歉之何者政有美惡其所宣者果美政也則善矣如或惡也可乎哉今指五尺童子而問之皆知郡也堂爲宣政之所也以是名堂顧於身心何所警乎然心雖歉之而未敢擅立名也適江西憲副陳公惠予以文公先生所書牧愛堂三字予一見之如獲拱璧遂更曰牧愛堂嗚乎立道以愛民爲主文公所以

書牧愛堂三字者豈無謂哉蓋以王道望天下後世而欲天下後世之爲政者必以愛民爲主也然則爲政者其猶牧人乎閭閻小民其猶牛羊乎牧人之於牛羊也荷蕢負餼降阿飲池一順其性焉可謂善愛其牛羊者矣否則拂逆之捶楚之羊羊能無騫崩之患乎爲政者之於小民也教之誨之撫之摩之不失其性焉可謂善愛其民者矣否則酷虐之掊尅之小民能無愁嘆之聲乎知牧牛羊之說則牧民之理得矣王道之要豈外是哉嗚乎文公我師也觀其心畫可以想見其人矣况牧愛二字王道是係豈細故耶

昔程夫子於座右嘗書視民如傷四字視民如傷亦收愛之意也以是知朱子之心即程子之心而程朱之心又皆先得我心之所同然者以此名堂朝夕顧諟庶其有所警乎同官僉曰俞於是乎筆之以自警

古田縣築城記

明　楊俊

古田古候官地劉林巨姓世居之亦世田之故曰古田又玉之所嘗産也故又曰玉田開元時始析縣滙雙溪倚翠屏揖仙亭立文峰五華於左右以圍羣山也田矗矗鱗次走陂斜以聯山之極民僅田敦醇陰菁蓬蠻逋亡依阻故易鬨正統間鄧寇茂七長驅入

縣民倉卒走廬谷墟藏剽掠以盡天順間詔言陳
寇諒五至縣數數驚民望城爲命吏以爲非伐久於
處也置弗開月陰雨寒鳥驚而鹿駭家無貼席之夜
予友大方伯龔山羅君志仁郎署時也與故老林堪
謀曰古盜衢也城之存乎人今天子留意城諸縣古
獨無舉焉夫無大順之希文朔方之南仲奚恃能城
無西川之仗義延州之青澗奚恃能守盍圖諸遂連
疏請朝下之部龔山言之部再下之御史龔山又言
之御史則巡按陸君俶任焉專縣之力而相以郡租
之羨授能於永福令姚正程物略基量功而命日申

憲令以肅城梗風驅雷行萬畚並築姚去而代如姚三越禩功以成告凡從尺度之石而址者三甓而堵者十甓而雉者四合之十有七橫如縱損其七焉凡周丈度之千三百有畸凡費兩度之萬八千有畸岳立雲連如防遏潰柵以隅猛噬風雨而大廈之庇也辛酉寇至庚午寇又至人恃城無恐因頌陸君之功德蘩山遺故土世世之安之惠也請記於予嘗聞之略先事之防者必有臨事之悔陳倉城孔明以無利引去莒城不備子重克其三都城國之備也抑發端①引會因有司其間者古歷三千二百五十年而後縣

校注：①端

縣七百五十四年而後城而蘗山適起其間駢杜野
運山川靈氣至是完以密矣是固今日一面之古亦
他日係國安危之地古因以名焉患谷山川其固小
小哉抑古者以民心為城誠吏於土者責也可觀政
矣

重修文定書院記

明　彭時

崇安為建寧望縣武夷先生胡文定公之居在焉宋
乾道中巳祠先生於學而文定書院則自元至正辛
卯縣尹彭庭堅始建書院在今四隅里之興賢坊其
制右為禮殿奉宣聖及四子侍坐像左為祠肖先生

像居中而以先生從子籍溪致堂茅堂五峰四君子配焉祠之後有堂前有重門翼有廊廡名其門外曰文定書院蓋以表崇先賢月欲以待來學也其意美矣然歲久滋弊近雖有修葺之者而棟宇傾漼廪焉欲壓天順八年秋八月建寧太守劉公行縣至崇安因入謁焉憮然有感乃捐已俸率鄉貢士暨文國子生藍璣輩各助貲庀材新之而命大使王仲董其事易朽除腐飾漫漶以鮮潔規制雖仍乎舊而煥然一新觀者為之起敬以是年十月始事越三月而告成成之明年夏太守考績至京請余以其故且屬記焉

①竊聞崇安自名縣以來忠臣賢士之生多矣然②之傳惟胡氏為盛泝其淵源實自先生始蓋先生資禀絶異早聞伊洛微言於游楊謝三君子而以講明踐履於家成其子從俱為大儒遂啓新安朱氏東萊呂氏南軒張氏之傳而道學益盛以顯至其生平著述皆有關名教而發明春秋之功為尤大蓋春秋孔夫子之親筆聖人經世之志在焉非若他經可以訓詁通自左氏公穀以來傳註之行無慮百家意舛辭僻卒無定説聖人之宏綱大旨往往鬱而不明致使王安石詆為斷爛朝報直廢棄之不列於學宮肅非

校注：①竊　②道学

聖經以衆說晦而安石無獨見之明故邪先生自壯
年即知服膺是經心領神悟獨得聖人之精微當宋
南渡時執政進講深見獎重及承詔作傳乃參考百
家一折衷之以至理推闡微辭發明奥義其於扶三
綱叙九法抑邪說正人心與夫尊王賤霸内夏外夷
之意尤惓惓焉自是春秋之大義復明矣於戲周東
遷而春秋作宋南渡而傳義明先聖後聖千古一心
豈斯文興故自有其時歟鄉使安石幸而生先生之
後得聞其說將崇信是經之不暇而何敢詆棄之邪
①□其不幸出於先生之前不能超衆說以有見是以

校注：①惟

得罪於聖人取譏於後世也然則先生之於經
謂繼往聖於未絕開來學於無窮其衛道息邪之功
於是爲大矣我朝推崇先生列諸從祀誠萬世之公
論而崇安乃先生鄉邑剏可無專祠以起後人之景
仰也哉此太守所爲盡心於書院而不敢後也繼今
學者仰而瞻其容俯而讀其書一惟其道德言論是
式是循庶幾進德脩業皆有成效然後無負于太守
表章風勵之意太守名鉞字仗德世家安成爲贈學
士忠愍公之子浙江憲使釪之兄父子兄弟相繼以
春秋第進士而太守爲政尤汲汲于重名節表風俗

亦其學有所本且知所自云

重修考亭書院記　明　彭時

自孔孟道學之傳旣泯逮於有宋儒先輩出得其傳於不傳之後可謂盛矣然而著書立言繼往聖于巳遠開來學於無窮功未有盛於朱文公先生者也先生鍾元氣之會具希聖之才早聞濂洛緒論因大肆其力以探洙泗之淵源故其爲學博文約禮兩極其至用能包羅天地囊括古今貫徹乎人倫物理遂兼六經四書與先儒之所傳述者而推明之而訓釋之而折衷訂正之闡幽發微示天下後世以大中至正

之道使學者循之可以入德措之可以成治而無異端俛恨之惑其用心至勤且遠矣自孔孟而下諸賢明道立教之功邈乎無與並者是宜爲萬世文教之宗也夫宗其教誦其書以致景仰之誠固當無所不至而况居處講習之地乎建陽之西里有地曰考亭實先生之故居也當其時四方來學者衆乃於居之後別建滄洲精舍爲講授之所厥後理宗尊顯道學御書考亭書院四字以揭之歷元至今屢修屢壞天順壬午監察御史安成劉君釪姑蘇顧君儼同過而致敬焉慨其傲壞欲重新之時建寧推官吉水胡君

緝茲郡政首捐俸爲倡先生之八世孫洵出已貲以爲助於是興復如故中爲堂前爲廳事後爲寢室俱翼以廊廡而庫廪庖湢之所則於寢室左右附焉居之前舊有池池之上有天光雲影亭亦已蕪廢至是併新之榜以故額亭中立石以半畝方塘一鑑開之詩刻焉事方就緒而御史劉君以代去其兄鉞自兵部職方員外郎來守建寧因喜而力贊其成又明年監察御史餘姚魏瀚按治過之益加歎賞且戒工亟完之不旬月而工告畢至若經營於始則胡君之功居多也胡君馳書來京屬時爲記竊惟建之考亭猶

魯之闕里也孔子生於陬邑及長始徙闕里後世致瞻仰者惟以闕里稱焉先生生於尤溪晚乃定居考亭則考亭之關繫亦重矣今諸君協心于考亭書院之興復者豈非以先生得孔氏道學之正傳爲萬世所宗仰而此其肇迹之地所當崇重而勿廢邪能勿廢之以復乎舊觀則先生道德之容儀乎如在其上者猶可想見也繼自今遊處於是者尚當起敬起慕學其學必其心循其軌範以進於孔孟之門墻庶幾修己者有其序治人者有所本而道德之成功業之建可期矣夫如是然後無負于先生繼往開來之教

也詩曰高山仰止景行行止其斯之謂歟諸君拳拳於興復書院致力如此蓋知景仰先賢而嚮往之者也因書此以告庶來學仕處於是者皆知所嚮云

新設漳南道記　明　李鐺

閩爲天下大藩例設三司以總轄郡縣衛若干所國初既重其任績因地方遼濶洪武二十年分設福寧建寧二道歲勑一憲臣掌之慮下情不能遍及也福興泉漳道隷福寧自東北以次而南建延邵汀道隷建寧自西北以次而南二道所隷惟漳汀極南爲最遠以東西之地各至此而極也漳汀之界其地多高

山林木蓊鬱幽邃瑰詭艱于往來掌福寧者巡止漳州掌建寧者巡止汀州二郡之不通如于①足之痿痺氣之不貫也以故隣于界者有司無警肅或得侵漁於下百姓無畏憚時得肆恣於鄉致天順間有溪南勝運之亂成化六年順天府治中嚴人邱昂奏請添設一道爲漳南道獨莅二郡既得俞旨僉憲周公謨以經營伊始在任得其人特命貳守程公熙通判吳公桓董其事公等親冒險阻斬茆棘燔榴翳隨山開道置驛傳鋪舍因地制宜無不曲當議以建寧道司爲漳南道分司而年遠窳朽且卑狹廼偕邑令蕭侯

校注：①手

宏貳尹陳侯淸措置官錢若干木石之需工力之費皆有給於成化九年始毁舊從新前堂後堂儀門外門及兩廊以次而成不數月煥然一新其規模一主於程公而實蕭陳二侯贊畫之督工則老人郭明德焉自後汀漳之界憲司由之而巡行公移由之而傳送奸頑之徒知畏憚而屏迹矣衆將刻石以記余謂金石有時而壞功業垂於不朽漳汀之民一日之安諸公一日之功百世之安諸公百世之功也記於石固欲久其事而諸公之功不恃此而久哉是爲記

重建道原堂記　　明　何喬新

漳州治城之西北有臺屹然曰臨漳實據溪山之勝
朱紹熙庚戌年朱子守是州登茲臺而愛之欲築讀
書之室不果寶慶乙酉郡守危稹始效白鹿洞規築
龍江書院於臺之下成夫子之志也淳祐丙午郡守
方來復於書院之東偏備堂三楹肖夫子之像於其
中配以高弟北溪陳安卿每歲春秋率庶僚賢邦之
彥祀焉而顏其堂曰道原蓋取夫子與北溪授受
之語也其後邦人復以勉齋黃直卿侑食于堂蓋勉
齋亦閩人且嘗講道夫子之門也宋社既屋書院燬
于兵遺址歸浮屠氏惟堂巋然故歷歲既久屢葺然

規制尚陋棟宇𢿘摧有識者憫焉成化四年春正月福建按察司僉事臨江周君謨行部至漳祗謁遺像周覽慨然顧謂知府英山王文同知舒城胡琨通判凌江李玹推官南城江白曰昔之思召伯者不忍伐其所茇之棠思蔡公者不忍傷其所植之栢茲堂實朱夫子之明靈攸棲非植物比傾圮若是旣囿爲政者之過予司憲諸君守臣也盍亟圖安之誰諉其責皆應曰諾相與捐俸以圖新之于是僦良匠斬美材①龍堅礎卜日而興役焉文爲之面勢之宜月節縮廪以助其費爲堂五間崇三②有奇旁爲兩𪊲以處

校注：①養　②丈

游學者前爲三門以謹啓閉肇役于是月丙戌至三月朔迺訖功焉像設有嚴繪飾維煥郡之長貳率諸生暨鄉之薦紳用少牢於堂以告成事焉君屬予書其事予石予惟道之大原出於天神聖繼之至孔子而後集羣聖之大成孟軻氏没斯道之傳殆絶周子倡之程子和之至吾朱夫子而後紹孔氏之世嫡若黄若陳實羽翼夫子以拱辰斯道於衰絶之中者也夫功被一時惠洽一邑尸而祝之朱與二子有功斯道甚大而漳又朱夫子過化之地兹堂之建禮實宜之繼自今以往凡登斯堂者瞻梁山之崇秀俯清漳

之泫渟而致高山仰止之思興逝者如斯之嘆盖將有默契神會於千載之下者乎周君由進士歷刑部副郎遂擢今職所至有氷蘖聲其在漳首新斯堂盖欲風厲漳人嚮道繫之以詩以告志於道者詩曰大哉斯道實原于天孰克任之維聖若賢孟氏既殂吾道日戮紫陽崛興式纘厥緒乃挈其粹乃會其全若黃若陳與有聞焉道學載明于今爲烈質諸洙泗若合符節清漳之濆衆山之下揭虔妥靈有廟有廡邦人具瞻胡茲摧圮爛允周公載振而起維堂翼翼維門將將歲時薦祼牲腯醴芳嗟嗟斯道靡古靡今有

志於斯者明厥心咨爾多士來游來歌匪祭匪由爾心式訛

修理南河記

明 林瀚

正德丙子福寧州庠士孫賢黃子厚奉其師林學博汝松書謁余曰州治自爲縣時環城有河東接赤岄海潮西引玉巖溪水附郭腴田資灌溉者無慮數百十頃而帆檣之往來通焉近數十年隄岸決於洪水河流塞於沙石而濱河愚民爭爲桑麻計海潮壅而不通田病於旱舟病于涸久矣有司雖嘗疏浚率因循簡畧非經久遠圖也歲乙亥歐陽侯嵩膺簡命來

守是州力任其事爰咨爰度上於按閩侍御胡公文
靖自金臺抵南門分工開浚缺者補之壅者通之狹
者廣之障以木柱織以簑竹楯以榆柳長計一千七
百餘丈濶二丈五尺有奇深一丈五尺通行有四橋
啓閉有三閘防守有常役而城南復開月河以停舟
楫經始於是歲冬十有一月明年春二月功成民不
知勞財不妄費而商旅通焉農夫樂焉一州無窮之
利澤在此一舉敢請記於石余聞而歎曰侯之爲政
其知所先務哉周官掌故之職專於修城郭溝池樹
渠之固以利國也盖水利治而後田野闢而後倉廪

充而後訟獄可簡盜賊可息教化可興禮樂可作不然則禹之政亦神矣何孔子稱之獨曰卑宮室而盡力于溝洫哉昔范文正公興太湖之水利而廟食于東吳蘇文忠公開西湖之水利流澤至今民以蘇公隄稱之孰謂後之視今不猶今之視昔耶侯字汝中江右泰和人辛未進士出守莆田以廉能擢今職明敏剛毅爲政持大體卽是舉可以占其餘矣正德丁丑年七月記

時雨堂記

明王守仁

正德丁丑三月奉命平漳寇駐軍上杭旱甚禱於行

臺雨日夜民以爲未足逮四月戊午班師雨明日又雨明日大雨民乃出田登城南之樓以觀民大悅有司請名行臺之堂爲時雨且曰民苦於盜久又重以旱謂將靡遺今始去兵革之役而大雨適降所謂王師若時雨今皆有焉請以志其實嗚乎民惟稼穡德惟雨惟天陰騭惟皇克憲惟將士用命効力去其莨蜮忭乃有司實耨穫之庶克有秋予何德之有而敢叨其功然而樂民之樂亦不容於無紀也是日參政陳策僉事胡璉至自班師遂謁文公祠于水南覽七峰之勝槩歸志於行臺之壁賦詩志喜焉

復河資田記

明　林愛民

福寧之河源二其一自西北來曰石淇溪其一自西南來曰白巖溪合流繞城而滙諸海可溉田千畝然水勢西高東下近城池微亢河隍常湮而東南田多旱正德間州尹歐陽嵩大浚之郭以東爲闢二城爲月河舟自赤岍遡流者通焉慼工役之煩恐後人浚者費及民出俸金易三寺田爲浚河資事載浚河集中越一紀僧贖河資田河大淤塞嘉靖丙午謫州佐項公喬請復之尋以遷去不果歲甲寅秀水鍾公來既拓西城以保障矣謂城既增廓河隍弗深非國險

之全也自河一湮南畝失賴奚啻僧贖以病民也遂建議力請復焉臬巡長洲袁公報曰可於是定其賦泒其徭附其圖佃人歲輸入公帑而時出之以爲開導資時行人黄君記其顛末甫二稔鍾公以憂去司訓周君軾輩謂不揭示人後將何考請樹石通衢闠於林子林子愛民曰立法者必洞其弊端而革之弊斯絶矣初積資有倉君司之以豪右今年報蝗明年報旱困歲空而河日壅此僧所爲秉釁而贖賂里胥以成其幻也茲歲入輸賦之外寄於公帑勸農吏疏浚以時而無容乾沒可謂洞察弊源者哉是役也慨田

利農助天功焉深溝高城壯地險焉歐頭二君之心鍾君會其全矣愚又惟溪流東去彌月不雨涉不減肥上游築壩若櫛比積水登諸田下流益涸耳一縣雨又衝沙害稼若閘則盈洩有常而衝洄無害故壩與閘同功而閘尤善也敢以告于後世之加惠於河者

重建漳浦縣明倫堂記

明　馬明衡

漳浦海邑也其學創於某年久莫克修日就圮敝嘉靖三年金谿黃君直爲漳節推大輿學校間攝事漳浦顧視惕然則咨諸訓導穮藿彭濟撤滯祠具材而

新之凡新明倫堂及道義門若干楹既成聚諸生日講學其中士皆愓然奮興於是林生賁等具書幣屬陳生亜來請記且曰是惟黄君嘉惠諸生之盛心固願有以教之也某辭不獲則以所聞于師友者爲諸生商之夫今之學者聚之以齋宫優之以廪食董之以師儒教之可謂至矣而其學之亦可謂勤矣然而褒衣巍冠朝夕進退於是亦嘗隱之於心揆之於志以爲所學與所教者其與古人之學之教何如也夫規陳編飾綺説以就有司之程而終身之志獲焉進於是者挾大章建偉節崇峻防則亦弗暇論其心意

之實而已足多矣不知古人之所以教者果如是①乎而其所以學者亦果如是已乎而士爭趨之窮年殫力以求其至間有語之以聖賢之道則頽顏縮額以爲希奇曠絶非世所宜有嗚乎天下之治亂視人才天下之人才視學校學校之所以爲學者如此則亦安望天下之治而王道之行夫學者學也學其如聖人者去其不如聖人者之謂也學其如聖人者去其不如聖人者務存吾心之天理而去人欲之謂也夫天之降才甚厚也人之良知甚明也存天理而去人欲弗借資於人也弗援力於衆也人皆有之皆能

校注：①已

之而卒不能者始由于自蔽終坐於自畫而已是故莫大乎講學而尤莫先於立志也志也者天地之所以不息也人心之所以不死也程子曰有求為聖人之志而後可以共學夫志於聖人而學焉則其所以致力而求其方者自不容已矣不然偽焉耳尚何以多言為哉夫上或興之而不能承病乎下下或趨之而不能振病乎上今侯有嘉惠之心而多士有奮興之志是千載一時也其無有以明古人之學而植王教之端哉古者聲教行乎中都而達之四裔今中都之文燁焉而朴茂淳素之氣其亦存于山陬海澨之民

是回進道之資而爲學之益也諸士產于斯者其尚知所以自愛哉是舉也以文公嘗臨於是復度地構祠樓齋射圃粲然畢舉君固以學而知政者故知所重云是爲記

福建續志卷八十終